神宮 滋

名族佐竹氏の神祇と信仰

常陸・秋田時代に奉じた神々

無明舎出版

名族佐竹氏の神祇と信仰◉目次

資料編　*227*

名族佐竹氏の神祇と信仰

——常陸・秋田時代に奉じた神々

序

名族と称される武門の氏族は必ずや氏族統合と領国統合の信仰をもつ。当時の武力は信仰とともに在ったからである。天皇家に連なる源氏の系譜を誇る佐竹氏の歴史は貴族支配の平安時代から明治維新まで凡そ七百年に及ぶ。武門の系統ではわが国屈指である。その研究は分厚いが、意外にも、これらの信仰を視点とする体系立った研究は見えてこない。本書は初めてそこにトライする。

これまでの佐竹氏に関する研究は、主として、常陸佐竹氏に関しては源氏の常陸進出と競合、佐竹郷の成立、戦国時代の氏族内外および近隣領主との政治的軍事的な抗争と連携、とくに凡そ百年に及ぶ佐竹の乱の発生と展開、天下人の秀吉家康との諸関係などであった。秋田佐竹氏に関しては秋田への転封、佐竹宗家の相続、政治的経済的ときに文化的な藩政の諸施策などであった。

こうした中、佐竹氏は一貫して武神と称される八幡神を氏神として奉じた。他方、領国繁栄のためには農業神や商業神を願わずにはいられない。佐竹氏では累代の稲荷信仰であった。さらに地域や領国には在地の武士層や庶民が信仰する、起請文にも勧請された在来の伝統的な神々があった。これら複合的な神々が佐竹氏が祀った神祇の世界であった。これらを本書では具体的な事例をもって追究する。また謎とされてきた佐竹氏の八幡神像絵とこれに関わる神女鶴に関しては、筆者多年の収集資料と研究を再検証し、佐竹氏の八幡信仰という大枠の中で新たな神像絵像を構築する。

本書が用いる研究方法は　八幡神像絵以外では、佐竹氏の神祇信仰という精神世界を主として参拝（直参代参）や寄進など外形から認証できる事例の積み上げによって追究する。それ故に過分なほどに各所で史料および記事を引載する。これまで行なわれてきた佐竹氏の宗教政策に関する研究とは相違する。

主な先行研究としては、常陸時代に関しては堀禎子の論文「佐竹氏と八幡信仰」、佐竹氏の起請文などの論文がある[01]。常陸および秋田時代に関しては澁谷鐵五郎の労作『正八幡母系神女鶴女』上下巻がある[02]。使用された神女鶴文書や神主近谷家文書には容易に接し得ないものがある。秋田時代に関しては三国社など個別の研究がある。この他本書は後掲する参考基本文献など多数の先行研究を参考にしている。記して感謝しなければならない。

しかしながら他方、本書は秋田藩の歴史記録集である膨大な『国典類抄』などを丹念に精査し、また神像絵一件に関しては新史料の発掘などによって、これまでの個別の先行研究を超えて、名族と称される佐竹氏の神祇信仰を初めて体系的に描くことに成功したと信じたい。主な凡例は次のとおり。

○佐竹氏とは特記がなければ佐竹宗家をさす。
○神祇とは天神地祇（てんじんちぎ）の略称で多義あるが、本書では天つ神および国つ神などの神々の総称をいう。
○引用文献等の著編者は原則として敬称を略する。
○引用（参考を含む）史料、注記の番号は序、各章、後記ごとの番号とする。
○史料は文中に掲示し、引用の文言はおおむね要点とする。
○文中の（注）は引用者（筆者）の注記をさす。
○本書全体とくに第三部、第四部の参拝事例で基本史料とする『国典類抄』（秋田県立図書館編集翻刻本、全十九巻、一九七八〜八八）は、秋田九代藩主義和《よしまさ》の下命によって編成され、文政二年（一八一九）に完成した秋田藩の歴史記録集である。秋田初代義宣から天明五年（一七八五）六月の八代義敦死去までを本旨とするので（「解題」第一巻）、参拝事例などは原則として右年月を下限とする。
・事例は藩主の直参代参に限る。祭礼（例祭）の代参は省略するものがある。
・漢文または和漢文体の原文はおおむね書き下して抄出する。
・改元前後の元号は当該資料による

注

（01）堀禎子「佐竹氏と八幡信仰」『茨城県立歴史館報』28、二〇〇一。月井剛「戦国期佐竹氏の起請文に関する基礎的考察」『栃木県立文書館研究紀要』13、二〇〇九。このほか「神社の中世的再編成」（『茨城県史』中世編、一九八九）、国替直前の「義宣の宗教政策と新文化」（『常陸太田市史』通史上、一九八四）などは貴重だが、本書の先行研究と言うほどではない。なお平成三十年十二月創立十周年記念大会を開催した「常陸佐竹研究会」の諸活動が注目される。

（02）澁谷鐵五郎『正八幡母系神女鶴女―佐竹正八幡宮女系神主の形容―』上下巻、弥高叢書第九・十輯、一九九九（注、「鶴」字は雨かんむりが付く。以下、本書では略字の「鶴」を用する）。この他、論文「彌高神社外伝」（彌高神社研究所『研究所報』第二号、一九八八）がある。

開章　佐竹氏の系譜と領国

出自、佐竹氏初代

佐竹氏は、河内《かわち》源氏の一流である、新羅《しんら》三郎義光の子孫が平安時代に常陸佐竹氏に転じ、さらに江戸時代初頭に秋田佐竹氏に転じた武門の系統である[01]。佐竹氏の祖先である源家は天皇家に遡及し、また幕末まで残った新羅三郎義光流の諸氏の中では筆頭的な存在であった。それゆえに佐竹氏は名族と称されるに相応《ふさわ》しい[02]。

河内源氏は、清和天皇（在位八五八～八七六）の第六皇子である貞純親王が源姓《げんせい》を賜った（八七六）ことに始まる。子が六孫王《ろくそんおう》とされる由来である。ただしこれには異説がある[03]。そのご経基《つねもと》、満仲《みちなか》、頼信《よりのぶ》、頼義《よりよし》の四代を経て軍事貴族（四位以上を指す）として頭角を現し、頼義の代に陸奥の地で、陸奥守《むつのかみ》頼義と俘囚《ふしゅう》安倍氏が前九年合戦（一〇五四～一〇六二）で死闘を演じた。これに京都石清水《いわしみず》八幡（男山《おとこやま》八幡とも）の宝前で元服して八幡太郎を名乗り、後代武神と称された頼義長男の義家が加勢した。そのご清原家衡《いえひら》・武衡《たけひら》と同族の藤原清衡《きよひら》が争った後三年合戦（一〇八三～一〇八七）では、これに介入した同母兄の義家を扶《たす》けるため、頼義の三男で近江の新羅大明神《しんらだいみょうじん》（園城寺《おんじょうじ》の鎮守）の神前で元服し新羅三郎を名乗った義光が、一〇八七年京都より下向し、兄弟協力して出羽山北金沢柵を包囲失陥させ奥羽を平定に導いた[04]。

諸本ある「佐竹氏系図」は累代の数え方が区々《まちまち》である。秋田で編成された注01『新編佐竹氏系図』は、平安時代中期の軍事貴族であった源家の新羅三郎義光（一〇五五～一一二七）を初代、その長男義業《よしなり》（一〇七七～一一三三）を二代、その長男昌義《まさよし》（生年不詳）を三代とし、その長男でのち常陸大掾《ひたちだいじょう》となる忠義を略し、その弟隆義を四代、そして義宣（一五七〇～一六三三）を二十一代（秋田初代）とする。これは秋田藩編集の『佐竹家譜』に準じたものである。これに対して茨城で編成された注01『佐竹系譜』は元禄年（一六八八〜一七〇四）に作成しのち代々の住職が書き継いだ「佐竹大系纂」（佐竹寺本）a、寛政十一年（一七九九）幕府の命令で秋田藩が提出した「寛政重修諸家譜」佐竹b、元禄年以降秋田藩が作成した「源姓佐竹氏系図」（佐竹文庫）c、天和三年（一六八三）徳川光圀が閲覧したと伝わる「佐竹系図」（正宗寺本）dなど六系図の記述を各代別に引載し便宜である。[05]この編者江原忠昭が示す「略系」によれば、新羅三郎義光とその長男義業を源氏とし、その長男昌義を常陸佐竹氏の初代、忠義を二代、隆義を三代、義宣を二十代とし、その上で義宣の養嗣子義隆を秋田佐竹氏の初代とする。しかしながらこれら両系図の数え方は佐竹氏の神祇信仰の主体という本書の観点からは妥当でない。両説とも採用しがたい。

高橋修によれば、そもそも義光が常陸国に関心をもったのは後三年合戦に参戦したことで、「奥州にかかわる利権を求め、（常陸国に接する南奥の）菊田荘の獲得に成功し、さらに奥州との「繋ぎの地」として」であった。[06]そして「義光・義業父子は、「坂東乱逆」で常陸平氏に与力することをもって、吉田郡内の那珂川左岸あたりに留住した可能性が高い」「続く昌義の時代に久慈（東）佐竹郷に定着し、佐竹氏を称したと考えられ」るという。[07]坂東乱逆とは、鎮守府将軍として高名な藤原秀郷《ひでさと》流の藤原氏と常陸平氏との常陸国内における権益をめぐる競合がある中で、常陸平氏と結んだ義光とこれに対抗して秀郷流藤原氏に引き入れられた兄義家の三男義国との間で、五年以上継続して戦われた合戦であった。こうしたなか義業の長子昌義は「奥七郡の在地領主層の上位に立つ調停権力として、佐竹郷周辺の勢力基盤を確立し、奥七郡を勢力下においた」「さらに常陸国内の公的な権力として機能したことも確認できる」という。[08]この他、次の第一章で詳述するが、筆者は佐竹氏が八幡神を山城国の石清水八幡から佐竹郷に勧請したのは昌義代と考える。これらから本書では常陸国佐竹郷に定着して周辺を所領化し、初めて佐竹氏を名乗り、公的な権力としても機能したと推察される昌義をもって佐竹氏初代とする（以上、付図1―a参照）。

累代の代数

さて昌義の次代であるが、長男忠義に関しては系図aが「佐竹太郎、常陸介、奥七郡ヲ領ス」「子弟無く隆義ヲ以テ嗣ト為ス」と記すが、系図bは常陸大掾となり他姓に転じた旨を伝える。四男隆義に関しては、系図aが「兄忠義ノ嗣ト為ル」とするのに対して、系図bは「兄忠義外戚の家を相続せるにより、父が嗣となり」と真逆をいう。これらはいずれも確証が得られず、忠義を佐竹氏の累代に入れる否か悩ましい。生母に関しては、系図aが忠義母が三浦義行女、隆義母は藤原清衡女とし、系図bは忠義母と隆義母は同じく皇嘉門院長官《こうかもんいんちょうかん》平快幹とする。この点に付き佐竹氏系図を精査して『佐竹家譜』をはじめ諸系図諸文書義の母が三浦義行の娘という妾妻の立場であった、そのため秋田藩では『佐竹氏物語』を著された渡部景一は、「忠は忠義を正統から除いている」（三〇頁以下、抄出）とする。にもかかわらず渡部景一は常陸に伝わる系図adが忠義を昌義の後継者とする点に考慮したのか、忠義を二代として正統に加える。これに加えて筆者は忠義に関して注05系図eの「佐竹太郎ト称ス、常陸北地三郡ヲ領シ、威名頗る盛ナリ」に注目する。よって本書では忠義を二代、隆義を三代とし、鎌倉上杉氏から入嗣した義人を十三代、二十代義宣を秋田初代とする。

さきに佐竹氏は昌義の代に佐竹郷に定着したと推察したが、その年代は必ずしも明らかでない[09]。かりに十二世紀半ばとすれば、慶長七年（一六〇二）義宣が秋田へ転封されるまで、二十代およそ四百五十年を常陸国で過ごした。さらに出羽国秋田では明治二年（一八六九）の廃藩置県まで十二代、二百六十有年を久保田藩主として君臨した。合わせると佐竹氏の歴史は序で述べたとおり凡そ七百年以上となる。渡部景一によれば、この間の具体的な事例をあげ、「代々の棟梁ならびに一門は清和源氏であるという誇りと責任を持ち続けた」という（『佐竹氏物語』二八頁）。これが佐竹氏が名族たるの所以《ゆえん》である。

馬坂城から太田城へ

佐竹氏初代と推定される昌義に関して、常陸で編成された前述の系図ａは「昌義、佐竹冠者四郎二郎、常州久慈郡佐竹庄ノ馬坂ニ住ス、故ヲ以て氏と為ス」と伝え、秋田藩の記録は「昌義が佐竹を受領し在名を称号とした、佐竹とは天神林《てんじんばやし》をさす」と伝える（史料一）[10]。この点に関して常陸太田市内外の城郭に関する近年の研究によれば、「昌義が佐竹郷に住み佐竹氏を称した」「佐竹氏は当初観音寺（佐竹寺の前身）に居住したが、天承元年（一一三一）馬坂城（同市天神林町）を奪い三代隆義まで居住した」と明言する[11]。当時馬坂城は平安時代に同城を築いた秀郷流の藤原通延一族の天神林氏の居城であった。なお江戸末期から明治初期に及んで編纂された『新編常陸国史』は天神林に関して、「久慈郡佐竹ノ本郷ナリト云フ、城址アリ、馬坂城ト号ス」「佐竹寺（アリ）」と伝える。さらに右城郭研究には、「その後、佐竹氏三代隆義が太田城主藤原（太田）通盛（通延の孫）から城を奪い太田城に入り以後、佐竹氏代々の居城とした」とある[12]。太田城入城は隆義の代である。そうであれば、第一章で再考するが、昌義の馬場八幡勧請は太田城では有り得ない。ちなみに藤原氏は本姓が秀郷流の藤原氏で、通延の父公延から小野崎氏を通姓とし、太田城に居城したことで太田氏と通称された（右「城郭研究」資料「小野崎氏系図」）。

○史料一　宝暦七年（一七五七）右筆《ゆうひつ》筆頭藩主義明へ申上げ候内

（『国典類抄』第十八巻四四頁、抄出）

一義業様ハ御在京ニて禁裏守護御勤、嫡男昌義様初て常州佐竹受領、受領と申ハ御所拝領、其処へ御入部被遊候、御在名を御家の称号ニ被遊候、佐竹と申処ハ今の天神林ニ御座候、（注、受領は史実でないとする指摘がある）

一族の争乱、八幡神の再勧請

そのご四代秀義は佐竹氏討伐のため常陸国府に到った源頼朝に反抗しついに屈伏したが（一一八〇）、よく佐竹氏の命脈を保ち、のち文治合戦の平泉攻略では頼朝に従い（一一八九）、途上で賜った五本骨の扇を以降累代の家紋とした[13]。十二代義盛は嗣子なく鎌倉に病没し（一四〇七）[14]、同年他姓（藤原氏）から八歳で佐竹氏養嗣子に擁立されたのが十三代義人であった。義人《よしひと》は鎌倉執事上杉憲定の第二子、同憲基（のち鎌倉執事）の弟で、小名竜保丸、初名義憲、のち義仁と称した。この擁立は当時顕在化していた佐竹支族の横暴を防ぐ意図があったとされるが、これに反発する支族との間で皮肉にも以降およそ百年にわたる同族の争乱が展開した。

これよりさき八代貞義は鎌倉幕府の倒壊後は同じ源氏の足利氏の陣営に参じ、長男義篤《よしあつ》、三男義春、七男師義《もろよし》らも各地に転戦した。その功によって尊氏《たかうじ》は武家政治を再興すると貞義を常陸守護に任じ（一三三一）、のち守護職は義篤、義宣（義香）、義盛と各嗣子に継承された。他方、師義は兄義篤、義春と共に諸所に転戦したが、とくに尊氏の九州落ちでは一族中ひとり尊氏に従って、遠く筑前多々良浜（福岡市）の戦いで軍功を立てた。これは惣領の兄義篤が常陸にあって本国の経営に割《さ》かれたのに比して、師義は足利氏に密着して行動したことに起因し、それ故に師義の子孫は足利将軍家から厚遇された（序注01『茨城県史』二〇〇頁以下）。ちなみに前述した常陸太田市内外の城郭研究によれば[15]、「佐竹氏九代貞義の七男師義が足利尊氏から直接国安郷を貰って山入城（常陸太田市国安町）に居住し、師義一族（以降山入《やまいり》氏）の本城になった」（要点）と伝える。

こうした情況で常州山入に住した師義と第二子与義らは惣家の他姓入嗣に反発して、挙兵した（一四〇八）。これが世に言う山入の乱の勃発である。当時与義と、その子祐義は直接京都の室町幕府に奉公し処遇を受ける「京都扶持衆《ふちしゅう》」であったとされ、関八州を統括する鎌倉府に奉仕する佐竹宗家からは自立したか別格の存在であった。[16]それ故に、この内乱は江戸時代に編纂された宗家の『佐竹家譜』によれば、与義に関して「已、佐竹の宗主たらんと欲するに在り」（応永二三・一四一六年条）と記されるとおり、一族内の覇権をかけた争乱であった。ちなみに山入の家名の由来は必ずしも明らかでないが、佐竹氏内の覇権を争う乱であったとすれば、「佐竹の内乱」とか「佐竹の争乱」と呼ばれるのが相応しい。[17]地方、この乱は山入方に与《くみ》した京都の幕府と佐竹宗家に与した鎌倉公方《くぼう》らの覇権をめぐる権力闘争、さらに地域近隣の領主層の合従連衡《がっしょうれんこう》と連動し複雑に展開した。[18]こうして凡そ百年に及んだ佐竹の乱は文亀年間（一五〇一〜〇四）十六代義舜《よしきよ》が常陸北西部を制圧し、永正元年（一五〇四）山入氏から太田城を奪還することで、宗家の勝利をもって終焉《しゅうえん》した。[19]以降、佐竹氏は地域領主から有力戦国大名へ、さらに近世大名へと一気に駈け上がっていった。この間、天正十九年（一五九一）義宣は長く本拠とした常陸太田から常陸国中央部の水戸へ居城を移した（以上、付図1―b参照）。

これらを神祇信仰の視点から見れば、八歳で鎌倉上杉氏から佐竹宗家の養嗣子に擁立された十二代義人（当時竜保丸）は一族争乱と佐竹氏発展の契機となったのであるが、義人は旧来の八幡大神とは別に義人とは特別の関係を持つらしい鎌倉の鶴岡八幡を勧請し、これをもって佐竹領内の祭祀を再編していった。[20]これら鶴岡八幡の勧請に関してはその年代、神像絵一件との関係などを第一章、三章で考察する。のち義人は佐竹氏の中祖とされ、以降の佐竹氏の八幡信仰の内実を決定づけた。これがその後の秋田時代にまで継承された佐竹氏における神祇祭祀の基本構造であるが、この点は佐竹氏伝来の稲荷信仰と合わせ第一章、二章で考察する。さらに一族争乱と領国統一の過程で佐竹宗家が起請文に勧請した神々を第四章で考察する。

秋田へ転封、神々の移転

慶長五年（一六〇〇）徳川反徳川の決戦となった関ケ原合戦で事実上反徳川に与《くみ》した義宣は、新たに天下人となった徳川家康から、慶長七年（一六〇二）五月出羽方面への国替が命じられたが、当初は移転先が明かされず、佐竹氏は未曾有《みぞうう》の苦境に直面した。このとき神前に捧げた「必死の願文」に勧請された神々に関しては第五章で考察する。同年九月義宣は秋田初代として秋田湊城に入り、慶長九年（一六〇四）八月新たに築いた久保田城に移居し、羽州六郡（仙北三郡、秋田三郡）の領国経営に腐心した。[21] こうした佐竹氏の遷封に随伴して八幡神、稲荷も秋田に移転した。以降、明治まで佐竹氏は十二代に及ぶが、本書では天明五年（一七八五）八代義敦の死去までを本旨として、秋田時代に奉じた領外の神々に関しては第三部で、江戸邸内と領内の神々に関しては第四部で考察する（以上、付図1―c参照）。

注

(01) 原武男編著『新編佐竹氏系図』一九七三。江原忠昭編『佐竹系譜』常陸太田市史編さん史料（九）一九七八。

(02) 義光流は佐竹氏のほか平賀氏、山本氏、安田氏、武田氏、小笠原氏、南部氏などがあるが、江戸時代にまで残った中で官位は秋田初代義宣の従四位上、領高は佐竹久保田藩の二十万石余、明治後は秋田十二代義尭の従三位（贈正二位）、侯爵が最高である（『国史大辞典』）。なお研究一の「新羅公墓碑」を参照。

(03) 河内源氏は一般に清和源氏の一流（清和天皇―貞純親王―源経基―源満仲）と伝えるが、これは暴虐の陽成天皇を忌避したもので、実は（清和天皇の第一皇子）陽成天皇―元平親王―源経基―源満仲とする異説がある（元木泰雄『河内源氏』中央公論社、二〇一一、六～七頁）。なお永承元年（一〇四六）源頼信が石清水八幡の神前に捧げた告文写で、頼信は陽成天皇から出た源氏であると二度も述べているとして、これを認める認めないの両論があるという（貫達人『鶴岡八幡宮寺』）。いずれにしても佐竹氏の祖先は天皇家に遡及するので、ここでは立ち入らない。

(04) 安田元久『源義家』吉川弘文館、一九九四。

(05) 各系図の解題は『佐竹系譜』一～一〇頁に詳しい。その余の二系図は明治初期に編成された「新編常陸国誌」第九巻源氏e、佐竹氏菩提寺の天徳寺に伝わった「秋田天徳寺書上」である。
(06) 高橋修「「坂東乱逆」と佐竹氏の成立」『茨城県史研究』96、茨城県立歴史館、二〇一二、四一頁。
(07) 注06高橋三八頁(抄出)。ただし佐竹氏ゆかりの水戸正宗寺(初増井寺、前勝楽寺)由緒は「義光公長男義業公常陸御領地遊ばされ候」と記す(国典十二巻)。
(08) 注06高橋四一頁。
(09) 昌義生年は不詳。没年は康治二年(一一四三)というが(本文記載系図a)、検討を要する。なお父義業は一〇七七年生、一一三三年卒、年五十七という(同a、b)。
(10) 受領の史実性は確認できないが、地域の紛争調停を期待した在地領主層の要請を容れた入部であったとする指摘がある(注06高橋四〇頁)。なお佐竹の苗字の初出は『吉記』承安四年(一一七四)「□竹冠者昌義」という(同三八頁)。
(11) 茨城城郭研究会『常陸太田市内外の佐竹氏関連城館』二〇一六、五頁。ただし『新編常陸国史』によれば、太田故城の条は、「佐竹郷ハ今ノ天神林ナリ、昌義天神林ヨリ此ニ移リ、城ヲ築テ居ル、是ヨリ子孫相伝フ」とあり、昌義代の太田入城を伝える(なお佐竹郷の条では「佐竹隆義太田ニ移ルニ及ンデ」ともある)。筆者には両者当否の判別は至難である。よって以下では近年の研究成果を容れたと推察する地元の右研究会の報告による。
(12) 移転年代が明らかでないが、筆者は、三代隆義が「佐竹四郎ト称シ、太田郷ニ居ル、因テ又太田四郎ト称ス」(注05系図e「常陸国誌」)、「太田に住す、のち居城とし」(本文系図b「諸家譜」)と記され、さらに四代秀義が八幡神の勧請を伝えることから推せば、隆義の晩年かと推察する(没一一八三)。
(13) 宮内教男「金砂合戦と常陸佐竹氏」高橋修編『実像の中世武士団』高志書院、二〇一〇。
(14) 応永六年(一三九九、義盛三十五歳)一寺を相州鎌倉に建つ。多福寺と称す(『佐竹家譜』)。これが現在、鎌倉佐竹氏邸跡と称される処(鎌倉市大町)に立つ日蓮宗、多福山大宝寺である(『鎌倉市史』社寺編)。右『市史』によれば、新羅三郎義光が後三年の役後にここに館をかまえ、その後佐竹秀義などもここに居住した。多福寺は早く廃寺になったが、その跡に開山の日出（一四五九年寂）が寺を建て、旧寺号を山号にしたものという。

(15) 注11『常陸太田市内外の佐竹氏関連城館』一七頁。

(16) 渡政和「「京都様」の「御扶持」について」植田真平編著『足利持氏』戎光祥出版、二〇一六、二〇二頁。

(17) 佐竹の乱に関する研究は少なくないが主要な参考研究は次のとおり。江原忠昭『中世東国大名常陸佐竹氏』一九六八。日暮冬樹「常陸佐竹氏の権力確立過程」『國史學』第一六三号、一九九七。佐々木倫朗『戦国期佐竹氏の研究』思文閣出版、二〇一六。序注01『茨城県史』。

(18) 序注01『茨城県史』二五三頁。

(19) 注17日暮七六頁。

(20) 注17日暮六三頁。当論文は併せて、「前時代には佐竹氏が冷遇していたと思われる鹿島社に義憲（注、義人前名）が祈祷を依頼している」として、鹿島社に対する対応の変更を指摘する。

(21) いわゆる藩名は正式名称が久保田藩、通称が秋田藩であった。明治四年（一八七一）一月秋田藩に改められ、同年七月の廃藩置県で秋田県が置かれた（『秋田市史』第四巻七頁）。本書では久保田藩、秋田藩を適宜用いる。

第一部　連綿する八幡、稲荷の信仰

第一章　八幡、稲荷の勧請と移転（太田城、他）

本章では佐竹氏の先祖である源氏の鎌倉への八幡神勧請を瞥見する。その上で佐竹氏が常陸に勧請し、後に秋田に移転した馬場八幡と若宮八幡、同じく佐竹氏が常陸で崇敬し、後に秋田に移転した稲荷社を取り上げる。なお佐竹氏がごく初期に常陸国に勧請した八幡神については委細不詳である[01]。

(1) 源氏の八幡神勧請

鎌倉郷の名は天平七年（七三五）の正倉院文書に見え、律令制では国衙領であったと推定され、古くから交通の要衝であった。序章で前述したとおり前九年の役を平定（一〇六二）した源頼義は鎌倉に居を構え、翌康平六年（一〇六三）鎌倉の由比郷に石清水八幡宮を勧請して若宮と称し、これを永保元年（一〇八一）頼義孫の義家が修復した。そのご治承四年（一一八〇）源頼朝が先祖由緒の鎌倉に入った直後、由比の若宮を小林郷北山（今の境内下宮）に遷した。これを鶴岡若宮と伝えるが、鶴岡の起源は由比を指すとも北山を指すとも不定である。そのご鶴岡若宮は頼朝によって急速に整備されたが、建久二年（一一九一）の大火で延焼、これを機に頼朝は若宮の後ろの山（松岡）を切り開き、同年改めて石清水八幡宮を勧請して社殿を造営した。今日に至る鶴岡八幡宮の成立である。このとき境内は上下両宮の構成となり、上宮《かみのみや》を本宮、鶴岡若宮は下宮《しものみや》あるいは単に若宮と称した[02]。以来、鶴岡八幡宮は再々の火災にあうが、その都度再建され、また注目に価するが両宮制が維持された。

江戸時代に編纂された「新編鎌倉志」によれば、上宮は三所（中は応神天皇、東は気長足妃、応神母即神功皇后、西は妃大神即応神姉）をもって鶴岡八幡宮と号し、下宮は四所（東は久礼・宇礼の二所即仁徳妹、中は若宮即仁徳、西は若殿即仁徳妹）をもって若宮八幡としたと伝える。ちなみに時代は降るが寛文八年（一六六八）の棟札に上宮を鶴岡八幡宮、下宮を鶴岡八幡若宮とあるので、鶴岡八幡は両宮の総称であったと解される（右同）。ちなみに平成年代の報告書でも「鶴岡八幡宮上宮」「今日見る下宮」の用法が見られ[03]、なお両宮制が続いている。

（2）馬場八幡宮

馬場八幡の由緒に関する主な史料は後掲する五通である。いずれも近世以降のものである。どこまでが史実か定め難い。史料一は古実を称するが、文中の「元禄五年」から底本があるとしても成立は同年以降と考えられ、「佐竹五代秀義が京都石清水より常陸へ勧請」と伝える。史料二は大八幡に附け置かれた光明院がのち一乗院と一体化し、変わらず当社別当であったと主張する一乗院義堂が、勧請の年代を特定せず、「常陸に於て石清水八幡より勧請す」と誌す。史料三は来歴未詳だが維新時には大八幡の神主であった千田氏が「昌義様御代石清水八幡山より御別霊の由」と記す。さらに茨城県で編成された史料四は「応保元年佐竹冠者昌義鶴岡八幡ヲ遷奉ル」と、秋田県で編成された史料五は「佐竹源昌義常陸国居住中石清水八幡宮ヲ太田城内ニ勧請」と記す（引用は各要点、以下同）。なお神社明細帳（史料四、五）は明治以降に各神社から提出された調査原票を基本とし、当該社が当時捧持した由緒を伝える。

○史料一　大八幡由緒

御当家古実之内、山方太郎左衛門泰純処持（『国典類抄』第二巻、七六三頁）

一大八幡宮ハ佐竹五代秀義御代、京都石清水より常州へ御潅頂也、別当職光明院と言真言宗被附置也、其後一乗院と改号有之由、御国替以後差而御祭礼之儀無之、元禄五申年九月八日夜久保田町及大火之時、

略

（注）秀義／本書では佐竹四代。頼朝の攻撃にあい金砂山に篭城。のち頼朝の奥州進軍に参加、五本骨金扇を家紋とし、よく佐竹氏の命脈を保った。

○史料二　大八幡由来（抄出）

元禄十年《一六九七》一乗院現住義堂誌（大館市立栗盛記念図書館所蔵）

大八幡（世俗云う）は御当家御先祖、常陸に於て男山石清水八幡より勧請す、宮を太田馬場に建立す、且つ精舎を造営す、社務光明院を号す、（秋田移転の日）社務宥増八幡大神並に社壇の土を護持し来る、

（注）義堂／一乗院十世、大八幡社務。

○史料三　御鎮守大八幡御由緒書（抄出）

明治五年当社神主千田正紀書上（秋田県公文書館所蔵）

大八幡の儀は昌義様御代山城国石清水八幡山より御別霊の由、常陸国太田の馬場に御鎮座の由に御座候、

略

○史料四　八幡神社（誉田村大字馬場）

（年不詳）茨城県下常陸国久慈郡神社明細帳
応保元年（一一六一）佐竹冠者昌義鶴岡八幡ヲ遷奉ル、永禄十二年（一五九六）三月佐竹義重三間長床一宇ヲ造立、天正八年（一五八〇）十一月東義人本社ヲ営ム、後罹災、慶長三年（一五九八）十一月義重又神殿ヲ修ム、略
（注）応保元年／昌義の没年が康治二年（一一四三）（佐竹大系纂）とすれば妥当でない。東義人／（東家）義久カ不定。

○史料五　八幡秋田神社（秋田市上中城町）
（年不詳）秋田県神社明細帳
元八幡神社ハ佐竹源昌義朝臣常陸国居住中山城国石清水八幡宮ヲ太田城内ニ勧請シ石清水八幡宮社殿ノ砂石ヲ以テ神宝トス（年月不詳）、略
（注）「太田城内」は誤り。

このほか現在、常陸太田市馬場の馬場八幡宮社前に詳細な「由緒沿革」の掲示がある[04]（以下、社前掲示という）。以下に示すが（抜粋）、康平三年源頼義が石清水八幡の分霊を奉祀し、その後義光孫の昌義が太田郷の総社にしたと云う。

天喜四年（一〇五六）源頼義が陸奥の安倍頼時鎮撫のため（前九年の役）、この地に至り、石清水八幡宮の神霊を平大石二枚を敷いて安置し戦勝を祈願、康平三年（一〇六〇）神域を拡張して社殿を造営、石清水八幡宮の分霊を奉祀した。永保三年（一〇八三）源義家が陸奥の清原一族の内紛鎮定の途上（後三年の役）本社に成功を祈願、寛治六年（一〇九二）義家義光と共に戦勝を報賽《ほうさい》、天仁二年（一一〇九）義光が

太田城主藤原通延に命じて社殿を修築した。その後義光孫の佐竹初代昌義が太田郷の総社とし、鯨岡八幡宮の社号を奉った。応保元年（一一六一）三代隆義が社殿堂楼門神宮寺まで築造、天正二年（一五七四）雷火で全焼失、天正八年（一五八〇）義重本社を造営、現本殿は当時の構築である。天正十九年（一五九一）義宣水戸城に移るや翌年本社の分霊を水戸八幡宮へ奉遷した。慶長七年（一六〇二）義宣秋田国替移封の際宥宝法印が本社の分霊を千秋公園内の八幡秋田神社に遷祀した。

（注）藤原通延／藤原秀郷五世の孫、太田通延ともいう。小野崎氏の先祖。佐竹氏前の太田城主（開章注11「佐竹氏関連城館」）。鯨岡／太田郷の主要部が所在する台地。宥宝／後述。千秋公園内云々／失当、後代のこと。

さらに澁谷上巻（一九九九）と堤論文（二〇〇一）に当社「社伝」の抄出がある。この「社伝」の原本写本の所在は未詳である。ただし『常陸太田市史』一九八四に翻刻が掲載されている。社前掲示とは微妙な異同がある。[05]

これらを仔細に考察すると、馬場八幡の勧請者は史料一が佐竹秀義とし、史料二が当家御先祖とのみ記し、史料三～五が佐竹昌義とし、社前掲示は源頼義とする。勧請元は史料一～三・五と社前掲示が石清水八幡とする。史料四は鶴岡八幡とするが、これは後述する若宮八幡との関係から取らない。これら勧請者および年代の判別は難しいが、筆者は、十一世紀後半朝廷を震撼させ、東北を揺るがした前九年（一〇五四～六二）と後三年（一〇八三～八七）の役に出征した源頼義、義家義光の父子が遠征帰還の途次、常陸太田の馬場辺で戦勝祈願と報賽をして石清水八幡と所縁を結んだが、義光の孫で佐竹初代の昌義が佐竹郷に定住するに当たって、地元の在来神を超える地域統合の神祇信仰を必要とした。そこで社前掲示がいう頼義の勧請とは別に、昌義はより高い八幡神の神威を得るために新たに石清水八幡を勧請したと考える。ただし四代秀義が再度勧請した可能性を否定するものではない。

勧請地に関しては史料二、三は太田馬場という。社前掲示は昌義代の太田馬場への勧請を明言せず、代って太田郷の総社として鯨岡八幡宮の社号を奉ったという。鯨岡とは太田郷の主要部が所在する台地名である。そうであれば当時佐竹氏の勢力が太田郷の主要部に及んでいなければならない。しかしながら前述した近年の常陸太田市内外の城郭研究によれば[06]、佐竹氏が太田城（同市中城町・内堀町他）に入ったのは、三代隆義が太田城主藤原通盛（通延孫）から城を奪取して以降である。これが事実とすれば昌義代とする太田郷の総社化、鯨岡の社号は検討を要し、さらに史料五のいう太田城内の勧請はあり得ない。つぎに太田馬場は今に馬場八幡宮が鎮座するが、筆者が訪ねて得た土地勘では太田城とは歩行三十分程の距離である。その間に攻撃防御の楯となる山や川があるわけではない。したがって前述のとおり天承元年（一一三一）昌義が藤原通盛一族の天神林氏から馬坂城（同市天神林町）を奪取して居城にして以降、馬場に八幡神を勧請したとすれば、当時馬場は昌義支配の先端地か藤原氏との支配競合の緩衝地であったと思案する外ない。ここで馬場であるが、「往昔太田村ヨリ分レタリト云フ」（『新編常陸国誌』馬場条）とも、他方「今ノ太田村」に馬場等を含め「今ニ太田郷ト称ス」（同太田郷条）とも伝え、馬場と太田郷との関係は時代により変化があったと認められる。そうであれば後代、昌義の馬場勧請をもって太田勧請さらに太田城勧請と混同した可能性がある。先ごろ常陸太田市で開催された「2つの八幡宮」展では[07]、「佐竹氏と八幡信仰」で次のように言う（文体改調）。

佐竹氏が太田城に移る以前、当地方を治めていた小野崎氏が崇敬していた神社は鹿島社であった。（馬場八幡の始まりに関して社前掲示と同主旨をいう、略）。そのため佐竹氏が当地方の支配権を確立するためには、土着の神々を祀る神社や小野崎氏が奉斎する神々の神威を超える、新たな神が求められた。八幡神は武神の性格を有していたため、当地方に先行して崇敬を集めていた農耕神・治水の神とは競合せず、地域に抵抗なく受け入れられたと考えられる。

（注）小野崎氏／太田城主藤原氏の通姓。

のち当社は佐竹氏の転封に伴って秋田に移転し、他方、馬場に留まった当社は引き続き馬場八幡宮を称し現存する（以上、付図2―a参照）。「神体ハ鏡ナリ」と伝える（『新編常陸国誌』馬場条）。ちなみに開章で前述したとおり天正十九年（一五九一）三月義宣は本拠を太田城から水戸城へ移したが、これに伴い翌年の文禄元年（一五九二）太田の馬場八幡を分霊、慶長三年（一五九八）現在の水戸市八幡町に本殿を造営し、桃山風の豪華な社殿形式を伝える水戸八幡宮として現存する[08]。

（3）若宮八幡宮

若宮八幡の由緒に関する主な史料は後掲する六通である。中世期の鶴（伊織を含む）文書を底本とする史料六、七、九を含め、いずれも近世以降のものである。各史料は鎌倉上杉氏から入嗣した義人が鎌倉の鶴岡八幡宮を勧請したと伝える。その年代について、史料十の応永元年（一三九四）は義人の生年が応永七年なので誤りである。史料十一は永享三年（一四三一）とするが確証はない。そうした中、筆者は史料六ａの「応永二十三年五月中」、史料七の「十七歳の御時八幡宮を御先立、鶴御供仕り、此の時始めて小八幡勧請と分明ニ」、史料九の「応永二十三年十七（歳）にて相州鎌倉より佐竹に復帰す」に注目する。

○史料六　「正八幡宮稲荷宮御縁起并諸先例書」（秋田県公文書館所蔵）

八幡官女鶴書上げ、読み下し（抄出）

ａ応永二十三年五月中竹堂様御神慮の旨有らせられ、鶴ケ岡八幡宮の官女鶴子と申すを召し寄せられ、御密々仰せ含まれ、御用筋在り、直々竹堂様へ御供仕り、常州佐竹の地へ御下着、

b抑も上杉七郎殿義憲御歳十七歳ニ御当方へ御下着後に義仁と申す也、鶴ケ岡八幡宮の前立御申しの間、彼（伎）神女鶴子ト申す也、七郎殿御供の間佐竹神人の上たる可きと仰せ出され候間、（以下鶴累代、義仁御供衆、義仁寿等長文、略）

文明九年十二月十三日　　八幡の鶴文書

（注）当文書は鶴家伝来の文書を底本とする書上げ。澁谷氏は寛政九年（一七九七）秋田七代鶴が藩に提出した由緒書という（三三頁）。ほぼ同文が『国典類抄』第十八巻、三九三頁の山方太郎左衛門泰純所持書物の内にある。

○史料七　無題（抄出）

宝永七年《一七一〇》五月日書付（大館市立栗盛記念図書館所蔵、同文異筆二通）

八幡の巫女伊織先祖より伝来の旧記に、竹堂様十七歳の御時鎌倉の八幡宮を御先立御申し、鶴御供仕り罷り下る、神人の上たる可きと仰せ出され候、然れば此の時始めて小八幡御勧請と分明ニ相聞え申し候、竹堂様十七歳の御時ハ応永廿三年（一四一六）に当り申し候、伊織伝来の旧記ハ文明九年（一四七七）と御座候、旧き写に御座候間、慥《たしか》成る様子に相見得申し候、

（注）伊織は当代の巫女名。鶴は代々襲名の巫女名。秋田藩士木村信甫の文か。

○史料八　小八幡由緒

寛文二年《一六六二》山方主殿より鶴宛文書（『国典類抄』第二巻、七五四頁）

一御城内八幡宮ハ十五代義人公鎌倉上杉より就御出、鶴ケ岡八幡宮常州へ御潅頂也、慶長七年寅九月御国替之節、神女鶴秋田へ奉伝、暫く湊ニ住ス也、其後御城へ御建立之由、鶴於常州義篤公義昭公御両公御神

領御寄附之御証文処持申也、略

（注）義人／初代昌義より十三代。応永七年（一四〇〇）生～応仁元年（一四六七）没。鎌倉執事上杉憲基弟、義盛の嗣となる。証文処持／秋田城内八幡宮巫女伊織所蔵文書と伝える天文九年（一五四〇）佐竹義篤寄進状三通（茨城県史料中世編Ⅴ）を指す。義昭の証文は伝わらない。

○史料九　秋田城内八幡宮縁起（抄出）

宝永七《一七一〇》年仲夏秋田藩士松軒木村立撰（大館市立粟盛記念図書館所蔵）

（義憲）応永二十三年（一四一六）十七（歳）にて相州鎌倉より佐竹に復帰す、義人曾て図画を善くす、私《ひそか》に鶴岡八幡大神の神像を写す、常州太田城裏に鶴岡を擬し神宮を新造し、以て奉祀す、俗に小八幡という、巫女《みこ》名鶴に祭祀の事を掌せしむ、其の前世以来義盛迄、城外馬場の辺に神殿を建て、以て奉祀す、俗に大八幡という、慶長七年義宣出羽秋田城に遷る、小八幡の神像を奉じ、城裏に宮廟を造営し以て奉祀す、

（藩命を奉じ国史と巫家旧記を考し其の管見を云う）。

（注）当縁起の翻刻が『羽陰温故誌』（第三期『新秋田叢書』一）にある。小八幡、大八幡／常陸時代にあったかの書きぶりである。佐竹に復帰／応永二十三年十月の禅秀の乱直前に再度常陸入りしたことを指す（委細再論）。

○史料十　若宮八幡（太田町字宮本）

（年不詳）茨城県下常陸国久慈郡神社明細帳

応永元年（一三九四）佐竹義仁鎌倉八幡ノ神霊ヲ分ケ祀ル、祠太田城中ニ在リ、元禄五年（一六九二）徳川光圀命シテ一村ノ鎮守ト為ス、宝永五年（一七〇八）八月　今地ニ遷ス、略

○史料十一　八幡秋田神社（秋田市上中城町）

（年不詳）秋田県神社明細帳

佐竹源義人朝臣常陸国居住中永享三年（一四三一）相模国鶴ケ岡八幡宮ノ尊影（結本）ヲ奉移シテ太田城内ニ勧請ス、又山城国稲荷山稲荷神社及常陸国鹿嶋神社ヲモ太田城内ニ奉斎ス（年月不詳）、略

このほか当社の由緒に関しては、馬場八幡と同じく、澁谷上巻と堤論文に社伝の抄出がある。この社伝の所在は容易に掴めずにいたが、二〇一八年八月常陸太田市に現存する若宮八幡宮から、大略「当宮創建からの資料は昭和九年の社務所の火災でほぼ焼失」「享保年間（一七一六～三六）等江戸期の由緒がある」「ただし非公開」「これらの由緒をもとに現在の由緒を作成」などが教授された。厚く感謝しなければならない[09]。なお現在若宮八幡宮のＨＰ上に掲載されている「御由緒」は次のとおり（二〇一八年十二月閲覧）。

応永年間（一四〇〇年頃）佐竹義人公が鎌倉鶴岡より居城青篭城（舞鶴城）中に若宮八幡宮・稲荷大明神両社を奉斎し、佐竹氏代々の祈願所であった。当社勧請の折、鶴子なる者供奉して来り数世祭祀を司った。世俗で、居鶴（鎌倉八幡）、舞鶴（常州太田）、立鶴（羽州秋田）を三鶴と称す。略。並び祀る太田稲荷神社は、創祀は遠く太田大夫通延が始めてこの地に居城を構えた頃に遡ると考えられ、略

これらを分析総合すれば、当社は佐竹十三代義人が応永二十三年（一四一六）五月鎌倉鶴岡八幡の神像絵を前立て（史料六）または先立て（史料七）して太田城に入城し、それ故に若宮八幡の勧請が伝わると按ずる[10]。このとき神女鶴は御供（史料六、七）、供奉（社伝）したに違いない。この局面で佐竹の乱を『佐竹家譜』を軸に再現すると次のとおりである。

すなわち、応永十四年（一四〇七）九月八歳で佐竹氏の養嗣子に擁立され竜保丸から改名した義憲は、翌十五年六月山入氏らの叛乱を足利満兼（鎌倉管領）らが制圧する中、常州への下向を果たした。「七郎遂に嗣《つぎ》て立つ。心に与義を忘れず。然れども国人の変あらんことを悟て厚く是に遇す」と伝える。これによって常州佐竹の地は暫し平安となったに違いない。この間義仁と改名。その後、「応永二十三年相州鎌倉より佐竹に復帰す」（史料九）は義人が鶴岡八幡の神像絵を先頭に太田城に入城したことを指し、その時季は鶴伝来の文書をもとに書上げられた史料六が伝える応永二十三年「五月」と按ずる。このとき義人と改名か。暫し保たれた平穏終期における太田城入城と鎌倉八幡の勧請であった。

ところが皮肉にも同年十月上杉禅秀（前鎌倉執事）が満兼弟の満隆らを誘い、持氏（満兼子、鎌倉管領）に対して叛乱した。禅秀の乱である。当時十七歳で鎌倉に居た義人と兄憲基（鎌倉執事）らは苦戦し、駿河、越後、上野などを転戦した。当初満隆や禅秀らは鎌倉を席巻し、これに与同した山入与義父子は「暫く威を常州に振ふ」事態となった。しかし翌二十四年一月早々憲基、義人らは鎌倉攻めに成功し、満隆、禅秀らを自殺に追い込んだ。これによって憲基は執事職に還任し、義人は戦功を賞され鎌倉府の評定頭人に任じた。禅秀らに与同した与義父子は「罪を謝して持氏に降る、持氏是を許す」と伝える。これらから推せば八幡神を押し立てた義人の太田城入りは禅秀の乱鎮圧後の応永二十四年早春の可能性なしとしないが、諸史料がいう応永二十三年説に従う。

のち当社は佐竹氏の転封に伴って秋田に移転した。他方、太田城に留まった当社は宝永五年（一七〇八）並祀されていた太田稲荷と共に現在地（常陸太田市宮本町）に移転し、若宮八幡宮として現存する（以上、付図2—b参照）。なお留まった若宮八幡の「神体ハ絵像」、同じく稲荷明神の「神体ハ幣及び石剣形宝物」と伝える（『新編常陸国誌』太田条）が、若宮八幡絵像は前述「2つの八幡宮」企画展で公開展示された、室町年代の成立と推定されるという「絹本著色僧形八幡画像」を筆者はガラスケ～ス越しであったが観察できた（撮影不可）。この画像は第三章で詳述する「謎に包まれた八幡神像絵」と関係するので、多少鮮明さを欠くが『常陸太田市史』通史編上から転載する（付図３）。

（４）稲荷社

稲荷社の由緒に関する確かな情報は『国典類抄』では見出だせない。前述「２つの八幡宮」展では若宮八幡宮から出展された注09の史料ａ「若宮八幡宮勧請之由来并別当之縁起」では「若宮八幡宮は応永元年佐竹十四代義人鎌倉より勧請、城内に鎮座せしむ、その節稲荷大明神御供故に社在り」、同ｂ「稲荷神社縁起」では「太田郷稲荷神社は源義仁の勧請なり」（要点）と記されてある。ただし義人の生年は応永七年で応永元年は誤り。また前述ＨＰ上の若宮八幡宮由緒は、「応永年間（一四〇〇年頃）義人が鎌倉鶴岡より居城中に若宮八幡宮・稲荷大明神両社を奉斎」といい、注09の史料ａｂと同主旨である。史料十一の秋田県神社明細帳は「義人（略）山城国稲荷山稲荷神社及び常陸国鹿嶋神社ヲモ太田城内ニ奉斎」と伝える。この点に関して澁谷上巻は、『伊頭園茶話』二十七巻などから、「義人の五狐の霊夢によって若宮八幡（小八幡）と同年の応永二十三年に伏見稲荷を勧請したもので、常陸当時は太田稲荷と称し、若宮八幡同様に鶴が奉祀した」という（八八頁）。どこまでが史実かは慎重を要するが、天文九年（一五四〇）十七代義篤より稲荷大明神宛て部垂《へたれ》内の地、畑一貫文の寄進を伝える文書がある（史料八注、二巻七六九頁）。佐竹氏の稲荷に対する信仰は確かに古い。

（５）秋田移転

馬場八幡の秋田移転に関しては史料二が「社務宥増が護持し来る」と伝える。これは一乗院十世義堂の誌《しる》すところで慎重を要するが、来歴から辣腕の傑僧であった宥増が当時大八幡を差配した光明院社務であると共に一乗院四世であったとすれば、宥増が捧持し来た可能性が高い。[11]そもそも宥増が一乗院四世になったのは三世宥義が家康の推挙で大和国長谷寺能化《のうけ》（小池坊住《しょうちぼう》）に列し、空座になった一乗院住に光明院社務の宥増が座った故だが、その小池坊宥義から宥増と比定される「秋田社務」宛て慶長十八年（一六一三）と推定される一通、また失脚以降の小閑居宥義から宥増と比定される「秋田社務」宛て元和三年（一六一七）と推定される一通など計三通の書状が伝わる。[12]のち宥増も失脚するが、秋田移転当時は宥増が馬場八幡を差配し、護持し来た可能性が高い。なお八幡大神と併せ社壇の土を護持し来たのは注目される。

これに対して前掲の社前掲示は宥宝法印なる僧が秋田へ奉伝したと言う。宝鏡院文書によれば、宥宝とは八幡社務五世宥宝純良坊を指し、「義宣代、社に住せらる」と伝える。[13]ところが肝心の宥増と宥宝の関係が明らかでない。宥義の跡を継いだ類似の事情から推せば宥増と宥宝は同一人物かと疑いたくもなるが、他方「宥純カ」と比定される「佐竹社務」から「宥増上人」宛て年未詳の書状一通が伝来する。この「宥純」とは宥宝純良坊を指すとは断定できないが、このとき宥増は役職のない「上人」の敬称である点に注目すれば、宥増とは別人の宥宝が奉伝した可能性も無しとしない。なお馬場八幡を分祀した水戸八幡はなぜか秋田移転を禁じられた。[14]

若宮八幡の秋田移転に関しては史料八が慶長七年（一六〇二）国替で神女鶴が秋田へ奉伝したと伝える。この点に関して澁谷上巻は鶴文書から、鶴が奉祀した御社（若宮八幡、稲荷、鹿島）の秋田奉伝は、「鶴の夫（看抱という）飛田与右衛門が神主の小太夫と二人で越後沖より（慶長八年）四月五日夜土崎湊へ着船」「年月不明だが、のち与右衛門は家族召致のため関東へ向い、鶴たちを同道して土崎湊に帰着」と興味ある経過を伝える（七九頁以下、抄出）。

ちなみに大館市字八幡の八幡神社は、資料により異同があり定見を得ないが、慶長十五年（一六一〇）自ら築城して大館城（桂城）に入った（西家）小場義成が常州より遷していた神位を城内に祀り、万治元年（一六五八）二代城代義易が今の社地に遷座、これが石清水八幡を祀る正八幡であり、貞享四年（一六八七）四代城代義武が鶴岡八幡を祀る若宮八幡を造立、これによって八幡二社としたと伝えるが[15]、宗家の八幡信仰ではないので立ち入らない。

注

(01) 建治元年（一二七五）佐竹義国（系図上未詳）が多賀郡内の安良川八幡宮（現高萩市）を建立、当社は源頼義の奥州征討等に係わる伝承をもつ（文明十一年（一四七九）当社文書『茨城県史料中世編Ⅱ』）。これが常陸国で佐竹氏と八幡が関係する最初の記録とされる（堤六三頁）。ただし初期佐竹氏の支配領域などとの関係から検証を要する。

(02) 鶴岡八幡宮『重要文化財 鶴岡八幡宮上宮本殿（略）保存修理報告書』二〇〇九。河井恒久等『新編鎌倉志』。ただし神仏習合時代は「鶴岡八幡宮寺」と掲額されていたという（貫達人『鶴岡八幡宮寺』一九九六）。

(03) 注02『報告書』に収録された平成八年重要文化財指定の官報告示では「鶴岡八幡宮上宮」とあり、同報告書五頁には「今日見る下宮」と記されてある。

(04) この「由緒沿革」では茨城県立歴史館のご協力を賜った。記して感謝したい。

(05)『常陸太田市史』通史編上、一九八四、二七六頁。「社伝」と「掲示」との主要な相違点は次のとおり。

・「社伝」は天喜四年頼義が熊野社境内に張陣し祈願、康平三年同社を東に移し、その跡に八幡宮を祀ったと熊野社との関係に言及。

・「社伝」は応保元年隆義の社殿等の築造に言及せず、代わって昌義の孫秀義が改めて石清水八幡を勧請したという。

・「社伝」は永保三年義家義光が後三年役出征とするが誤り（義光の出征は後年で別）。

(06) 開章注11『佐竹氏関連城館』五頁。

(07) 常陸太田市郷土資料館梅津会館企画展。副題は「馬場八幡宮と若宮八幡宮」。会期、平成三〇年十一月二十三日

〜三一年一月十四日。筆者は三一年一月観展。

(08)「由緒沿革」、堤七一頁。なお水戸八幡宮は「太田に分祀した鎌倉の鶴岡八幡宮を水戸に移した」とする主旨の記述(『水戸市史』上巻)は誤りである。後述の理由から水戸八幡は馬場八幡の勧請または分祀である。なお水戸八幡宮本殿は国指定重要文化財。

(09)注07「2つの八幡宮」企画展では、若宮八幡宮から出展された享保十一年記「若宮八幡宮稲荷大明神縁起」、正保四年記「若宮八幡宮勧請之由来并別当之縁起」a、年不詳「稲荷神社縁起」b、ならびに推定室町年代「絹本著色僧形八幡画像」などを筆者はガラスケ〜ス越しであったが観察できた(撮影不可)。

(10)澁谷氏の研究によれば、若宮八幡は当初「太田城裏馬場先之八幡江被附置」(文明九年鶴家記録、澁谷五三頁)から城外の馬場八幡と同殿に祀られたか、太田城内の神壇に祀られ(伊頭園茶話二巻)、のち太田城内に一社を造営し若宮八幡としたという。ただし今では確認できない。

(11)小稿「近世初期真言宗傑僧宥義、宥増の物語—佐竹八幡社務の栄光と挫折」『北方風土』50、二〇〇五、二一頁。

(12)『茨城県史料中世編』V、二九三〜二九五頁。

(13)注11小稿一八頁。原史料は小稿「宝鏡院文書の事」『北方風土』38、一九九九。

(14)元和三年(一六一七)十月十日付義宣書状「水戸之八幡秋田へくわんちょう不申候間、秋田ニハ社務不入儀候」(『秋田県史』資料近世編下)。なお「秋田ニ勧請申候八幡別当者金乗院ニ而候間、是ニ而相済候」とも云う。

(15)秋田県神社庁『秋田県神社名鑑』一九九一。ただし『大館市史』第二巻、『秋田県神社明細帳』とは異同がある。

第二章　正八幡、大八幡、稲荷（久保田城内社）

本章では両八幡と稲荷の秋田移転の具体相と、久保田城内に祀られた正八幡と大八幡、それに稲荷社に対する参拝事例（寄進等を含む）を取り上げる。城内における正八幡、大八幡、稲荷社の配置図は付図4―a、bに示す。ただしa図は安永四年（一七七五）大八幡の城内移転以降のものである。

（1）正八幡

由緒

慶長七年（一六〇二）国替で神女鶴が秋田へ奉伝し、暫らく土崎湊に住したのち、城内に御宮が建立された（第一章史料八）。当社の土崎湊における滞留と、その後の城内移転に関しては『国典類抄』では不明だが、澁谷上巻は次のように記す。

○（土崎湊へ奉伝された御神体は）先祖其後御納戸に仮の御堂を御営み鶴に被仕置候、同八年より御城裏に御神殿御造営被御遷宮（鶴文書、澁谷上巻八四頁）

（注）八年は新城（久保田城）竣功の九年に先だっての意。湊では澁江内膳の指示により日吉八幡神社の神主（土崎親父と称す）の守護があった。委細は土崎町史（澁谷上巻八〇頁）。

○慶長七年（一六〇二）九月土崎湊城に入った義宣は、翌九年八月久保田神明山の新城に移ったが、この遷城により「正八幡、稲荷は新城内の仮御堂に遷座、同十二年（一六〇七）二月三の丸山の手（北の丸北部）の曲輪に東から別当寺金乗院、神女鶴屋敷、小（正）八幡、稲荷が移転、さらに同十八年（一六一三）七月鶴は台所町に屋敷を拝領して転居、こうしてこの地は八幡山の別廓と呼ばれた」（要旨）と伝える（澁谷上巻八四頁）。

（注）これらの出典は明らかでないが、『政景日記』寛永八年（一六三一）八月六日条は三ノ丸別廓を「八幡山」と、同八月十五日条は「八幡くるわ」と称す。

社名に関しては、若宮八幡が秋田に遷り小八幡を称し、後に正八幡に改めたと筆者は先行研究などから思い込んでいた。つまり馬場八幡という称号が移転先の秋田では不適なので早々に大八幡に改称され、これに連動して常陸における勧請の先後から、当社は小八幡に改称されたと考えていた。ところが秋田では若宮八幡とか馬場八幡という称名が一切見えない。これは秋田移転早々の改称であれば、見当らないのも一理あるが、前述のとおり常陸時代に大八幡、小八幡と称されていた可能性も否定しきれない。これを推察させる第一章史料九は藩から神像絵一件の調査を命じられた、学殖豊かな木村信甫の撰文である。当然ながら撰文の隅々まで配意があったと考えてよい。この撰文によれば常陸時代に大八幡、小八幡と称されていたらしいと読める。しかしながら常陸時代の史料では確認できないでいた。

そこで本章の執筆に当たって本格的に史料を探索した。すると早々に意外な文書に接し得た。天正十六年（一五八八）の年銘のある全文五行書の小紙片である（秋田県公文書館山崎文庫架蔵）。架蔵上の資料名は「小八幡江神馬奉納書」で、文中に「御立願ニ御神馬小八幡へ参り候」とある。当時佐竹氏は義宣代であるが、誰が奉納したかなど委細は不詳にしても、「小八幡」の用例が確認できる。さらに常陸時代に作成されたと推察される「宝鏡院并八幡社務由緒書覚」（『茨城県資料中世編Ｖ』）には「小八幡之於御宝前ニ」「太《ママ》八幡之別当」の用例がある。

他方、佐竹家中では佐竹の乱を経た義人以降、若宮八幡が馬場八幡よりも上位に崇敬されたにも拘らず、仮にも大小を通常の意義とすれば、なぜ当社が小八幡と称されたのか解せない。また秋田藩の記録集である『国典類抄』でも大八幡、小八幡という用例を見る。当社をさして正八幡という表記は後代になる。管見する早い年代は元禄十一年（一六九八）以降の「御城正八幡」（県公文書館文書、澁谷上巻八二頁）、宝永二年（一七〇五）の正八幡（二巻七六七頁）である。

事　略

a慶長七年（一六〇二）九月廿七日、義宣代
金乗院ニ授クル書ニ曰ク、「為八幡御神領新城小又村之内参拾石其方為知行、一市一向堂村之内弐拾石相付候」ト（『秋田県史』資料近世編下）。

b慶長九年（一六〇四）八月、義宣代
秋田日吉神社棟札に「前常陸大守佐竹義宣様八月卯日有御参詣、被仰付八幡山王二社修造之儀条、同年十月御成就了」（『秋田県史』資料近世編上）。
（注）八幡は城中の正八幡と推定。

c寛永八年（一六三一）三月八日条、義宣代
八幡大拍子打（小大夫）ニ（二人）扶持方の手判を与う（政景日記）。

d寛文三年（一六六三）十二月廿一日条、義隆代
八幡宮、諏訪建立成る。金具の擬宝珠（ぎぼうし）は上方より下す。（参考）寛文四年秋田ニ八幡宮造営ニ付き金具道具拵下命（各二巻七五五頁）。

e天和元年（一六八一）九月廿三日条、義処代
八幡遷宮（二巻七五五頁）。

f元禄八年（一六九五）三月十二日条、義処代
八幡、稲荷遷宮（二巻七五九頁）。

g宝暦二年（一七五二）十二月廿四日条、義眞代

八幡稲荷遷宮ニ付酒肴差上候（六巻一〇三頁）。

h宝暦七年（一七五七）八月十五日条、義明代

正八幡祭儀旧に復し行装を厳にせしむ（大八幡稲荷又同じ）（家譜七七六頁）。

参　拝

○寛文十年（一六七〇）四月五日条、義隆代

今日祭礼、供二名（二巻七五五頁）。

○天和元年（一六八一）九月廿三日条、義処代

遷宮相済み参詣。供二名（二巻七五五頁）。

○元禄八年（一六九五）九月廿六日条、義処代

八幡稲荷諏訪へ参詣。神馬奉納（二巻八二〇頁）。

○宝永二年（一七〇五）四月五日条、義格代

今日祭礼、供二名（二巻七六一頁）。

○正徳三年（一七一三）六月廿八日条、義格代

八幡宮及び諏訪、金砂へ社参（家譜七〇二頁）。

○宝暦三年（一七五三）四月五日条、義眞代

小八幡祭礼、供二名（六巻一〇三頁）。

○宝暦五年（一七五五）四月五日条、義敦代

八幡神事、供二名（六巻一〇五頁）。

小　括

前掲によれば、当社はa慶長七年（一六〇二）九月、秋田移転早々の義宣から三十石と二十石を授けられ

た。また当社の遷宮は、b慶長九年（一六〇四）義宣代の委細不明の修造を別にすれば、d寛文三年（一六六三）義隆代、e天和元年（一六八一）とf元禄八年（一六九五）の各義処代、g宝暦二年（一七五二）義眞代の四回である。うちdは金具を上方より下したことから推せば、これまで城内鎮座とは言え仮宮であった社殿に替わる本格的な社殿の造営であったに違いない。その他の遷宮は社殿の再建か屋根のふき替えを含む修造かは判らない。h宝暦七年（一七五七）義明代に「祭儀旧に復し行装を厳にせしむ」「大八幡稲荷又同じ」とあるが、「旧」とは常陸時代にまで遡る可能性なしとしないが、秋田初期の二代義隆、三代義処の代を指すとすれば、その年代では当社の祭典では神輿の供奉が物頭二名、中間頭一名など行装が厳かであったが衰退し、当年代に復活したことを伝える（家譜七七六頁）。

参拝に関しては、第十一章中の［事由別社参］の参拝と併せた総合的な考察を要するが、ここでの情報に限れば、遷宮成就の藩主参拝が天和八年（一六八一）義処代、元禄八年（一六九五）義処代、四月五日祭礼の藩主参拝が寛文十年（一六七〇）義隆代、宝永二年（一七〇五）義格代、宝暦三年（一七五三）義眞代、宝暦五年（一七五五）義敦代に見られる（以上、付図7—a参照）。

（2）大八幡

由　緒

前述のとおり大八幡は別当の社務光明院宥増に守護されて秋田に奉遷された可能性が高い。その経路や到着後の安置所の仔細は不明だが、第一章で前掲した史料二の続きは「万治三年（一六六〇）宮殿建立、元禄五年（一六九二）三月再建、同六月遷宮」を伝える。これは元禄十年義堂の記すところで慎重を要するが、同じく史料二によってさらに仔細を見ると次の如くである。

秋田移転後早々に社務宥増と真言宗上席の宝鏡院と間に首座および祈願所をめぐって相論があり、これが佐竹義宣の不興を買う内、元和七年（一六二一）宥増寂し社務断絶したが、常陸旧例によって社務院室が一乗院を号し、遍照寺宥鍵が一乗院中興の祖となり義圓と改名、一乗院が当社の別当のゆえに御神体を当院道場に安置、万治三年（一六六〇）当院八世義暁が自ら宮殿建立、元禄五年（一六九二）当院十世義堂が宮殿再建する。

他方、元禄五年三月の遷宮は、「国替以後今度始めて大八幡之御宮御建立」とする記録がある（山方泰護寺社奉行日記、二巻七六三頁）。また澁谷氏は『伊頭園茶話』十一巻から次のように記す。

国替のとき当八幡は一乗院の光明院という僧に守護され、久保田城下外町の四十間堀町に祀られた。元禄五年（一六九二）三月寺町の一乗院境内に移り、同院の中に大八幡の御宮を造営した（澁谷上巻八六頁、要旨）。

これらの情報は錯綜して真相が見えにくいが、当初が「四十間堀町に祀る」、次が「万治三年建立」の仮宮であったかと推察する。社名に関しては、秋田では馬場八幡の称名は不適なので移転直後に大八幡に改称されたか、常陸時代に大八幡と称されていた可能性があると考えていたが（第一章史料九）、このたびの調査で前述の小八幡と同じく、常陸時代に遡及することが判った。すなわち常陸時代に作成されたと推察される前述の「宝鏡院并八幡社務由緒書覚」に「太八幡之別当」の用例を見る。ちなみに秋田では元禄五年（一六九二）の大八幡（二巻七六三頁）が初見である。

祭礼は国替以後は特段の儀がなかったが（第一章史料一）、元禄四年（一六九一）祭礼毎に銀子三枚米十俵が下付された（二巻七六三頁）。のち明和四年（一七六七）六月外町大火で一乗院八幡御社ともニ焼失（六巻一一二頁）、大八幡は城内八幡山の金乗院に仮安置され、明和七年（一七七〇）金乗院を北ノ丸籾蔵《もみくら》脇に移し、跡地に一乗院を再興し、安永四年（一七七五）六月造営なった社殿に大八幡が遷宮した。正八幡に遥かに遅れた城内遷座であった（六巻一三〇頁、『秋田市史』第三巻八四頁）。

事　略

a宝暦七年（一七五七）八月十五日条、義明代
大八幡祭儀旧に復す（正八幡稲荷又同じ）（家譜七七六頁）。

b明和四年（一七六七）六月四日・五日条、義敦代
昨夜一乗院と大八幡焼失、御神体無事、当分金乗院へ移す（六巻一一二頁）。

c安永元年（一七七二）八月廿六日条、義敦代
金乗院を八幡空地（籾蔵脇とも）へ、同跡地に大八幡一乗院の移転（幕府へ）奉伺候（六巻一一五頁、他）。

d安永四年（一七七五）六月十七日条、義敦代
大八幡遷宮在之（六巻一三〇頁）。

参　拝

○元禄六年（一六九三）八月十九日条、義処代
一乗院へ置かれた当社へ初参詣（二巻七六五頁）。

○元禄七年（一六九四）二月五日条、義処代
去月廿九日一乗院の当社へ参詣（二巻七六五頁）。

○正徳三年（一七一三）七月二日条、義格代
大八幡宮及び川尻神明へ社参（家譜七〇二頁）。

○宝暦五年（一七五五）八月廿八日条、義明代
大八幡へ代参。山方憲自寺社奉行（六巻一一〇頁）。

○宝暦十年（一七六〇）八月十五日条、義敦代大八幡へ社参。供二名（六巻一一二頁）。

小括

秋田移転後の大八幡は常陸時代から深く関わった宥増の失脚、寂滅（死去）によって、安置所の確保にも困難があったに違いない。長い仮安置を経て、漸く元禄五年（一六九二）一乗院境内に御宮が造営され鎮座処が定まった。のち明和四年（一七六七）一乗院と共に御社本堂が焼失、安永四年（一七七五）久保田城内に一乗院と共に移転した。このように当社の城内移転は久保田城竣功から凡そ百七十年後であるが、これを見ても、新城竣功とともに城内に祀られた正八幡とは格段の違いがある。しかしながら一乗院には前述の義圓、義暁、義堂と傑僧が続いたことで、宝鏡院と佐竹氏祈願所の首座を争うほどの高い寺格を維持し得たのであるが、そうした一乗院が別当を勤めたことが影響したのか、当社が常陸時代から小八幡に対して大八幡と称される高い社格を維持し得た点は注目されよう。安永四年（一七七五）大八幡が城内の一郭に宮居を定めて以降、城内の正八幡、稲荷社とあわせて御三社（のち小稲荷を含め御成四社）とされ、佐竹家の氏神、久保田城の守護神として崇敬された。

参拝に関しては、ここでの情報に限れば、遷宮成就の元禄六年（一六九三）義処代、なぜか続いて翌元禄七年（一六九四）義処代、正徳三年（一七一三）義格代、他である。正徳三年は川尻神明と同日社参だが両社の地理的な近接によるものであろう（以上、付図7—b参照）。

（3）稲荷

由緒

前述のとおり鶴が奉祀した御社（若宮八幡、稲荷、鹿島）は鶴の夫看抱と神主の小太夫によって秋田に奉伝された（鶴文書、澁谷上巻七九頁以下）。その際、稲荷は土崎湊における仮安置や久保田新城の竣功に連動する移転と安置では主神の若宮八幡（小八幡）と同列ではないにしても準じた待遇を受けた。このことは竣功した久保田新城に稲荷が小八幡と共に直ちに遷座を果たしたことから推察できる。ただし鹿島は別の待遇であった。明治五年鶴女が書いた「稲荷宮御由緒覚」によれば[01]、常陸太田に勧請された稲荷はそもそも五社五体であった。これが何を意味するか理解に苦しむが、前述のとおり「義人の五狐の霊夢」に因むと考えられ、うち三体は小田野・久賀谷・後藤の三家に預けられ、二体は城中に祀ったという[01]。この点に関して右「稲荷宮覚」および国典類抄（後述c）は延宝四年（一六七六）後藤家の没落によって同稲荷が佐竹宗家に返上されたと伝える。ただし付図4—bに描かれた小稲荷は二社で、委細は不詳である。

事　略

a寛永八年（一六三一）四月十五日条、義宣代

稲荷大明神御礒出ニ付き屋形様ニも御覧被成置候（二巻七七〇頁、政景日記）。

（注）礒出（いそで）／四月十五日の祭礼の日、神輿で土崎浜へ神幸をさす。

b寛永八年（一六三一）六月三日条、義宣代

稲荷大明神、御社移リ有り（二巻七七〇頁）。

c延宝四年（一六七六）十月七日条、義処代

御城稲荷の脇に小稲荷（旧後藤家鎮座）を建て遷宮（二巻七七三頁）。

（注）小田野・久賀谷・後藤の三家に預けられた三体は各家で守護されていたが、後藤家の没落（進退不罷成）によって、佐竹宗家に返上された（伊頭園茶話二十九巻、澁谷上巻九〇頁）。

d元禄八年（一六九五）三月十六日条、義処代

八幡、稲荷遷宮（二巻七六〇頁）。

e宝暦七年（一七五七）八月十五日条、義明代
祭儀旧に復し神輿の供奉行装を厳にせしむ（大・正八幡同じ）（家譜七七六頁）。

参　拝

○元禄八年（一六九五）九月廿六日条、義処代
八幡稲荷諏訪へ参詣（二巻八二〇頁）。
○宝暦二年（一七五二）十二月廿四日条、義眞代
八幡稲荷遷宮ニ付酒肴差上候（六巻一〇三頁）。
○宝暦九年（一七五九）四月十五日条、義敦代
稲荷、御供二名（六巻一三四頁）。

小　括

稲荷は義人の時代に京都伏見から勧請され、常陸から秋田へ奉伝、さらに久保田新城竣功と共に城内に祀られたが（小稲荷は後代）、秋田移転以降に新たに佐竹氏に成立した与次郎稲荷伝説との関係が複雑微妙である。この点は研究八で再論する。

（追記）鹿島社

前述のとおり常陸時代に鶴が奉祀した御社（若宮八幡、稲荷、鹿島）は鶴の夫看抱らによって秋田に奉伝されたが（鶴文書、澁谷上巻七九頁以下）、鹿嶋社は移転後に二社に分祀された。その一は久保田新城内に鎮座（時期は不詳）し、貞享二年（一六八五）宝鏡院境内に建てられた祀堂に遷座、明治三年正八幡に合殿された。その二は久保田城下外町の四十間堀町に鎮座、神主は代々青海家、社殿と神主家は現在も同地に存続する（澁谷上巻九二頁）。佐竹氏と鹿島社との関係は秋田入国後に急速に稀薄になったことは否めないが、

それでも「祀られない神は祟りを為す」の諺があるとおり、崇敬された点は注目されよう。なお鹿島には鹿嶋の表記があるが、通常は鹿島とし、引用では史料に従う（以下同）。
○正徳元年（一七一一）十一月十五日条、義格代（不時社参）
宝鏡院、同寺内鹿嶋大明神（二巻八二七頁）。
○宝暦六年（一七五六）三月十四日条、義明代（参観社参）
諸社。宝鏡院寺内鹿嶋本尊、一乗院寺内聖天（六巻一九一頁）。
○宝暦七年（一七五七）七月二日条、義明代（下国社参）
八幡稲荷、宝鏡院鹿嶋堂、諏訪、大八幡、惣社、金砂（六巻一九四頁以下）。
○宝暦八年（一七五八）一月廿八日条、義明代（年始社参）
八幡稲荷、宝鏡院本尊同鹿嶋、金砂、諏訪両社、大八幡聖天一乗院本堂、神明惣社。供三名。小姓二人歩行三人（六巻一九〇頁）。
○安永元年（一七七二）四月十四日条、義敦代（年始社参）
八橋東照大権現宮、神明惣社、諏訪、金砂霊宮、宝鏡院内鹿嶋（六巻一九二頁）。

注

（01）飛田鶴女「御城正八幡宮稲荷宮御由緒覚」明治五年（秋田県公文書館所蔵）。

第三章　謎に包まれた正八幡神像絵

（1）謎の由来

第二章では応永二十三年（一四一六）五月佐竹十三代義人が鎌倉鶴岡八幡の神像絵を先立て、これに神女鶴が御供供奉《おともぐぶ》して常陸太田城に入城し、それ故にこのとき義人が鶴岡八幡を勧請したと按じた。この神像絵に関して絵が得意だった義人が鎌倉で模写したとか、神女鶴に託して模写とすり替えさせたとか、真画（元画）を持ち出させたのではないかなど諸説紛々である。義人と鶴女の関係では世俗的な関心をあおる記述もある。これが秋田で繰り返された神像絵論議の謎の由来である。神女鶴は常陸時代から連綿し、当時にしても神秘な存在であったはずだが、このような論議は常陸では見当らない。

神女鶴

こうした八幡神像絵の論議で主役とも言うべき「鶴」の由来であるが、鶴文書によれば、「竹堂《ちくどう》（義人）様が鶴ケ岡八幡宮の官女鶴子を召し寄せられ、直々竹堂様へ御供仕り常州佐竹の地へ下着」、これによって「佐竹神人《じにん》の上たる可きと仰せ出され」たと伝え（第一章史料六）、これを考証した藩士木村立も同主旨を記録に遺す（同史料七）。さらに維新後最後の代となった秋田九代鶴は次掲する史料一（ａｂｄ）で同主旨を主張し、それは「御密々《おんみつみつ》」の仰せであったとし、「以来当社（正八幡）御神式すべて元祖鶴ニ任かされ私まで数代相続相勤め」という（同ａ）。

○史料一　「御城正八幡宮稲荷宮御由緒覚」（秋田県公文書館所蔵）

明治二年巫女鶴書上、書き下し（抄出）

ａ義仁様当家へ御養子ニ入らせられ候砌、御深慮の旨有らせられ、鶴ケ岡八幡宮の官女鶴子と申すを召し寄せられ、御密々仰せ含まれ、御用筋有り、直々義仁様へ御供仕り、常州佐竹の地へ御下着、以来御当社祭事を始め御神式、悉皆《しっかい》元祖鶴ニ任せ置かれ、私まで数代相続相勤め罷り在り、

b義人様鎌倉表ニ御座成され候節、元祖鶴を召させられ、御密々仰せ含まれ候御深慮の次第、一家相伝ニて、口訣《こうけつ》申し伝え候儀は御神秘第一の儀と存じ奉り候、

c巫女《みこ》と申し候得ハ神官の内にも御座候や、古来ハ肩書等は御座なく八幡御守《おまもり》などと認《したた》め候事も御座候て、巫女の類ニは御座なくと存じ奉り候、

d義仁様御深慮の旨有らせられ、元祖鶴へ御密々御正統《ごしょうとう》の御神体を佐竹の地ニ守護し奉り、義人様写画の八幡宮御神影を鶴ケ岡ニ入れ替え奉り候を、後代右写画ノ御神影も鶴ケ岡より取り返し、御両幅共太田城内ニ勧請し奉り候由申し伝え候、外ニ義仁様真筆の御神影并に不動尊御神影モ御勧請有りと申し候、

（注）当覚は政庁へ訴願する文書で繰り返しがある。同題文書が「明治五年飛田鶴女」書上で伝わる（秋田県公文書館所蔵）。ただし文言の異同がある。

右鶴文書によれば、自らに関して「古来ハ肩書等はなく八幡の御守などと書かれた事もあった」「巫女の類ではない」といい（史料一c）、その立ち位置を「官女鶴子」（史料一a、第一章史料六a）または「神女鶴子」（第一章史料六b）と主張する。秋田三代鶴（伊織）に次の書き残しが伝わる[01]。澁谷氏によれば、この主張は「単なる神楽《かぐら》や祈祷巫女《きとうみこ》ではないとして格式の高さを誇示する」と言う（澁谷上巻）。

御神事の節、社参仕り候には先年は乗り物事にて打物までも指《さ》させ候よしに候へ共、近年は相省き歩行にて社参仕り候、鶴家筋儀は軽輩には御座なく、曾て巫女の類には御座なく候、

鶴の系図は、これまた澁谷氏によれば、「代々出生の女子をもって家系の継承者とするが、婿とりをして

の家系でなく鶴自身、士分の家に嫁となり武家の奥方という身であった」「女系といっても、それは立前で必ずしも女子が生まれるとは限らない。そのときは出生の男子に娶《めと》った嫁をもって後継者とした」「鶴女の苗字は鎌倉にあって高根、常陸に移って飛田、秋田に転じて飛田を続け明治に至った」と言う[02]。これに関連し元文元年（一七三六）寺社奉行から「諸士縁組等勝手ニ致す可し」との仰せが伝わる（史料一 c続き）。鶴の格式が高かったことを推知させる。また「佐竹神人の上たる可き」を以て遇されたとする主張に関しては、鶴女は次のとおり常陸時代から屋形様（佐竹家当主）の御盃を直接戴けるなどの身分であったという[03]。

・正月一日御前へ参り候節初献は屋形様の御盃、等
・正月十一日年始御祝詞として斗米（もちごめ）、御肴等を拝領、
・卯月（四月）五日御磯出（常陸磯前神社神事）御帰宮の節屋形様の御盃、
・義人、寿（寿賀、長生の祝賀）成され候節、鶴御前に立払い申す也、

また秋田時代には神壇の内陣に奉仕するなど厚遇されたともいう[04]。

・城内御納戸では局女中の上席、
・社参等の刻は内陣に詰め神体を守護、
・屋形様内陣で拝礼の節、鶴内陣に参内、御告の秘文を奏上（常州より旧例）、
・神拝了って屋形様咸上の間に着座の節、鶴下の間上席に着座、直々家老寺社奉行順席、金乗院は次ノ間、
・近来何ト無く出席不仕候、元文三年（一七三八）以来巫女と肩書致す可し、

要すれば、鶴は十三代義人の常州下向と鶴岡八幡宮の勧請に随行して常陸に止住、のち佐竹氏の国替につれて秋田移転、常陸以来有夫の女系、同名の世襲をもって正八幡と稲荷社に奉仕した神女である。ただし異

説がないわけでない。久保田の国学者、人見蕉雨は「全ク斎宮ナドニハ無之」という。[05]鶴はそもそも社家で、伊勢の神宮に派遣された未婚の皇女をさす高貴な斎宮などに非ずとする。これは周知のことで的外れの指摘である。問題は次に掲げる史料二の、山入氏謀叛のとき義人が霊夢によって重臣の山方盛利を遣し「僣《ひそか》ニ御神躰を移され」たとする記事である。神女鶴の存在と役割が一切記されていない。この記事の解釈は慎重を要するが、山方氏は寺社奉行（泰護）、記録総裁（泰純）を出した有力藩士家である。後考する。

○史料二　小八幡由緒（筆者付題）

元禄十一年《一六九八》山方太郎左衛門泰護申上候扣（『国典類抄』第二巻、七五四頁）

一形部太夫《ぎょうぶたゆう》と申す人謀叛、義人公御誅罰之時御霊夢ニより山方能登守盛利を鎌倉鶴岡八幡へ差し遣わされ、僣ニ御神躰を移され、御祈祷有之、御本意を遂げられしより以来、御当家御代々御崇敬浅からず、略

（注）形部太夫／佐竹与義の弟祐義（形部大輔）。山方盛利／上杉家の竜保丸（のち義人）が佐竹家入嗣のとき後見に付された重臣（澁谷上巻三一頁）。

社家、別当

正八幡には鶴女のほかに社家として鎌倉・常陸を経て秋田の初期まで小大夫が、のち小大夫を継いだ近谷《きんや》家が奉仕した。また僧体をもって祭祀した別当に関しては常陸から明治維新まで金乗院《きんじょういん》が奉仕したとする説と、秋田ではのち一乗院が付け置かれたとする説がある。委細を見てみよう。

まず小大夫であるが、澁谷氏が近谷家の系図等によって伝える記述によれば[06]、義人の懇望で常陸に下った鶴岡八幡の神職で、常陸では鶴と一体となって正八幡と稲荷に奉仕した。名字は小峯であった。秋田初代の小大夫が鶴の夫である看抱《かんぼう》と共に八幡神を守護して土崎湊へ上陸したことは前述した（第一章5）。二代の小大夫は病気で神勤不能となり辞任、寛文七年（一六六七）妻の生家である岩城村（秋田市下新城岩城）の豪農近谷家に没した。その後延宝七年（一六七九）同長男の小大夫（幼名、多郎左衛門）、次男の奥之進

が正八幡に召し出され、翌年二人は神官に任官された。長男は小峯を改め母方の近谷を称し、神職近谷薩摩守に任官した。次男は別家し兄の奉仕する正八幡と稲荷の祠官（下社家）になったという。

ところが鶴文書は全く異なる事情を伝える[07]。すなわち小大夫に関しては「水戸ヨリ御供、寛文四年（一六六四）遷宮まで勤仕」は同主旨だが、その後「神式勤形の違背を鶴が訴えて新屋越《あらやこし》へ追放」とし、神主近谷家に関しては「岩城村百姓多郎左衛門、鶴方へ出入り、始め大拍子打」「寛文年中（一六六一〜七三）神主、薩摩守に任じ」「当時（注、現在の）神主近谷日向先祖」という。いずれが事実か決め難いが、藩記録は元禄十年（一六九七）「八幡宮社人近谷薩摩守」が二人扶持加増され合せて四人扶持にされたと伝える（十八巻三九二頁）。

次に金乗院であるが「鶴家記録」[08]によれば、金乗院の儀は同院開山金乗坊と申す山伏で、佐竹十七代義篤（一五四五没、三十九歳）の代に佐竹氏の軍事の席に連なり、また御用を果たしたなどによって大幢山《だいとうさん》勝軍寺金乗院を開山し、佐竹氏の氏神である若宮八幡の社僧（注、別当職を含む）を仰せ付けられたと伝える。以来金乗院は神仏習合の中で仏教優位から神職小大夫に優位して正八幡に奉仕したはずだが、秋田移転では動静が不明である。ところが鶴文書によれば[09]、「遷封以来諸事旧例ニ引替え所務金乗院ニ仰せ付けられ」「宝鏡院祈念職は別当金乗院ニ付け置かれ」と伝え、正八幡の所務は鶴女から金乗院へ、また宝鏡院から金乗院へと移行したと推察される。その後金乗院に替わって一乗院が御城三社の社僧になったとする説があるが、金乗院は戊辰戦争で軍勢鼓舞のため八幡神を奉じて鶴女と共に久保田城外に出ているので、明治まで存続したこと明らかである（澁谷下巻四五頁）。

ちなみに金乗院歴代のうち尊融（代数不明）は安政二年（一八五五）大仙市神宮寺華蔵院へ入院し、文久元年（一八六一）神宮寺八幡宮屋根替棟札（旧別当筆者家所蔵）に「遷宮導師華蔵院法印」と記された僧で、のち慶応二年（一八六六）金乗院へ、明治五年（一八七二）三種町琴丘町鯉川の玉蔵院へ入ったと伝わる。

戊辰戦争で出陣した当時の金乗院は奇しくも筆者家所縁の尊融だったということになる[10]。

（2）過去の神像絵論議

佐竹氏の神像絵に関する論議が著作上に表れるのは江戸時代の過半である。太平の世が続いて庶民の文化水準が向上し、著作印行が普及したことと無関係ではないのだろう。この趨勢は「ご一新」となった明治維新を経ても止まらず、明治の半ばまで続いた（第一表）。ただしこれらはおおむね伝聞伝承による著作である。そのご昭和三十年代に至って、にわかに秋田県内の最有力紙である秋田魁新報紙上で論争という形で再燃した（第二表）。神像絵に対する世上の関心が枯れていなかったことを示す。さすがにここでは所々に史料が引用されたが、その史料は必ずしも信頼を置けるものではなく、全容を伝えるものでもなかった。その後、神像絵論議は昭和六十一年発掘できた「千秋文書」、また平成十一年鎌倉市の源頼朝公展に展示された「八幡廻御影」から筆者によって新たな考察が試みられ、さらに先ごろ出会えた「表具御寄進之覚」など新史料によって、このたび筆者によって総合的な研究として取り組まれることになった。

第一表　神像絵を取り上げた伝承資料注

イ秋田昔物語（藩士那珂忠兵衛、寛延四／一七五一、『秋田叢書』所収）
ロ雪のふる道（江戸邸御用商人津村正恭、寛政二／一七九〇、『未刊随筆百種』第二十所収）
ハ彗録《ははきろく》（城下文人人見蕉雨、四十四歳・没一八〇四没、伊頭園茶話七の巻所収）
ニ筆のまにまに（菅江真澄、文政七／一八二四）
ホ伊頭園茶話（藩士石井忠行、文久から明治二十年代、二・四・七・二六の巻、『新秋田叢書』所収）
ヘ秋田沿革史大成（旧藩士橋本宗彦、明治二九、単本）
ト羽陰温故誌（土崎港町住人近藤源八、明治期、『新秋田叢書』所収）

（注）内容は一部に記録もあるがここでは総称して伝承資料という。

第二表　昭和三十年代秋田魁新報紙上の論争（澁谷上巻四一頁以下）

イ昭和三十六年四月五日付「神体を偽作した？佐竹義人」

「雪のふるみち」にある奇談をもとに構成された川原衛門記事。

ロ昭和三十六年四月十二日付「義仁の冤《えん》をそそぐ」

右神体替え玉説は創作と史実の混同であるとして批判した嵯峨晋記事。

ハ昭和三十七年三月十五日付「すり替えた真像」

右批判に対して巫《み》鶴《こ》女覚え書を引用し史実を強調した宮崎進記事。

ニ昭和三十七年十一月三十日付社論説

八幡秋田神社の神像画が五百年前にすり替えられたという説にもとづいて県文化財関係者が調査したが、近く国立博物館に鑑定に出されることを報じた社論説。

（注）鑑定の実施は不明であることが後日判明（委細後述）。

（3）神像絵の調査と修補

神像絵が秋田で注目されたのは修史事業として宝永七年（一七一〇）神像絵に関する調査が行なわれ、続いて傷《いた》んでいた神像絵の修補が行なわれたことと関係する。この調査を主導したのが藩士木村立（号松軒）である。主な経過は次のとおり。委細は正徳二年（一七一二）年銘のａ「表具御寄進之覚」（佐竹家古文書）、ｂ「八幡宮御神体」（大館市立栗盛記念図書館）が伝える。なおａは翻刻し本章末に付す。

①宝永七年（一七一〇）夏木村立「命を奉じ国史と巫家《みこけ》旧記を以て其の管見を述ぶ」（第一章史料九追書）。

②右年九月表具仕替の間表具裏を文書所ニ写し置けとの仰せで、（木村立カ）同十五日拝見、写し考査す（a）。なお「九月十五日秋田城八幡神像拝見之写」が『羽陰温故誌』第三冊（『新秋田叢書』）にある。

③正徳元年（一七一一）六月廿九日藩主（義格）八幡宮（神馬奉納）他へ入部社参す（二巻八二八頁）。

④同二年（一七一二）三月十一日藩主（義格）八幡（神馬奉納）他へ参勤社参、八幡宮に於て御神躰（掛物）竹堂様御筆二幅（応神天皇尊影并ニ不動像）拝見遊ばされ候由（二巻八二三頁）。（注）この時義格は「御代々神体一度御拝礼」の例によって御神体を拝礼、表具古キに付修理を命じた（b）。

⑤右二年三月十八日金乗院御影御絵御城へ持参す、年来の表具破壊ニ付き表具のため参勤ニ付き江戸へ御持たせ（二巻七六二頁、b）。

⑥右二年三月廿二日藩主（義格）秋田城を発し東都に赴く。四月十二日東都に到る（『佐竹家譜』）。

⑦右二年八月一日ヨリ同十七日右四幅表具の修補出来《しゅったい》（江戸上屋敷）、同十八日屋形様（義格）他拝見、秋田へ御下しのため、納戸役二名符印、新規長持ニ入れ、道中に三名を付け、八月廿七日江戸発、九月十二日下着、同十四日別当金乗院へ渡す、同十九日から廿一日まで八幡神前で宝鏡院が開眼護摩を修す（二巻七六二頁、a）。

（4）実見基本史料「千秋文書」

旧佐竹家の文物を所蔵展示する、都内千代田区九段の一般財団法人千秋文庫に一枚目の冒頭に「八幡古来之画像并写画像之表」と記された、半紙六枚からなる文書が架蔵されてある（以下、千秋文書という）。神像絵に関する諸史資料の中で、当文書は実見に基づく最も詳細な記録と図示である。この文書との邂逅は「後記」に記す。謎とされる正八幡神像絵に関する基本史料との出会いであった。成立は右（3）の②から宝永七年（一七一〇）藩士木村立の記録として間違いない。以下に翻刻し、各字句の斜線以下に注釈を付し、その上で考察する（付図5参照）。

（一）八幡古来之画像

冒頭の「八幡古来之画像并写画像之表」は全体の題を示すものではない。六番一の右半が八幡古来之画像の表、同左半が同写画像の表であることを示す。

イ　古来之画像の表（六番一右半）

日丸／日輪をさす。特長として背後に円相（円光）がない。

法躰ノ像、地蔵ニ似タリ／柔和な空海系と武骨な地蔵系がある僧形八幡の内、後者を指す。なお今に遺る若宮八幡宮の僧形八幡画像は空海系である。

高良／こうら。高良明神。応神天皇の臣。男神。

武内／武内又は建内宿禰、神功皇后をたすけ応神天皇の即位や対新羅戦争に貢献した伝承的人物。男神。

釈行教カ、僧形／平安前期、石清水八幡宮創立の僧。

神功皇后／応神天皇の母、伝説上の存在説有り。

若殿／鎌倉下宮では仁徳天皇の妹をさす。

若宮／鎌倉下宮では仁徳天皇をさす。ただし若宮八幡即仁徳には異説がある。

姫大神／鎌倉上宮では応神天皇姉をさす。

御童形／若宮、姫大神をさすか。

ロ　古来之画像の裏（六番二左半）

大菩薩　御本地□染　或釈迦阿弥陀／表の法体ノ像に当る（以下同）。

武内　　本地阿弥陀／表の武内。

良　　　本地十一面／表の高良。

若殿　若姫共中　本地勢至／表の若殿。
大足志　本地観音　神功皇后御（事）／表の神功皇后、別名大足志姫《おおたらしひめ》。
姫大神　本地勢至　／表の姫大神。
若宮　本地十（一面）仁徳天（皇）／表の若宮。
ハ　古来之画像の寸法彩色、軸書（六番ニ右半）
絹地彩色　長二尺七寸余、幅一尺三寸七分／長約八二㎝、幅約四二㎝
表具、惣地白段子、輪胞赤絹
軸ノ巻紙ノウラニ如此
（鶴）□建久二年辛亥／一一九一、両宮制整備の年。
八幡御影為頓学坊安置／頓学坊に安置たり、又は頓学坊に安置させる。建長七年乙卯八月十五日奉写之、謹按ニ常陸介源長義四十九歳ニ当ル／一二五五。「謹按ニ云々」は別筆、以下同。謹んで按じたのは木村立カ。長義は常陸佐竹六代（生没一二〇七～七二）。
ニ　古来之画像の考察
・表は上部に日丸と法体ノ像、下部に六神名（行教を除く）が描かれ、同裏は上部の法体ノ像を大菩薩とし、下部の六神名には本地仏名を付加し、配置は表裏のため左右逆転で描かれている。以下、「元画」という。
・これに似た絵像に石清水八幡垂迹曼陀羅がある（後掲「源頼朝公展」）。同曼陀羅は小型の高殿厨子《たかどのずし》の内部に貼られた紙に描かれ、上部中央に八幡神、下部に六神の配置は同じであるが、武内と高良は最下段にある。
・画像は建久二年頓学坊に初めに安置され、のち建長七年に奉写された（何代目かの）八幡御影である。

奉写者は記されていない。

（二）右同写画像

イ　写画像の表（六番一左半）

大幅　八幡画像之表　坐／実は八幡写画像の表。

日輪　金光　赤蓮華アリ／赤い日輪は僧形八幡図を特徴付ける図像的な象徴。

尊像ノ尊体／古来之画像の部分写（上部僧形八幡のみ）か。

ロ　写画像の裏（六番三）

表具上書ニ

キヌジ、□一文字、輪宝赤地、惣地ソライロシテ（空色して）キ（黄カ）又、中ヘリ（縁）赤地唐織

牡丹カラクサ（唐草）ニキレウ／一部未読。

長二尺七寸余、幅一尺四寸／長約八二cm、幅約四二cm。

タクボクニ如此／ひもの組み方のひとつ、啄木組みカ。前掲イ「写画像の表」との関係が不定。

高良、□（武）内／前掲。

宇礼久礼／宇礼、久礼の二神。仁徳の妹。

若宮御影／鎌倉下宮では仁徳天皇御影をさす。

若殿／前掲、鎌倉下宮では仁徳天皇の妹をさす。

天文□□閏十月吉日、謹按ニ天文五年《一五三六》丙申閏十月義篤三十歳、常州へ奉移候／謹んで按じたのは木村立カ。義篤は常陸佐竹十代（生没一三一一〜六二）。右年に常陸に奉移したとの意。

ハ　軸書（六番三左半）

軸丸サシワタシ（直径）七歩五リン（約二三cm）、軸ハ如此

常陸国（二行書、佐竹殿義篤）為鎮護国家勧請畢／勧請した。
表梢宗定、相承院快元／相承院は後述。

二　写画像の考察
・日輪、金光、赤蓮華／赤い日輪は僧形八幡図を特徴付ける図像的象徴である。
・尊像ノ尊体／古来之画像の部分写（上部僧体八幡のみ）か。主神の如くに描かれた若宮御影は仁徳天皇御影をさす。
・写画像は前掲古来画像（元画）の写とされる。両画の長さ、幅が同じである。ただし古来画像は「法躰ノ像」を主神として六神（行教を除く）を配するのに対して、写画像は「尊像ノ尊体」のみである。また「尊像ノ尊体」と裏に書かれた「若宮御影」との関係が不定である。なお写者は表梢宗定カ。
・中村光得によれば義人筆の八幡写画像は鎌倉で捧持し信仰していた出家が死スル時常州へ送られたという（［史料B］）。天文五年義篤代のことである。

(三)　応神天皇尊像／永正十年（一五一三）年銘。（同六番四）
・絹地彩色　長五尺四寸、幅三尺七寸／長一六三cm、幅約一一二cm
・永正十年下野国宇都宮住人真光の描写、奉納カ。

(四)　八幡大菩薩／応永十六年（一四〇九）年銘。（同六番五）
・神鏡裏ニ　御正体　弥陀ノ像

(五)　不動尊像／紙札ニ如此、永享三年（一四三一）九月令図絵右京大夫義憲給者也（義憲図絵せしめ給う者也）、同十月相承院奉開眼供養。（同六番六）
・絹地彩色　長五尺五寸、幅三尺九寸五分／長一六七cm、幅約一二〇cm
・永享三年九月廿八日　僧「性持」が軸装し奉安カ。

相承院頓学坊

千秋文書（六番二、三）によれば、八幡古来之画像は建久二年頓学坊に安置されたが、建長七年奉写され、同写画像は天文五年おそらく相承院快元を導師に常陸へ奉移された。頓学坊、相承院とは何か。鶴岡八幡宮では奉仕の僧職は供僧職を称し、社務別当（別当坊）の差配下に住坊を構成、社領を分有し祭祀を掌ったが、そうした一坊であつた頓学坊は、室町後期に別当坊がなくなってからは一山の中心として重きをなした有力院坊であった。「真言宗古義派、開基は良喜律師、寛喜三年（一二三一）寂、本尊は不動明王立像、正面檀に八幡菩薩を安置、初めは頓学坊、応永二十二年（一四一五）相承院なる院号を称す」と伝わる[11]。ちなみに佐竹義憲（のち義人）が相承院の珍誉に与えた書状がある[12]。前欠のため「この度拝領候は目出候、毎事後信を期し候の間、省略せしめ候」としか読めないが、何らかの神像絵の授受を想像させる。

（5）公開展示された八幡廻御影

平成十一年、鎌倉市では建久十年（一一九九）源頼朝が五十三歳で鎌倉に没してから八百年を記念して、いくつかの記念行事が催行された。その一つ、六月鶴岡八幡宮が主催した「源頼朝公展」では、由縁の遺品や伝来の文化財が展示された。その中に先ごろ元所蔵の鶴岡八幡宮の収蔵に帰した絹本著色一幅の「八幡廻御影《はちまんまわりのみえい》」があり注目された。この廻御影こそ秋田で連綿と模写説、遷移説、すり替え説が論議されてきた正八幡の御神体である神像絵と深く関わる絵像であった。秘中の秘とされてきた廻御影がはじめて公開展示された。添えて展示された紙本墨書巻の「八幡廻御影縁起」は廻御影の由緒を事細かに示すものであった[13]。

神影図信仰

神影を描いた絵図信仰は神仏習合と不可分に発達した八幡神から始まったという。平安時代末期に完成した本地垂迹説《ほんじすいじゃくせつ》によって、平安時代から鎌倉時代に一層進展した神仏習合の潮流は美術にも及び、まず神像彫刻において八幡神が造像され、ついで絵図では八幡神の神影図や曼陀羅《まんだら》において絵画という特性を生かして習合の様々な形態が具体的な形で表現された[14]。やがて絵図自体の信仰が高まり、鎌倉の鶴岡八幡宮においては曼陀羅風の八幡廻御影への信仰が高度に発達したという[15]。

八幡廻御影

この御影は上段中央に円光背《えんこうはい》を負う老僧形の、袈裟《けさ》をまとい、右手に錫杖《しゃくじょう》、左手に数珠《じゅず》を持ち、斜め右を向き、几帳を背に蓮華座に座す僧形八幡神、二段左右に唐衣装姿の二女神、三段右に鶴丸紋直衣《つるまるもんひたたれ》（鳳凰文狩衣《ほうおうもんかりぎぬ》とも）の童形神、左に唐衣装姿《からいしょうすがた》の一女神が描かれている[16]（頼朝公展資料、白井永二『鎌倉風草』一九八六）。（付図6参照）。

イ仕様／一一五・〇×六四・〇㎝、鎌倉時代、鶴岡八幡宮所蔵。巻軸裏側に「八幡廻御影、正和二年《一三一三》五月廿八日奉修覆畢、覚珍、文和二年《一三五三》二月十七日重奉修覆畢、頼珍」と記された張紙がある（頼朝公展資料、『鎌倉風草』）。当初は建長二年（一二五〇）十一月別当坊に勧請安置という（『鎌倉市史』一九六七）。

ロ由縁／秘物にて、昔より終に見たる人なし。錦の袋に入て長三尺ばかり、幅八寸四方ほどの箱に入、鳥居を立、注連を引て、十二箇院の供僧、一箇月づゝ守護し、毎日三座の行を勤め、法華経を読也、俗に回り御影と云うなり（『新編鎌倉志』[17]）。

ハ流転廻国／明治初年の廃仏毀釈で鶴岡八幡宮から他出し転々としたらしい。近年（私注、昭和四十年前後か）奇しくも逗子市住の中村岳陵画伯が奈良で入手、のち鶴岡八幡宮の所有に帰した（『鎌倉風草』、『鎌倉市史』）。

八幡廻御影縁起

縁起によれば廻御影は頼朝、政子、北条氏によって尊崇され、御影が鶴岡八幡宮に遷された正嘉年中以降、供僧によって一月宛奉安され厳修された。現存本の縁起は応永六年の書写という（『神道体系』神社編二十、一九七九）。

イ仕様／一巻、紙本墨書、二八・五×一六五・五cm、室町時代、鶴岡八幡宮蔵。

ロ内容／『鎌倉市史』（史料編第一、一九六七）によれば凡そ次のとおり。

・御影は、源頼朝が「未だ御代を召さざる以前」から崇敬し、没後は北条政子が篤く信仰した。同じく信仰した北条時頼は祭祀の欠けるを恐れ、正嘉年中（一二五七～五九）御影を鶴岡八幡宮に遷し、料所を寄進した。

・以降、坊々に一ケ月づつ安置し供僧《ぐそう》が祭祀を厳修した。いくつかの夢想の奇瑞、霊験があった。ちなみに頼朝は二五坊を整え、鎌倉公方期は七坊、徳川期は十二坊で明治初年まで存続した。

ハ縁起継紙／頼義奥州下向ノ時此の御影ヲ守リニ掛、義家奥州下向ノ時モ御影ヲ守リニ掛、頼朝豆州ニ在ス時異人来テ此の御影ヲ授ク（要点）

（6）若宮八幡に遺された僧形八幡画像

佐竹氏の秋田移封では若宮八幡（正八幡）の御神体である僧形八幡画像の元画（古来の画像）と同写画像が秋田に遷されたはずだが、常陸太田市の若宮八幡宮には絹本著色の、画像の状態から室町時代の作と推定されると解説された絹本着色僧形八幡画像（市指定文化財）が現存する。この絵像の拝観に恵まれた筆者は、柔和な空海系の僧形一体を実見した（企画展「2つの八幡宮」、委細は第一章）。同展の説明資料によれば、「佐竹大系纂」を引いて、「義人絵ヲ善ス、依テ鎌倉八幡ノ尊影ヲ写シ本絵ヲ持参ス、今ニ有、佐竹ニ本絵有ト云事ナリ」から、若宮八幡に本絵と写絵が奉納、所蔵されたことを伝える。千秋文書が伝える正八幡神像絵は武骨な地蔵系であるのに対して、こちらは柔和な空海系である。この理由は由緒ある神社であれば暫時にせよ神座の空位は考えにくいので、秋田移転当時に両系の画像が並存し、柔和な空海系が移転から除外されたと思案する外ない（付図3参照）。

（7）神像絵と義人の関係再考
威風堂々の入城と勧請

鎌倉の八幡大神は如何なる時代の、如何なる政治軍事的な局面て常陸へ勧請されたのか再度見ると、応永二十三年（一四一六）五月佐竹十三代義人が鎌倉鶴ケ岡八幡の神像絵を前立てまたは先立てて太田城に入城し、これによって鶴岡八幡が勧請され若宮八幡として祀られたと按じた（本章冒頭）。要すれば、この勧請は神像絵を神実《かんざね》として八幡神を憑依《ひょうえ》させ（のり移らせ）、これを押し立てて威風堂々と入城し、山入氏ら反義人勢力をも包含する佐竹氏の新たな信仰拠点として城内に祀ったと推察する。これは義人が八幡御影にまつわる先祖頼義、義家、頼朝の故事に倣《なら》おうとしたものであった（前掲「八幡廻御影縁起継紙」）。所々に記された「御密々」は義人の神女鶴に対する仰せの流儀であって、勧請が「御密々」だったわけではない。

常陸への勧請に関わった人物は、一は「鶴ケ岡八幡宮の鶴子に御密々、御用筋有り」から知られる神女鶴であり（史料一a）、二は義人の霊夢によって鎌倉に派遣された山方盛利である（史料二）。盛利が入嗣の竜保丸（のち義人）に付された上杉氏重臣であることから推せば、鶴岡八幡の勧請に当って、鎌倉の事情に明るい盛利が神女鶴と神主小大夫を説得し、常陸下向に持ち込んだのが実相であろう。そうであれば神事方の神女鶴と世事方の山方氏の関係は相克するものではない。「僭ニ御神躰を移され」「御祈祷有之」（史料二）も山方氏の差配によって鶴と小大夫が担任したと読める。ただし、ここでは仏僧の関与は出てこない。

さて、神々の勧請は降神方式と神実方式がある。前者は天喜四年（一〇五六）源頼義が常陸太田の馬場辺で「石清水八幡宮の神霊を平大石二枚を敷いて安置し戦勝を祈願」した例である（第一章馬場八幡ＨＰ）。頼義は平らな大石に八幡の神霊を降ろし、憑依させて、それに祈願した。後者（神主方式とも）は「佐竹昌義石清水八幡宮を勧請し砂石を以て神実となし」（社前資料「八幡秋田神社略記」）、「義仁自筆ノ応神天皇ノ画像ヲ神主トシ」（『羽陰温故誌』第三冊）の例である。正八幡の勧請は神像絵に憑依させた神実方式であった。

義人は神像画を描写したか

義人の画才に関して木村立が「義人図画を善くす」（第一章史料九）、中村光得が「義人が絵を能くす」（後掲［史料Ｂ］）と伝え、「竹堂《ちくどう》の鳴き鶉《うずら》」と世に云われるほどの腕前だったらしい。こうした伝承を菅江真澄も採録している[18]。検証していないが澁谷氏の研究によれば、義人は室町時代の画僧で、建長寺の僧であった啓書記（祥啓ともいう）の弟子馬見谷宗三に絵を習い上達すこぶる早かったという。この馬見谷は義人御供の衆（上杉家から付けられた家来）で、義人の学友と推察される人物である（澁谷上巻三九頁）。

神像絵を実見して作成された史料は前掲「千秋文書」、後掲する表具寄進之覚（［史料Ａ］）と、これに準ずるその他実見史料（［史料Ｂ］）である。これら史料によって神像絵の構成、描者、安置（奉安、奉移等を含む）等に関する要点を次の第三表に示す。

第三表　義人描写に関する実見史料

（参考）応永二十三年（一四一六）佐竹義人が鶴岡八幡の神像絵を押し立てて常陸太田城に入城し鶴岡八幡を勧請した（第二章）

資料／成立年／画像	義人描写に関して／画像構成／その他
○佐竹文書／宝永七（一七一〇）	不言（義人以外）、主神（武骨な地蔵系）＋六神、
・古来之画像（元画）	建久二（一一九一）頓学坊安置、建長七（一二五五）奉写
・同写画像	不言、主神＋?、天文五（一五三六）相承院奉移
・応神天皇御影	不言、永正十（一五一三）宇都宮住人真光奉安カ
・不動尊像	義憲令図絵、永享三（一四三一）性持奉安カ、相承院開眼供養
○木村立／宝永七	「拝見之写」
・古来之画像（元画）	不言（義人以外）、（軸巻ノ紙ニ）御童形ノ神像
・同写画像	不言、絵画ノ様ハ同前右（古来之画像カ）ノ写ナリ
○木村立／宝永七	「八幡宮縁起」（第一章史料九）
	義人図画を善くす、私《ひそか》に鶴岡八幡大神の神像を写す
○表具寄進覚／正徳二（一七一二）	
・古来之画像（元画）	不知（義人以外）、頓学坊安置、建長七奉写
・同写画像	不詳、義人カ、天文五相承院ヨリ贈進（注a）
・応神天皇御影	不詳、義人筆勢之様、永正十真光表具寄進カ
・不動尊像	義人筆ト貼紙アリ、軸ニ永享三トアリ
○山方日記／正徳二	八幡元画一、義人写三（八幡、応神、不動）
○右筆処日記／正徳二	八幡元画一、義人写三（右同）、他一
○佐竹系図引証本書込／	（正徳二以降）八幡元画一、義人写三（右同）
○鶴文書／本章史料一d	八幡元画一、義人写三（右同）、注aと同主旨
○近谷家文書／不詳	不言
○八幡廻御影	正和二（一三一三）奉修覆、文和二（一三五三）重奉修覆
	主神（武骨な地蔵系）＋四神（三女神、一童形神）
○常陸太田若宮八幡画像	室町時代作、僧形八幡、柔和な空海系の僧形一体

（注ａ）旧説ニ云、右京大夫義人公鶴岡八幡宮神像自ラ写給テ留置、本書を乞取テ常州ニ御持参ト申伝う、其の後此の写鶴岡相承院ヨリ贈進セラレタリト相見タリ、義人公御筆か、本書ハ右頓学坊安置ノ事ナラン、

以上から義人の神像絵描写の有無を考察すれば次のとおりである。

イ神像絵の調査と記録を専導した木村立は、「佐竹文書」では不動尊像のみ義憲の図絵とし、他の三幅の描者に関しては不言とした。これは「表具寄進覚」に不動尊像に「義人筆ト貼紙アリ」と関係があるのだろう。しかし「八幡宮縁起」では「義人私《ひそか》に鶴岡八幡大神の神像を写す」とも記した。木村立は初め八幡大神の義人描写に慎重であったが早々に義人描写に転じたようである。年次は前後するが「表具寄進覚」に記された「旧説ニ云」に動かされた可能性がある。

ロ他方、木村立以外の「山方日記」「右筆処日記」「系図引証本書込」は元画を除く三幅は義人の描写とする。これは「表具寄進覚」の写画像は「不詳、義人カ」、応神天皇御影は「不詳、義人筆勢之様」を進めて積極的に義人の描写を認容したものであった。理由は不明だが、木村立の「八幡宮縁起」が影響したかも知れない。

ハ「鶴文書」は鶴が義人から「御密々仰せ含まれ」（第一章史料六、寛政九／一七九七）、その次第は明治に至るまで、「一家相伝ニて口訣申し伝え候儀は御神秘第一の儀」（史料一ｂ）に徹した。義人の描写説を慎重に回避したのは自らの由緒や神秘な存在の主張をもって足り、敢えて深入りする必要がなかったからに違いない。ところが神女鶴の存続を訴願する切迫した右文書の末尾では、「義人様写画、入れ替え、後代取り返し」（史料一ｄ）と累代の秘密を明かしたと言える。

ニ「佐竹文書」によれば、古来之画像は主神が武骨な地蔵系で従神が六神であるが、八幡廻御影は主神が武骨な地蔵系で従神が四神、また常陸太田若宮八幡宮に伝わる僧形八幡画像は柔和な空海系で従神は不

在である。したがって古来之画像は八幡廻御影とも、若宮八幡画像とも明らかに相違し、その成立は異なるとしなければならない。ただし主神に限れば、古来之画像の絵柄は、八幡廻御影と同形であり、写画像は木村立が「絵画ノ様ハ古来之画像ノ写ナリ」と伝える。

義人描写画、神像絵（元画）は常陸へ移転されたか

正八幡の正体とされた四幅（神鏡を除く）の絵像が常陸で描写されたとか、遷封後の秋田で描かれたことを伝える資料は見ない。第一表の伝承資料は義人画（a）と元画（b）が鎌倉から常陸へ移転があったと明白《あからさま》に伝える。ただし義人自筆の鶉《うずら》の絵が常陸耕山寺などに有ったのが事実とすれば（後掲注18）、神像絵の一部が常陸入国以降の義人描写の可能性なしとしない。

秋田昔物語／a「鎌倉へ御納」、b「御取遊ばし」
雪のふるみち／a「うつしかへ」、b「ぬすみ出させ」
秋田沿革史大成／a「鎌倉へ納む」、b「持越シ」

これら伝承資料は「旧説ニ云」（「史料A」）か、中村光得書込の「八幡ノ御真体一幅（注、応神）二幅（同、僧形八幡）ハ鎌倉ヨリ御写」（「史料B」）に拠ったとしても、このような風聞が当時世間に流布していたに違いない。他方、実見資料はさすがに移転に関しては明言を与えず、わずかに「書込」が「一幅ハ義人公ノ御筆、外一筆ハ鎌倉ノ何トヤラン申す出家所蔵ナリ」に続け、「彼の出家死スル時義人信仰アルヲ以テ常州ニ送ル、義人ヨリ四代目ノ義篤ニ送ルト彼の書ノ裏書か表ニアリ」と慎重に伝える。他方、『国典類抄』に収録された山方文書は、「義人、山方の先祖を鎌倉の鶴岡八幡へ差し遣わされ、偕ニ御神躰を移され」（史料二）と記す。近谷家文書も同じである。しかしながら鶴岡八幡の勧請は前述のとおり威風堂々の太田城入城

によったとすれば、密かな勧請は否定されなければならない。

（8）神像絵のその後

旧久保田城の千秋公園内に鎮座する八幡秋田神社は明治五年正八幡、大八幡を合祀して創祀された八幡神社と、同十一年佐竹義宣を祀るために創建され、同十八年佐竹義尭を合祀した秋田神社の両社が、同四十年合併して八幡秋田神社と改称し、大正八年佐竹義和を合祀して現在に至る神社である。このほか神像絵を継受した可能性のある神社として弥高神社があるが[19]、これらの由緒から佐竹氏累代が信仰した正八幡の神像絵が伝来するとすれば、八幡秋田神社が有力である。昭和三十七年十一月三〇日付秋田魁新報は論説欄で、「八幡秋田神社の本尊である神像画は幅一一二・五cm、長さ一六〇cmの布地で、義格の名で「正徳二年表装」と銘されている」と記した。

この本尊（神道では主祭神）の絵模様が公開されていないので、正八幡神像画のどれに相当するか直接には比定できないが、右寸法から、実見資料に記された絵像と対照すると応神天皇像とおよそ合致し、同像であると推察される。この神像画につき右論説は、「県文化財の専門家数人が調査したところ」「補修が激しくて断定はできないが、彩色の朱、群青《ぐんじょう》などから鎌倉初期、または平安末期の作らしいと認められた」「鑑定は近く国立博物館の結論に待つ」と記してある。これによって筆者が平成十五年県文化財保護協会に照会すると、記事の当時県の文化財保護行政の任にあった加賀谷辰雄会長（当時）の記憶にもなく、また同会長が八幡秋田神社に出向かれ宮司に尋ねられたが、やはり不明であったということが伝えられた。

実見資料によれば、正八幡には応神天皇画像一幅のほか八幡御影二幅（古来、写）と不動明王画像一幅があったはずである。これらは明治以降、いかなる運命を辿ったであろうか。八幡秋田神社は応神天皇以外の神像画を有するか否か未詳である。千秋文庫からは、平成十五年三月「神像画と思えるものは当館にはない」、また令和元年九月「応神を含む天皇画像は当館にはない」ことが知らされた。明治二十四年県社八幡神社（秋田市東根小屋町）の宝物等目録によれば、画像は一点も存しない（秋田県公文書館所蔵『秋田市神社宝物什物調』）。この他には次の記録があるが（ただし大御像は一枚のはず）、明治初などの混乱期に他出したようである。

明治の始、神仏分離の時、御内陣を改められしに応仁《ママ》天皇の大御像二枚あり。また地蔵の像あり、例の本地というなるべし。緋《ひ》の衣《ころも》にて錫杖《しゃくじょう》突きたりと。明治五年三月天皇の大御像と菊の太刀は東京に移された（「伊頭園茶話」四の巻）。

（9）神像絵の総合的な考察

江戸時代過半以来、さまざまに取り上げられてきた神像絵論議は興味本位の伝承資料によって偏向されたきらいがある。このたび新史料を動員した総合的な追求によってかなり虚実が明らかになったと思う。重複を怖れず若干の推断を含め、新しい神像絵像を模索すると次のとおりである。

イ正八幡神像絵は八幡御影二幅、応神天皇像画一幅、不動明王像画一幅の合わせて四幅であった（五幅の表記は神鏡裏の御正体を含む）。四幅は常陸または秋田時代に描写されたことを伝える史料はない。鎌倉からの移転の可能性が高い。鶴岡八幡の院坊に置かれた神像画のほか、義人画が含まれていたかもしれない。ただし一部は「鳴き鶉」の例から入国以降の常陸で義人が描写した可能性もなしとしない。

ロ八幡御影（古来）は鎌倉から移転された元画に当るが、八幡廻御影ではありえない。古来の画像の絵模様は廻御影と異なる。鶴岡八幡の各院坊で月毎に厳修された八幡廻御影を密かに持ち出したという伝承は廻御影に対する厚い信仰と持ち出しの両面から想定できない。ただし諸院坊に安置されていた廻御影以外の御影が借覧に供され、あるいは持ち出され、義人が模写したとする事態は想定できる。常陸および秋田時代を通じて神女鶴が存続し、正八幡に対する奉仕や神人の上として優遇された事実は否定すべくもない。そうであれば神像絵移転に関して神女鶴が何らか重要な役割を果たし、逆に何らかの神像絵移転があったに違いないと推察できる。

ハ義人描写説は、第一に木村立が「史料A」に引用した「旧説ニ云」に、第二に「史料A」に記された「不動尊像　義人筆ト貼紙アリ、軸ニ永享三トアリ」に依る。次に傍証ではあるが、第三に切迫した鶴が一家相伝の秘密を破って「義人様写画、入れ替え、後代取り返し」と文書に明記し、第四に義人にはかなりの画才があったことによる。これらによって八幡御影（写）、応神天皇像画、不動明王像画のいずれか又は三幅は義人の描写が確証できないが、可能性まで否定できない。ただし所々に伝わる八幡僧形図は専門的な画力と相応の描写時間を要すること必至なので、義人の描写は粗描だったとする見方も成り立つ。

ニ改めて「旧説ニ云」を点検すると、義人は「鶴岡八幡宮神像を自ラ写し」「その写を鎌倉に留め置いて」「本書（元画）を乞い取テ常州に持参」、その後「此の写が相承院ヨリ贈進された」「本書（同）は頓学坊に安置のものであろう」となる。何とも不思議な伝承である。他方、千秋文書は元画が建久二年頓学坊安置、同写が天文五年相承院より奉移と伝え、旧説は千秋文書の記録と矛盾がない。したがって「旧説」は虚説というわけではない。ただし旧説は元画の移転には言及していないが、千秋文書によれば、建久二年（一一九一）（初代画が）頓学坊に安置され、建長七年（一二五五）奉写と伝えるので、義人が常陸太田に請来した元画は建長七年の写画ということになる。

ホ当時すでに秘中の秘であった神像絵一件を今にして史料をもって確定することは困難である。ただし鶴岡八幡の廻御影は明白に否定されるとしても、社中院坊が独自に掲げた本尊の真画か写画の移転は想定されてよい。そうであれば八幡御影（古来）と不動明王像画は相承院からの移転だった可能性が高い。

うち貼紙のあった不動明王像画は義人の描写だったとしてよい。あるいは院坊の一つ、密蔵院からの移転だったかも知れない[20]。いずれにしても移転は「ひそかに」「うつしかへ」「ぬすみ出させ」などの風説があるが、戦国乱世の佐竹氏が存亡をかけた八幡神の御神体であれば、当時の情勢から推して先祖頼義・義家・頼朝の故事を引き寄せる威風堂々の入城による移転、勧請だったと按ずる。

以上のとおり、澁谷氏の研究を先行としつつ、正八幡神像絵の実相をかなり体系的に明らかにできた思う。これまでは神秘な存在の神女鶴、鎌倉から養嗣子入りし戦国乱世に寧日《ねいじつ》なかったが絵をよくした義人、神聖なる八幡大神の御神体、仕立てられた鶴女と義人とのあやうい間柄などが入り交じって、いささか刺激的な物語が織り成されてきた。しかしながら他方、本章では実見史料を収集披見し、この度は新史料も動員できたのであるが、そもそも秘中の秘とされ最も機微な神像絵一件を快刀乱麻を裁つが如くに両断するには至らなかった。八幡秋田神社の神像画の構成調査と専門的な鑑定が待たれ、また耕山寺（開基佐竹義仁、常陸太田市）および周辺に於ける「鳴き鶉」絵の存否に関する調査が望まれるゆえんである。

注

(01) 澁谷鐵五郎「弥高神社外伝」弥高神社研究所『研究所報』第二号、一九八八。澁谷上巻五九頁。

(02) 右同「弥高神社外伝」。澁谷上巻六〇頁以下。ただし秋田時代の飛田姓以外は史料上では確認できない。なお鶴は職掌で、家系としての「鶴家」は存在しないので「鶴文書」と称する。

(03) 第一章史料六「御縁起并諸先例書」。澁谷上巻五八頁以下（出典が鶴子文書のうち上記「諸先例書」であることが判明、ただし異同がある）。

(04) 史料一注「明治五年飛田鶴女」書上（秋田県公文書館所蔵）。

(05)人見蕉雨『葉録《ははきろく》』五、あきたさきがけ叢書4所収、一九六八。蕉雨は一七六一年生～一八〇四年没。

(06)澁谷上巻一一二頁以下。主な出典は引載された「藤原姓近谷氏家系」(最終記事は天明三年)であるが、「鶴と同じで鎌倉以来、常陸にかけ家系の記録は伝えられていない」(一一二頁)に注意を要する。

(07)前掲注04書上。

(08)澁谷下巻二四頁。この「鶴家記録」の所在は不明。

(09)前掲注04書上。

(10)佐藤久治『秋田の密教寺院』一九七六。小著『玄応坊屋敷由緒私記』二〇〇二。

(11)白井永二『鎌倉風草』一九八六。『鶴岡叢書』第三輯、一九八〇。

(12)右『鶴岡叢書』所収。上杉から佐竹に養嗣子入した竜保丸は、応永十五年(一四〇八)太田城入城を果たし家督を継ぎ義憲と改称、のち義仁と改め、さらに応永二十三年(一四一六)義人と改めた(第一章参照)。

(13)源頼朝公展(源頼朝八百年祭記念、平成十一年六月十日～二十日)資料。

(14)逵日出典『神仏習合』一九八九、景山春樹『神像』二〇〇一。

(15)常陸太田に鎮座した若宮八幡、馬場八幡、それに水戸の水戸八幡の御神体は何れも絵像という(『常陸太田市史』通史編上)。ただし前述のとおり馬場八幡の神体は鏡と伝える(第一章)。絵像と鏡の二体が神体とも解されよう。

(16)これを八幡三神(応神天皇、姫神、神功皇后)に比定すると、狩衣姿(男装の女性とも)は神功皇后で、三女神は姫神であるという(『鎌倉風草』)。

(17)延宝年間(一六七三～八一)徳川光圀の命によって臣下の河井恒久等が調査編纂した鎌倉一帯の地名、旧跡、社寺等の由緒記。

(18)「世に竹堂の鳴き鶉とて、めでたきものにいひわれたり。そは佐竹義仁公の御画也」(菅江真澄「かぜのおちば三」)。なお「書込」は義人自筆の鶉の絵が常陸耕山寺などに有ったと伝えるが、光得自身はまだ拝見していないと言う。

(19) 弥高神社は明治十四年（一八八一）平田篤胤を祀る平田神社として創建され、明治四十二年（一九〇九）正八幡宮の本殿を購入・修理し、同年経世家佐藤信淵を合祀して弥高神社と改称、大正五年（一九一六）久保田城馬場跡の現在地に奉遷という経緯の故か、委細不詳ながら正・大八幡の神像絵などの文物が継承されたとは聞かない。

(20) 一乗院曰く、「鶴岡八幡塔中十二ケ寺ノ内、宿坊密蔵院ニテ御影ヲ義人写、本書（元画）を懇望ニテ写ト引替ノ由」（「伊頭園茶話」七ノ巻）。この「御影」「本書」は密蔵院独自の御神体だったと推察する。

【史料A】正徳二年壬辰表具御寄進之覚（佐竹家古文書）

大館市立栗盛記念図書館所蔵（大正四年三月東京麹町ニテ写）

一古来ノ八幡御絵像　絹地　一幅　筆者不知

故表具之軸ノ巻紙ノ裏ニ（注、故は古いの意）、八幡御影為頓学坊安置、建長七年乙卯八月十五日奉写之トアリ、謹按スルニ正徳二年壬申マテ四百五十八年、右桐白木箱ニ入、浅黄《あさぎ》羽二重《はぶたえ》袷《あわせ》服紗《ふくさ》ニ包

一同写　筆者不詳

故表具之軸ノ裏書ニ、若宮御影天文□□閏十月吉日、常州へ奉渡之トアリ、同軸ニ常陸国（二行書、佐竹殿義篤）為鎮護国家勧請訖、相承院快元トアリ、謹按スルニ天文閏十月ハ天文五年丙申也、右馬頭義篤公三十歳ノ御時ニ当ル、正徳二年壬申マテ百七十七年、旧説ニ云、右京大夫義人公鶴岡八幡宮神像自ラ写給テ留置、本書を乞取テ常州ニ御持参ト申伝う、其の後此の写鶴岡相承院ヨリ贈進セラレタリト相見タリ、義人公御筆か、本書ハ右頓学坊安置ノ事ナラン、相承院初名ハ頓学坊トアリ、鶴岡供僧十二院ノ内ナリ、右桐白木箱ニ入羽二重浅黄羽二重袷服紗ニ包、右二箱共黒塗箱ニ（二行書、錠前アリ）入、

浅黄羽二重袷服紗ニ包一

一応神天皇御影　絹地　一幅

筆者不詳、義人公御筆勢之様ニ相見候、且八幡ノ神像ヲ絵給之由申伝アリ、然ば義人公之御筆か、故表具之軸ニ永正十年癸酉四月廿八日下野国宇都宮住人真光トアリ、謹按ニ四位少将義舜公四十四歳之御時ニ当ル、是表具御寄進ノ時か、正徳二年壬申マテ二百年、右桐白木箱ニ入、羽二重浅黄羽二重裕服紗ニ包、其の上黒塗箱ニ（二行書、錠前アリ）入、浅黄羽二重　袷　服紗ニ包

一不動尊像　絹地　一幅

義人公御筆ト貼紙アリ、三十歳ノ御時ニ当ル、故表具之軸ニ永享三年九月廿八日トアリ、謹按スルニ正徳二年壬辰マテ二百八十二年、右桐白木箱ニ入、浅黄羽二重袷服紗ニ包、其の上黒塗箱ニ（二行書、錠前アリ）入、浅黄羽二重袷服紗ニ包

右四幅御表具江戸御上屋敷御舞台鏡ノ間御清メ、正徳二年壬辰八月朔日ヨリ同十七日迄ニテ出来、同十八日屋形様智清院様壱岐守様求馬様入らせられ御表具御拝見、御検使小嶋与惣左エ門、御絵師平野洞伯、伊井掃部頭様御扶持人、表具師山本吉右エ門、右三人潔斎ニテ相勤、

右御表具出来、秋田江御下し遊ばされ候ニ付、御納戸役大嶋喜平太片岡友弥符印ニテ、新規御長持ニ入れ、幸丸清右エ門、御足軽二人道中附置かれ候、

右清右エ門、此の度罷下り候に付き道中潔斎ニテ仰せ付けられ、八月廿七日江戸発足、九月十二日下着、同十三日御会所に於て今宮文四郎へ相渡し、同十四日文四郎宅に於て別当金乗院恵室へ相渡し、同十九日より廿一日マテ三日八幡神前に於て開眼護摩仰せ付けられ、宝鏡院（二行書、第二十世宥成）修行す、

正徳二年壬辰九月廿一日

［史料B］その他実見史料

○山方泰護日記（正徳二年三月十八日、二巻七六一頁）

八幡宮御神影弐幅、内壱幅は御写、竹堂様御筆之由及承候、外ニ応神天皇御束帯并不動明王像右二幅但大幅物、右は竹堂様義仁公御筆、

○御右筆処日記（正徳二年八月十九日、二巻七六二頁）

城内八幡宮御宝物之内、八幡御影、不動御影、応神天皇、右三幅、御先祖義仁公御筆也、外ニ二幅、筆は不知、

○木村立調査（宝永七年拝見之写『羽陰温故誌』第三冊）

・古来ノ神像（軸巻紙ノウラ）八幡御影（此処ニ御童形ノ神像アリ）

・同中古写（絵画ノ様ハ右ヲ写シタルモノナリ）

○中村光得書込（佐竹系図引証本、義人条、本文引用箇所は一部略す）

・義人画を能くす、今城内八幡宮ハ義人相州鎌倉ノ八幡宮ヲ写ス、束帯ノ画像也、

・其余、地蔵ヲ上ニ描き、其下ニ武内ノ宿祢高良ノ大臣ヲ両脇ニ記し、応仁帝ナトヲ記シメタル画像二幅アリ。八幡ノ御真体一幅（注、応神）二幅（同、僧形八幡）ハ鎌倉ヨリ御写なられ候、以上三幅ナリ、外ニ一幅ハ不動尊像ナリ、

（注）引証本は元禄十四年（一七〇一）編述、ただし書込は正徳二年（一七一二）九月修補下向後に「予も御催促ニテ見仕り候」以降カ。

○神女鶴文書、明治二年（一八六九）書上　本章史料一d、略

○神主近谷家文書（「常陸国佐竹勧請事　縁起写」成立年不詳、澁谷上巻三四頁）

・（義人夢ニより）深く神慮を感じ、永享三年（一四三一）山方（能登守盛利）を鎌倉に遣し八幡を常陸に勧請し創祀、（注）永享三年は誤り（第一章）。

第二部　常陸時代の神々

佐竹氏が常陸時代に奉じた神々に関してはいまだ全体的な研究が出ていないが、そうした神々のうち、第二部では起請文とは何かを先学の研究によって理解を深めた上で、中世佐竹氏が起請文に勧請した神々を取り上げる[01]（第四章）。つぎに慶長七年（一六〇二）五月転封を下命された佐竹氏が、いまだ移封先が不明の未曾有の混乱時に祈誓したと伝える必死の願文に勧請した神々を取り上げる（第五章）。

第四章　起請文に勧請された神々

（1）起請文とは

起請文とは如何なるものか、一般に精確には知られていないので、古文書学の古典とされる佐藤進一『古文書学入門』によって見てみよう。以下やや長文にわたるが、その構成と、その料紙、血判に付き書き出す[02]。小見出しは筆者が付した。

その構成

起請文は、その書出しが「敬白　起請文事」と書くのがほぼ定型となったが、より重要なことは、ある事柄について偽りのないことを宣誓し、つぎに、もし偽りがあれば神仏の罰を蒙るべきことの二点を記述することであった。この前半の遵守すべき誓約を述べた部分を起請文前書《まえがき》、後半の神仏の勧請および呪咀《じゅそ》文言を神文《しんもん》という。神文には、誓約した場合にその罰を蒙るべき神仏の名を記載する。神仏の名は時代を下るにつれて増加する傾向があり、戦国時代にはきわめて多い。いかなる神仏が勧請されるかは、場合によって異なるが、梵天・帝釈・四大天王にはじまり、「日本国中大小神祇冥道」といったような包括的な表現をした後に、個別の神名を列挙するのが通例である。

伊勢の天照大神が見えるようになるのは、鎌倉時代以降であり、また、伊豆・筥根（箱根）の大権現・三島大明神が現われるのは、御成敗式目に付いている起請文の影響であろう。その他、賀茂社・石清水八幡・春日大明神・熊野権現などが多い。そして、神名の結びは、起請文を記した当事者の居住する地方、ことにその国の一宮などの大社、あるいはさらに小地域の神名があげられるのが普通である。

これらは当事者の実際の信仰と結びついたものであるから、その点に注目すれば、起請文の神名を手掛りにして、当時の信仰の実情を知ることができる。とくに武士団関係の史料のなかに起請文が見出だされる場合には、その武士団の結合の中心となった神社の存在を知ることができるわけである（引用注／右指摘によって、起請文に記された神々から当時の信仰の実情を知ることができることが確認される）。

このように神仏を勧請するのは、自己または第三者呪咀の意味をもつものであるが、同時に、神を招請して証人とするという思想もあったようである。「八幡大菩薩厳島大明神可有御照覧候」などの文言によって、それを知ることができる[03]。

その料紙、血判

起請文のうち、とくに神文の部分を牛王宝印《ごおうほういん》の裏に書くことが行なわれ[04]、また、前書をも含めて、全文を牛王宝印の裏に書くこともある。起請文は、神文に神仏を勧請し奉るわけであるから、これら神仏を紙面に表現する手段として、牛王宝印を料紙に用いたものであろう。その場合、牛王宝印を裏返して用いることが通例であったから、起請文を認《したた》めることを「宝印を翻《ひるがえ》す」ともいう。もっとも、起請文はかならず牛王宝印を用いるというわけではなく、普通の料紙を用いるものもある。

このように起請文は宣誓の意思表示であるから、差出者の誠意を強調するために、差出書に血判が捺《お》されることがあった。血判とは、花押を署したうえに身血を出して塗るのである。

(2) 起請文中の神々

つぎに起請文に勧請された神々には、グループや上下の序列がある。これら神々の類型や配置に関する新説として近年佐藤弘夫氏の研究が注目されている。[05] 以下、関係の神々に付き書き出す。

梵天・帝釈・四大天王

これらの神々は「天部」という範疇に含まれる仏教の守護神である。仏教的世界像では「娑婆《しゃば》世界」とよばれる現実世界の中央に、須弥山《しゅみせん》という巨大な山がそびえていると説かれ、その須弥山の上空にはこの世界の主宰神すなわち「娑婆世界の主」である梵天の宮殿があり、そこから下に向かって垂直に層をなして、帝釈天・四大天王の住む世界があると考えられた。このように梵天・帝釈天は娑婆世界の地表を離れて、はるか上空にある存在で、「上に梵天・帝釈」というしばしば用いられる表現は、そうした空間観念を背景にしたものであった。これに対して日本の神々はその性格を全く異にし、「下界の地に」いるとされている。

閻魔・五道大神・泰山府君等

閻魔《えんま》は地獄の支配者である閻魔法王（大王）で、五道大神は閻魔に仕える五道の冥官《みょうかん》をいい、それぞれが地獄以外の五つの悪道の一つを主宰する。泰山府君《たいざんふくん》は中国の名山、東岳泰山《とうがくたいざん》を神格化したもので、人間の寿命を司る神とされていた。そして、これら中国道教の神々は天部と日本の神々との中間に位置する、つまり日本の神々の上位に位置すると考えられた。[06]

なお、日本の神々の群中に「仏」が混在する場合があるが、その場合、仏は「日本」という限定された領域内の存在として、神々と一緒に起請文に勧請されていた。つまり起請文において仏たちが占める定位置は、日本の神祇グループの中だった。これは、まさに驚くべき事実といわざるをえない。なぜなら、そもそも天部は仏を守護する存在であるが、起請文に勧請された仏はこの天部よりも下位に位置付けられていたのである（引用注／その理由として起請文に勧請された仏は仏一般ではなく、特定の仏像に具象化された仏であったが故とする興味ある仮説が論述されているが、やや難解のうえ本論の主旨からも離れるので略する）。

（3）佐竹氏の起請文

佐竹氏の起請文に関する優れた先行研究として月井剛氏の論文（注01）がある。月井論文では起請文二十六通をあげるが、筆者は二十八通をあげる。この二通の違いは、天正十三年四月付け白川殿宛て義重誓紙（史料18）と天正十八年二月八日付け賀茂大明神宛て義宣起請文（同27）を追加したことによる。

月井氏は戦国期の起請文に関する先行研究を大別して、①原本の様式に関する文書学的検討、②神文・罰文に関する宗教的考察、③起請文を政治的過程に位置付けた研究に分けられるとして、これまでの研究を系統的に批判、紹介されている。そして佐竹氏の起請文に関しては主として①および③の視点から考察されていて、当論文ではこれまで研究が見えなかった②の視点から考察するという。さて本章で佐竹氏の神祇信仰を明らかにするべく取り組む視点は②とは近接するが必ずしも同じではない。したがって本章は月井論文以降の新たな研究として意義がある。

佐竹氏が差出した起請文の通数は、筆者が把握しえた範囲では、後掲する別表および史料のとおり二十八通である。ただし本論は佐竹氏信仰の神々を主題としているので、起請文に類似する誓紙（15、18）を含む。また史料27は神前に捧げた主従の誓約であるが、文中に「起請文如件」とあるので起請文とする。なお起請文と誓紙、誓約との異同、およびこれらの確定的な定義を管見できない。

通　数

十五代義舜《よしきよ》二通、十六代義篤《よしあつ》二通、十七代義昭二通、十八代義重十四通、義重義宣連署二通、十九代義宣六通である[07]。ただし史料02は神文がないが義舜の起請文とされているので通数に計上した。また史料13は神文が失われているが、義重の起請文として間違いなく通数に計上した。義舜の家督期間は二十七年、つぎの義篤が二十八年、義昭が十七年と長期におよぶが、これらの代は意外にも各代二通または三通と少ない。増加するのは戦国時代の終期にあたる義重の時代と、秋田転封以前の義宣の代である。なお秋田移転以降に起請文はない。

初出の起請文

起請の実物として伝来する最古のものは、天禄元年（九七〇）天台座主良源の起請とされるが、もっと時代が下った文書で、確実に「起請」という文字を用いて、それ自身の性格を明示しているものは、仁平三年（一一五三）の覚法法親王の起請（仁和文書）であり、また文治三年（一一八七）の後白川法皇の起請があるという（前述『古文書学入門』二二八〜二三〇頁）。これに対して佐竹氏の場合は、およそ百年に及ぶ「山入の乱」と称される佐竹氏の内乱を平定して、佐竹氏中興の祖とされる義舜の、十六世紀初の永正七年（一五一〇）に差し出した史料01が初出である。したがっ戦国期が応仁元年（一四六七）に起こった応仁の乱を端緒とするならば、佐竹氏においては専ら戦国期のもので、それ以前の鎌倉・室町期に該当する起請文はない。

連署起請文

義重・義宣が連署した起請文が二通（19、21）伝わるが、これは義重から義宣への家督移転期に差し出したもので、領内権力移行との関連でいかなる事情があったのか、後究を要する[08]。

（4）佐竹氏の勧請の神々

身近な神々

起請文研究の第一人者である千々和到氏によれば、「福島氏[09]は、薩摩守護島津氏が家督・守護職を継承したとき書く起請文の神文を整理して、室町期にでる神名と戦国期に出る神の名が違っていること、つまり室町期の神名は八幡・熊野・諏訪・稲荷など、一般的な神々の名が引れているのに、戦国期には「当国」「当所」などという形容をつけた地元の身近な々の名が引かれていることを明らかにした。」という（注01千々和一四六頁）。これによって佐竹氏の起請文を見ると次のとおりである（神名は別表中の略称による。なお鹿嶋の現名は「鹿島神宮」、以下同）。

・当国鎮守鹿嶋等（以下十八神）01
・当国守護鹿嶋03
・当国（之）鎮守鹿嶋・八幡05、06
・当国鹿嶋・当社八幡08
・当国鹿嶋・八幡10、15、16、18、19、22、23、24、25
・当国鹿嶋・八幡・愛宕11、12、17、20、21
・当国鹿嶋・八幡・愛宕・飯縄28

これによれば「当国」はおよそ時代の経過につれて「鹿嶋」「鹿嶋・八幡」「鹿嶋・八幡・愛宕」「鹿嶋・八幡・愛宕・飯縄」に付され、次第に当該神が増加していったことが判る。鹿嶋は常陸国一宮の鹿島神宮、八幡は佐竹氏が石清水から勧請した馬場八幡または鎌倉から勧請した若宮八幡をさす。「当社」八幡08とはその意味であろう。また「当国鎮守」「当国守護」は時代が下るにつれて「当国」と簡略化されているように見えるが、当国の鎮守であり守護であるとの位置付けである。愛宕・飯縄は後述するが、佐竹氏が武家武門のゆえに信仰した神であると解される。なお福島氏がいう、「室町期にでる神名と戦国期に出る神の名が違っている」とする点は、前述のとおり佐竹氏には室町期にあたる起請文がないので、戦国期における「当国」「当所」の用は見たとおりであるが、その妥当性には論及できない。

殊には、別しては

千々和氏は、「「身近な神仏」が神文に書かれるときには、ほとんどその前に「殊《ことに》は」「別しては」という表現が付いている。これは単なる常套句ではない。」と言う（注01千々和一四八頁）。これによって同じく佐竹氏の起請文を見ると次のとおりである（神名は同じく別表中の略称による）。

・殊者

日域擁護熊野等01

・別而（者）、別

出雲等01、八幡等03、熊野等06、08、09、当国鹿嶋等10、11、14、愛宕15、16、18、19、愛宕飯縄23、25

これによれば「殊者」（殊には）の用例はわずか一例であるが、日域擁護熊野三権現の後に、「并十二所権現・九十九所王子・大峯・葛城両大権現」と続くが、千々和氏の指摘とは相違し、これらは「身近な神仏」とは言い難い。他方、「別而（者）」別」（別しては）であるが、八幡等（摩利）、当国鹿嶋等（八幡、愛宕、摩利）、愛宕飯縄を見れば、八幡と鹿嶋は「身近な神」であるが、愛宕と摩利はそうとは言えず、つぎの出雲等（伯耆大山、備前吉備津、安芸厳島、長門亀山八幡）は同じくそうとは言えず、また熊野等（日光、当国鹿嶋、当社八幡、摩利、天満）のうち、日光・当国鹿嶋・当社八幡は「身近な神仏」であるが、愛宕・摩利・天満は必ずしもそうではない。これを考えるに、どうも愛宕・摩利・天満は翻刻にしたがった都合で掲上されたもので、本来は「身近な神仏」とは別の存在として勧請された神仏であることが推知される。

総者、惣者、惣而、惣

これら「総じては」の用例は次のとおりである。「総じては」は、神々をあげる最部で日本国の大小神祇を勧請するときに用いられている。なお、「三千七百二十余」とは、式内社が座数で三千百三十二あったことと関係する可能性がある。

日本国中三千七百二十余社大神祇01、日本六十余州大小神祇05、日本国（中、之）大小神祇03、04、06、10、11、12、14、16、17、19、20、21、23、24、25、26、28

小括

以上のとおり、戦国期に佐竹氏の起請文に勧請された神々を考察してきたが、小括すると次のとおりである。言うまでもなく結論ではない。その前に起請文研究の権威である千々和氏にして、神文解読の困難性を述懐されているので見ておきたい。

（長々文の文禄四年《一五九五》「霊社上巻起請文[10]」を掲示した上）この起請文の神文は、いったいどこで切って読んだらよいのかも見当がつかず、「あの世の仏」から道教・陰陽道の神、そして霊山の神仏、さまざまな大社からさらには天狗にいたるあまりの神仏名の多さに、まるで寄せては引いていく波のように何波にも押し寄せるようで、容易には腑分けすることを許さないかに見える（注01千々和一五〇頁）。

これによって判るとおり、神文中で連綿する多数の神々をいかに読解するか、具体的には翻刻においていかように読点「、」を打つかはかなりの困難を伴う。本論ではこれに立ち入らず、引用した資料の翻刻にしたがったが、神文のある二十六通（02、13を除く）の翻刻そのものがかなり区々《まちまち》であることが判った。ただし、その区々性は千々和氏の指摘のとおり、現行の研究水準ではいまだ正解としての読解法がないことに起因するもので、やむを得ないとしなければならない。

にもかかわらず、以上の神文の考察から、別表の注に示したとおり佐竹氏の起請文に勧請された日本の神々は五グループに群別される。すなわちAグループが起請と関係が深い修験の総本社格の熊野と、関東本社格の日光である。両社は起請文のゆえに先に記される。Bグループが日本国神祇の祖宗たる神宮と、鹿嶋と関係が深い中央神の春日である。ただし両社は各一例である。Cグループが佐竹氏には最有力の「身近な神」である常陸国一宮の鹿嶋と、石清水および鎌倉から勧請した佐竹氏ゆかりの八幡である。他方、「身近な神」は鹿嶋・八幡に尽きるものではない。Dグループが武家たるゆえに佐竹氏が身近に信仰した武神として愛宕・飯縄・摩利・天満である。さらにEグループが佐竹氏領国の小地域に祀られた以下の神々群である（01の例）。この後にほとんどの起請文において「大小神祇」が続く。D・Eグループについては今後仔細な研究を要する[11]。

筑波六所、息栖、大洗、静宮、佐都、鷹山大明神、金砂、真弓、花園二十一社、太田八幡大菩薩、村松大明神、吉田、笠原、水戸、早俊、国主、酒戸、飯富

さて、本章末に付した「起請文史料」によって宛先を丹念に見ると、佐竹氏の起請文は主として佐竹氏の内乱の平定後に常陸国内の平定と統一さらに近隣領主との攻防のなかで、内外の武将宛てに出したものである。したがって当然ながら勧請された神々は起請文を差出された武将とその武士団もまた敬仰し畏怖する存在でなければならない。こうして考えれば、さきに「身近な神」として浮かび上がった神々では、Cグループの鹿嶋と八幡が最有力であった。鹿嶋は常陸国の一宮である。八幡は佐竹氏ゆかりの祖神とされ、中世東国武士団の軍神でもあった。つぎに重視されたのは当時の佐竹氏と周辺の武士団が信仰したDグループの愛

宕・飯縄・摩利・天満であろう。さらには佐竹氏領知の小地域に祀られた神々群である。いずれにしても、中世佐竹氏が起請文において最も重視したのは鹿嶋・八幡の両神であった。

秋田移転以降の近世に関しては、第三・四部で詳述するが、八幡が特別に重視され、他方では鹿嶋がになった地域統合を象徴する一国一宮の、なかんづく武神の機能が大物忌神社には代替され得ず、佐竹氏の祖先と擬定された八幡太郎義家に対する伝承と信仰によって補完・強化されていった。

[資料二] 中世佐竹氏の起請文史料

(凡例)

・ここで言う起請文は誓紙、願文を含む。
・引載は各起請文の翻刻に従う。出典等は各資料による。旧漢字は常用漢字に改めた。
・「牛王」「午王」の表記は各資料による。
・字体の制約で、「井」は「卉」(菩薩の意)、「牢」は「窂」を表す。
・『茨城県史料』中世編は「中世編」、秋田藩家蔵文書は「家蔵文書」と略記する。

01 永正七年(一五一〇)十二月二日、江戸但馬入道殿・同彦五郎殿宛、**義舜起請文**①上ニハ梵天・帝釈・四大天王・日月五星・七曜北辰・北斗・二十八宿・十二星等、下ニハ内海・外海・龍王・龍主・堅牢地神・閻魔法(王抜カ)・五道大神・太山符君・司命司禄・冥官冥衆・倶生神、殊者日域擁護熊野三所権現(四所略)、王城鎮守賀茂下・上(十五所略)、別而出雲大社(三十六所略、羽黒・月山・葉山・湯殿・鳥海大明神)、当国鎮守鹿嶋大明神(十八所略)、総一千五百諸大王子(六所略)、総者日本国中三千七百二十余社大神祇御罰、義舜蒙子々孫々、(略)、弓箭之冥加尽、子孫於立所自滅、長失名代、来世ニテハ処阿鼻大城無出期、不可奉拝日月曜者也/中世編Ⅳ二八一頁、家蔵文書。

02 永正七年（一五一〇）十二月二日、江戸但馬入道殿・同彦五郎殿宛、**義舜起請文**②
神文は見えず。料紙は熊野午王一枚ノ裏。中世編Ⅳ二八一頁、家蔵文書。

03 天文三年（一五三四）閏正月十三日、小野崎大蔵太輔殿宛、**義篤起請文**①
上ニハ梵天帝釈、下ニハ堅牢地神、当国守護鹿嶋大明神、別而者八幡大井・摩利支尊天、惣而者日本国大小神祇可有照覧候／中世編Ⅳ一一八頁、阿保文書。

04 天文四年（一五三五）七月廿六日、大山孫次郎殿宛、**義篤起請文**②
上者梵天帝尺、下者堅牢地神・八幡大井・摩利支天、惣者日本国中大小神祇可有照覧／中世編Ⅳ二二七頁、家蔵文書。
「四年」は推定。

05 弘治三年（一五五七）十月十二日、那須殿宛、**義昭起請文**①
上ニハ梵天帝釈・四大天王、下ニハ堅牢地神・熊野三所大権現・春日大明神・日光三所権現・当国鎮守鹿嶋大明神・八幡大菩薩・摩利支尊天、惣而日本六十余州大小神祇、可蒙御罰者也／中世編Ⅵ二三〇頁、金剛寿院文書。

06（年不詳）霜月廿八日、那須殿宛、**義昭起請文**②
上ニハ梵天帝尺・四大天皇(王)、下ニハ堅牢地神、別而 ハ熊野三所権現・日光三所権現・当国之鎮守鹿嶋大明神・八満(幡)大菩薩、惣而日本国之大小神祇、御照覧可有之者也／中世編Ⅵ２３０頁、金剛寿院文書。差出しの推定年は弘治三年（一五五七）～永禄初年（一五五八）（注01月井一二一頁）。霜月は十一月。

07 永禄七年（一五六四）八月九日、愛洲美作守殿・同修理亮殿宛、**義重起請文**①
摩利支天可蒙御罰也／中世編Ⅴ二七〇頁、家蔵文書。

08 永禄九年（一五六六）七月二日、武茂上野介殿・同源五郎殿宛、**義重起請文**②
上者梵天・帝尺・四大天王、下ニ者堅牢地神・日本国中大小神祇、別而者熊野三所大権現・日光三所権現・当国鹿嶋大明神・当社八幡大井・摩利支尊天・天満大自在天神、則可蒙御罰者也／中世編Ⅳ二五六頁、家蔵文書。

09永禄十一年（一五六八）六月廿一日、澤井左衛門太夫殿宛、**義重起請文**③
梵天・帝尺・四大天王・堅牢地神、別而者熊野三所権現・日光三所権現・鹿嶋大明神・八満《（幡）》大菩薩・摩利支尊天・天満大自在天神、日本六十余州大少《（小）》神祇可蒙御罰者也／中世編Ｖ三九二頁、沢井文書。

10元亀三年（一五七二）六月廿一日、那須殿宛、**義重起請文**④
上者梵天帝天《（釈カ）》・四大天王、下者堅牢地神・熊野三所大権現・日光三所権現、別当国鹿嶋大明神・八幡大菩薩・摩利支天・惣日本国大小神祇、則可蒙罰候也／中世編Ⅵ二三一頁、金剛寿院文書。

11天正四年（一五七六）三月十三日、大山因幡守殿・同孫二郎殿宛、**義重起請文**⑤
上者梵天・帝尺・四大天王、下者堅牢地神・熊野三所大権現・日光三所権現、別而当国鹿嶋大明神・八幡大菩薩・愛岩《（宕）》大権現、惣而日本国大小神祇、則可蒙御罰者也／中世編Ⅳ二三二頁、家蔵文書。

12天正六年（一五七八）八月十七日、舟尾山城守殿宛、**義重起請文**⑥
上者、梵天・帝尺・四大天王、下者、堅牢地神・熊野三所大権現・日光三所権現・当国鹿嶋大明神・八幡大井・愛岩《（宕）》大権現、惣而日本国大小神祇、則可蒙御罰者也／中世編Ⅳ四〇二～四〇三頁、早稲田大学白川文書。

13天正六年（一五七八）八月十七日、白川殿宛、**義重起請文**⑦
本状は神文・年月日・宛先が書された後部を欠くが、12史料との関係から、天正六年八月十七日、白川殿宛義重起請文と推定されている（注01月井一二二頁）。／『白河市史』第五巻七一六頁、早稲田大学白川文書。

14天正七年（一五七九）八月五日、白川殿宛、**義重起請文**⑧
上者、梵天帝尺四大天王、下者堅牢地神、熊野三所大権現、日光三所権現、別而者、当国鹿嶋大明神八幡井《（菩薩）》愛宕大権現、惣而日本国中大小神祇則可蒙御罰者也／『白河市史』第五巻七一九頁、早稲田大学白川文書。

15［天正十年（一五八二）カ］四月十三日、白川殿宛、**義重誓紙**⑨
当国鹿嶋大明神八幡大菩薩、別 而愛岩《（宕）》大権現則可有御照覧候／『白河市史』第五巻七三三頁、早稲田大学白川文書。

料紙は牛玉宝印等ではない。

16天正十年（一五八二）六月廿四日、烏山南・那須殿宛、**義重起請文⑩**
上者梵天・帝尺・四大天王、下者堅牢地神・熊野三所大権現・日光三所権現・当国鹿嶋大明神・八幡大菩薩、別而愛宕大権現、惣而日本国大小神祇、即可蒙御罰者也／中世編Ⅵ二三一頁、金剛寿院文書。

17天正十一年（一五八三）五月十日、大関美作守殿宛、**義重起請文⑪**
上者梵天・帝釈・四大天王、下者堅牢地神・熊野三所大権現・日光三所権現・当国鹿嶋大明神・八幡大菩薩・愛宕大権現、惣而日本国中大小神祇、則可蒙御罰者也／中世編Ⅵ二一七頁、黒羽町教育委員会文書。

18天正十三年（一五八五）卯月十三日、白川殿宛、**義重誓紙⑫**
当国鹿嶋大明神八幡大菩薩、別而愛岩《（宕）》大権現則可有御照覧候／『白川市史』第五巻七三三頁、早稲田大学白川文書。
料紙は牛玉宝印等ではない。天正十三年は推定。卯月は四月。

19天正十四年（一五八六）七月八日、大山因幡守殿・同孫二郎殿宛、**義重・義宣連署起請文①**
上者梵天・帝尺・四大天王、下者堅牢地神・熊野三所大権現・（不見日光）三所権現、当国鹿嶋大明神・八幡大井・別而者愛岩《（宕）》大権現、惣而日本国中大小神祇、可《（蒙抜刀）》御罰候／中世編Ⅳ二三二頁、家蔵文書。

20天正十四年（一五八六）九月七日、白川殿宛、**義重起請文⑬**
上ハ梵天・帝尺・四大天王、下ハ堅牢地神・熊野三所大権現・日光三所権現・当国鹿嶋大明神・八幡大菩薩・愛宕大権現、惣而日本国中大小神祇、別可蒙御罰候也／佐々木倫朗「東京大学史料編纂所蔵『佐竹義重等誓紙写』について」『日本史学集録』28、二〇〇五年、四一頁）。

21天正十五年（一五八七）二月廿一日、白川殿宛、**義重・義宣連署起請文②**
上ハ梵天・帝尺・四大天王、下ハ堅牢地神・熊野三所大権現・当国鹿嶋大明神・八幡大井・愛宕大権現、惣而日本国中大小神祇、可蒙御罰候也／右同佐々木倫朗四一頁）。

22天正十六年（一五八八）閏五月十三日、笠間孫三郎殿宛、**義重起請文⑭**
上者、梵天・帝尺・四大天王、下ニ者、堅牢地神・熊野三所大権現・日光三所権現・当国鹿嶋大明神・八幡大井、日本国大小神祇、則可蒙御罰者也／中世編Ⅴ二三六頁、家蔵文書。

23天正十七年（一五八九）六月十七日、白川殿宛、**義宣起請文①**
上者、梵天帝尺四大天王、下者堅牢地神熊野三所大権現、日光三所権現、当国鹿嶋大明神八幡大菩薩、別者愛岩《(宕)》、飯縄、惣而日本国中大小神祇則可蒙御罰者也／『白川市史』第五巻七五三頁、早稲田大学白川文書。

24天正十七年（一五八九）七月廿四日、箭田野安房守殿宛、**義宣起請文②**
上者梵天・帝尺・四大天王、下者堅牢地神・熊野三所大権現・日光三所権現・当国鹿嶋大明神・八幡大菩薩、惣而日本国中大小神祇、則可蒙御罰者也／中世編Ⅳ二五六頁、家蔵文書。

25天正十七年（一五八九）七月廿八日、舟尾山城守殿宛、**義宣起請文③**
上者、梵天・帝尺・四大天王、下者、堅牢地神・熊野三所大権現・日光三所権現・当国鹿嶋大明神・八幡大菩薩、別而者愛岩《(宕)》・飯縄、惣而日本国中大小神祇則可蒙御罰者也／中世編Ⅳ四〇四～四〇五頁、家蔵文書。

26天正十七年（一五八九）十一月朔日、舟尾兵衛尉殿・同山城守殿宛、**義宣起請文④**
梵天・帝釈・四大天王・堅牢地神・八幡大井・摩利支尊天・愛岩《(宕)》・飯縄・熊野三所大権現・鹿嶋百余社、惣而日本国中大小神祇可蒙御罰者也／中世編Ⅳ四〇五頁、家蔵文書。

27天正十八年（一五九〇）二月八日、賀茂大明神宛、**義宣起請文⑤**
上者梵天、帝釈、四大天王、下界地伊勢天照皇太神宮、熊野三所権現、王城鎮守稲荷、祇園、賀茂下上、大原梅宮山王二十一社、愛宕山大権現、八幡大菩薩、殊には関東鎮守伊豆箱根三島大明神、惣而大日本国中六十余州奉請驚、三千余座之大小神祇、冥道、（略）起請文如件／『佐竹家譜』上二四八頁（秀吉の命で相州小田原に赴くとき、先ず当国賀茂大明神の社（賀茂辺郷に建つ）に於て主従誓約を定む）。

28天正十八年（一五九〇）二月十四日、大山孫次郎殿宛、**義宣起請文**⑥
上者梵天・帝尺・四大天王、下者堅牢地神・熊野三所大権現・日光三所権現・当国鹿嶋大明神・八幡大井・愛岩（宕）・飯縄、惣而日本国大小神祇、則可蒙御罰者也／中世編Ⅳ二三四頁、家蔵文書。

注

（01）起請文に関する最新の研究成果は、大河内千恵『近世起請文の研究』吉川弘文館、二〇一四が伝える。本論に関係する論著では、月井剛『戦国期地方権力と起請文』岩田選書、二〇一六（同「戦国期佐竹氏の起請文に関する基礎的考察」『栃木県立文書館研究紀要』13、二〇〇九等を加筆収録）がある。起請文の権威とされる千々和到氏の多数の論文・著作の中では、「中世の起請文に見る神仏」國學院大学『日本文化と神道』二〇〇六が本稿と関係が深い。

（02）法政大学出版局、一九七一初版、一九八八年二三刷、二三三〜二三五頁。

（03）後掲起請文03「可有照覧候」、04「可有照覧」、06「御照覧可有之者也」、15「可有御照覧候」、18「可有御照覧候」に用例を見る。

（04）起請文の翻刻を伝える資料によって、「牛王」のほか「午王」「午玉」「牛玉」とも見え、多様である点に注意を要する。

（05）佐藤弘夫『起請文の研究史—中世世界の神と仏—』講談社、二〇〇六。

（06）これら上下関係説に対して、千々和氏は「氏神を中心に取り込んでさまざまな神仏をその周囲に配置するいわば「水平的構造」さらには「同心円的構造」というべきであろう。この同心円の中心部の神仏が、「氏神」であり「身近な神仏」であり、我々の国に影向《ようごう》してきた仏なのである」と説く（注01千々和一五一頁）が、本論では神々の順序・箇所に注目するに止め、深く立ち入らない。

(07) 佐竹氏の代数は開章の記述による。家督相続は次のとおり(推定を含む)。
延徳二年(一四九〇)四月、義治没、義舜家督
永正十四年(一五一七)三月、義舜(在任二十七年)没、義篤家督
天文十四年(一五四五)四月、義篤(在任二十八年)没、義昭家督
永禄五年(一五六二)十一月、義昭(在任十七年)没、家督を義重に譲る
天正十四年(一五八六)、義重(在任二十四年)家督を義宣に譲る
慶長七年(一六〇二)、義宣(秋田移転前在任十六年)秋田移転
(08) 青木悠介「戦国期佐竹氏の代替りについて—義重から義宣への家督交代を中心に」『茨城県県立歴史館報』43、二〇一六が参照されよう。
(09) 福島金治『戦国大名島津氏の領国形成』吉川弘文館、一九八八(初出は略)。
(10) レイシャジョウガンノキショウモン。文禄四年(一五九五)豊臣秀次を切腹に追い込んだ豊臣秀吉は諸大名らに豊臣秀頼への忠誠を誓わせた。その連署血判状の冒頭部に記された「敬白天罰霊社上巻起請文前書事」にちなむ。
(11)『水戸市史』上巻(初版一九六四)によれば次のとおり。筑波六所/筑波山神社、息栖/鹿島郡息栖神社、大洗/大洗磯前・酒列磯前両神社、静宮/那珂郡静神社、佐都/久慈郡佐都神社、鷹山大明神/久慈郡東河内上、高山明神、金砂/久慈郡金砂山神社、真弓/久慈郡真弓神社、花園二十一社/多賀郡花園神社、太田八幡大菩薩/太田八幡神社、村松大明神/不詳、吉田/水戸吉田吉田神社、笠原/笠原神社(吉田社別宮)、水戸/水戸明神(吉田末社)、早俊/早歳神社(吉田末社)、国主/国主神社(吉田末社)、酒戸/酒門神社(吉田社別宮)、飯宮/飯宮神社(吉田末社)。なお佐竹氏を含む当時の東国武将と愛宕・摩利・天満との関係は後究を要する。

第五章　転封混乱時の必死の願文

（1）祈誓の情況

慶長七年（一六〇二）年五月八日、上洛中の佐竹義宣は内府（徳川家康）から上使の榊原康政（式部大輔）、花房道兼（助兵衛）をもって転封を伝えられた。転封先は羽州を示唆された可能性があるが委細は不明であった。これは慶長五年（一六〇〇）九月十五日家康が勝利した関ケ原合戦と、これに前後する会津の対上杉合戦に於いて佐竹氏が家康与力《よりき》を明確にせず、また両合戦に参戦しないで江戸城に近い関東に強大な兵力を温存していたなどに対する戦後処理の対抗措置であった。

こうした佐竹氏未曾有の切迫した情況下で、慶長七年六月八日付、義宣は「信心護持願主」「清和后胤《こういん》源義宣朝臣」の名をもって、信心の神々に捧げる「敬白大願文事」という長文の願文を発した[01]。この願文は後述のとおり世に出た事情などから偽文の疑いなしとしないが、それを踏まえた上で、名族佐竹氏が生きるか死ぬかを託した願文という体裁をとっている以上、そこに祈誓された神々は研究に価する。そこで当時の情況を精査する必要があるが、経過は以下のとおり（各慶長七年）。

四月十日　　義宣常州水戸出立（『国典類抄』）
五月八日　　上使国替を伝う（『国典類抄』）
五月十七日　秋田移転（『慶長国替記』他）
六月八日　　願文（本章詳述）
六月十四日　水戸城明渡し（『秋田藩家蔵文書』三十五）
六月十五日　太田城明渡し、義重南郷八槻に移る（右同）

七月二十七日　内府義宣に「御判物」を賜う（『義宣家譜』）
七月二十九日　義宣伏見出発（『秋田藩家蔵文書』十九）
九月十七日　義宣秋田湊着城（『義宣家譜』）。『国典類抄』は九日着説。

京都伏見の佐竹邸で転封を聞いた義宣は、当然ながら直ちに徳川氏の厳しい監視下に置かれた。とくに願文日付の当日は国元の水戸・太田および諸城の明渡し前であるので、警戒が続いていたことは疑いない。他方、義宣がいつ転封先が秋田であると知らされたかである。これまで筆者は七月二十七日付の内府から義宣に与えられた判物に記された「出羽国之内秋田仙北両所進置候、全可有御知行候也」から確定的には此の日か、または此の日義宣が国元重臣の須田・和田・川井・向に宛てた書状に「五三日以前」（注、五日か三日以前の意か）「我等事早々出羽へ罷下、秋田、仙北仕置等申付可有付由被仰出候間」（『義宣家譜』）から、早くて七月二十二日頃かと推察していた。ところが、このたび渡部景一『佐竹氏物語』を再々読して、渡部氏は別史料によって秋田移転の指示は五月十七日と推定されていることに気付いた[02]。五月八日は国替の内命であり、十七日は移転先の指示であるという。

（2）願文の解題

東京大学史料編纂所蔵「敬白大願文事」

『史料綜覧』（東京大学史料編纂所編）巻十三（昭和四〇年復刻版）は慶長七年（六月）条で記す。「八日是ヨリ先、佐竹義宣、故石田三成等ニ党スルニ依リ、其封常陸水戸ヲ没収セラレ、未ダ国替ノ朱印状ヲ給セラレズ、是日、速ニ本領ヲ與ヘラレンコトヲ神佛ニ祈誓ス（真崎文書）。」

是ヨリ先とは「（五月）八日、徳川家康、佐竹義宣ノ常陸五十万石ヲ収メテ」（『史料綜覧』巻十三）をさす。

これを引用して『秋田県史』第七巻（昭和五二年復刻版）は慶長七年六月八日条で記す。「佐竹義宣、未だ国替の朱印状を給されず、この日速やかに本領を与へられんことを神仏に祈願する。（『史料綜覧』巻十三）」

これらの記事に注目していた筆者はかねて「願文写」が史料編纂所に所蔵されていると期待していたが、いよいよ探訪の段階で、同所の建物が数年来の耐震補強工事のため一般閲覧が不可となっていた。こうして漸く閲覧が可能となったのは平成二十二年（二〇一〇）四月であったが、幸いにも「敬白大願文事」写を得ることが出来た。願文は「酔月堂蔵」と刷られた罫線付きB５版の用紙三枚に漢和文をもって筆書きされている。酔月（堂）とは眞崎勇助の雅号である。そこで眞崎文庫と称される『大館市立中央図書館蔵 眞崎勇助翁コレクション目録』（大館市教育委員会、平成五年）を閲覧したが見えない。当願文は平成二十三年四月秋田県公文書館で自ら検索し専門員にも尋ねた上で、同公文書館に所在しないことを確認した。そして同年七月大館市立中央図書館に照会して、①「敬白大願文事」（の文書）は当館にある、②当文書を翻刻したものは（当館には）ないとの回答をいただいた。

大久保鉄作「奥羽戊辰ノ形勢」

これに前後して、さきに羽後町西馬音内の旧家出身の畏友柴田順二氏（慶応義塾大学工学博士、芝浦工業大学名誉教授）より進呈されていた岡田藤吉編『秋田戊辰勤王叢書』所収の右所論に[03]、「敬白大願文事」全文の翻刻（白文）が所在することに気付いていた。鉄作によれば、「折りもあらば徳川氏に抗せんとの執念ありしは、当時某祈願所に納められた左の祈祷文にても知らる」として、「是は故ありて深々秘せられしが、戊辰の時に於て発現せしものなり」と記してある。これから憶測すれば、願文は国替の頃の作成ということになるが、後世偽作の可能性も否定できない。

橋本宗彦『秋田沿革史大成』上巻[04]

「是より先キ左ノ誓文ヲ各神社に奉呈せらる。義宣公ノ心事知るべし。」として、全文（白文）を掲載し、「此書ハ重大のモノ、固ク他見ヲ許サレザルモノナルモ、今ヤ此沿革史ニ録シ、義宣公ノ御深慮ヲ示シ」という。

そして、このような大願文を呈したのは、五月八日の遷封命から七月二十七日の封国授領の判物まで八十日の長月日に及んだため、神に誓告したものだという（宗彦概誌、なげきしるす）。

神澤繁・鈴木市太郎著『藩祖佐竹義宣公』

当願文の後半部の翻刻（白文）が掲載されている。[05] これによれば（還封の命下る）「此時、公（義宣）の、某祈願所に納めたる、祈祷文といふ者あり、左に之を記す」として、前半部の箇条書を略し、後半部の地文の翻刻を記してある。

（3）願文の読み下し

編纂所本を底本として読み下す。難読および不審箇所は前述の鉄作、宗彦、神澤鈴木の翻刻を参照する。[06]

横線は語釈を付した箇所を示す。筆者の釈文は後掲する。

一伊勢太神宮え毎年御供か神楽か勤め奉る可き事

一当家鎮守両八幡、諏訪両社、稲荷大明神を安堵国に請《う》け奉り、如在の御法楽御神事の為に、新たニ御神領を附け奉る可き事

一太田水戸の薬師観音等、安堵国に於て香油田を奉る可き事

一筑波、鹿嶋、佐都、静、吉田、村松大明神、真弓、白羽、金砂両山、近津、花薗等勅願所悉ク一所ニ勧請し奉る可き事

一安堵国の佛神は前々の如く崇め奉る可き事

一加茂大明神を新 ニ勧請し奉る可き事

一大峯、愛宕、富士、日光、湯殿、月山、保呂羽権現年々信心し励み奉る可き事

一分国の沙門に塩味を加う可き事
一親類家風百姓等に塩味を加う可き事

右信心を立願し奉るは、今般大伝家康公時の威勢を以て国替を号し、某《それがし》が国を奪い取るは分非らず、剰《あま》つ、厥《それ》が替国、安堵の朱印今に無し、倩顧《つらつらかえりみる》に、某、若輩為るに依って、石田治部少輔が邪見指南に任せ、咸《ことごと》く分国の神領を落し奉る故に、冥慮の加護薄く、家中親類の家風を乏《すて》せしむ、故に貴賎の悲歎厚くして、唯今此れが配流の罪を感ずる者也、仍て今某深く前時の不信放逸を悔み、広く後日の信力慈悲を発し、専ら神佛に帰依し奉り、長く万民の安立を欲する者也、抑《そもそ》も本国の神佛に願うの日、本霊験は遠からず、本誓《ほんぜい》は此れが一子の憂悩を哀れみ、彼の三類の怨念を摧《くだ》き、就中《なかんずく》、当家の氏神八幡大菩薩、道来不動の法性を得るが如く、皆解脱伐苦を得て衆生の御神託を本迹《ほんじゃく》加持シ玉フ、速に正法《しょうぼう》報恩の慈心を発心せしめ玉へ、某 義 宣本国一信の国に於て安堵せしめ給へ、然れば当家の貴賎安堵の笑を含み、右大願等必々一々果し奉る可き者也

信心護持願主　　清和后胤源義宣朝臣

慶長七年壬寅六月八日

・当家鎮守両八幡／馬場八幡（大八幡）、若宮八幡（小八幡のち正八幡）。
・諏訪両社／諏訪上社、下社。
・香油田／香油とは香料を加えた化粧用の油。灯明料に供される田をさすカ。
・安堵国／朱印状などで知行が安堵される国。
・佐都／サト。常陸太田市。薩都神社あり。
・静／シズ。那珂郡瓜連町他。静明神（静神社）あり。
・吉田／ヨシダ。水戸市。古来の吉田神社あり。

・村松／ムラマツ。那珂郡東海村。村松虚空蔵あり。
・真弓／マユミ。常陸太田市。古来の真弓神社あり。
・白羽／シラワ。常陸太田市。白羽明神あり。
・金砂両山／カナサ。西金砂神社（久慈郡金砂郷村）、東金砂神社（同水府村）。
・近津／チカツ。久慈郡太子町。近津神社あり。
・花薗／花園。ハナゾノ。北茨城市。花園権現。

以上は『角川日本地名大辞典』茨城（昭和五八年）による。以降の行政区域の変更を容れない。

・保呂羽権現／岩手、山形、宮城、秋田の四県に各一所見える（吉田東伍『大日本地名辞書』）、秋田のそれか。
・分国／佐竹氏に安堵される国。
・塩味／エンミ。手加減、斟酌

（4）真偽の検証

当文書は義宣が累代の常陸所領を没収され、いまだ朱印状が発給されないという未曾有の苦境にあったとき、諸神に必死の祈願をした願文である。編纂所編の『史料綜覧』は義宣が「速ニ本領ヲ與ヘラレンコトヲ神佛ニ祈誓ス」と伝えるが、願文写を収録していない。『秋田県史』『茨城県中世史料』も所収していない。信憑性に不安があったのであろう。これら真偽に関しては次のとおり。

①秋田藩では藩の修史事業として元禄九年（一六九六、三代義処代）、明和三年（一七六六、八代義敦代）に家臣団に出した提出命令などによって収集した系図・古文書・古記録などが今日「秋田藩家蔵文書」や「諸士系図」などとして遺るが（秋田県公文書館「秋田藩修史事業―佐竹家譜の編纂―」平成六年十一月

特別展示資料）、これらには当願文は所在しない。初出の文書である。

②当願文は「故ありて深々秘せられし」は兎も角として、「戊辰の時に於て発現せしものなり」（前述「奥羽戊辰ノ形勢」）にしては、出所が伝わらない。

③願文中の「今般大伝家康公時の威勢を以て国替を号し」は反家康の口実を与えかねず、また「石田治部少輔が邪見指南に任せ」は石田三成との関係を自白したと受け取られかねない文言である。

④願文中の神仏は第一「伊勢太神宮」、第二「当家鎮守両八幡、諏訪両社、稲荷大明神」、第三「太田水戸の薬師観音等」、第四「筑波、鹿嶋、佐都、静、吉田、村松大明神、真弓、白羽、金砂両山、近津、花薗等勅願所」、第五「加茂大明神」、第六「大峯、愛宕、富士、日光、湯殿山、月山、保呂羽権現」と群別される。これを佐竹氏累代の起請文に勧請された神々（第四章）と比較すると、委細は略するが、主な特徴は次のとおりである。

a第三の薬師観音等は初出で、転封先で香油田まで附けるという。

b第四の勅願所とは佐竹氏の勅願所を指すが、「鹿嶋」以外は初出。これらの社は（転封先で）一所に勧請するという。

c第五の加茂は義宣が小田原討伐出陣に祈願した賀茂社を指すが、（転封先で）新たに勧請するという。

d第六では保呂羽が初出。出羽辺の移転を意識したものか。

e佐竹氏が度々勧請してきた熊野三所大権現はなぜか出ていない。

これらを総合すると、筆者は偽文の可能性を払拭できない。その最大の理由は③である。厳戒警戒中の義宣が右筆か側近家臣の作成になるとはいえ、このような危険な文言のある願文を捧げて、祈願の神拝次第を行なったとすることは想像できないからである。しかしながら「律儀者」と称された義宣の、佐竹氏の命運を懸けた一生一代の祈誓としては、その心境をよく伝えるものであるかも知れない。ところが転封先の秋田では、なぜか右

ａｂｃは実現されなかった。この点は研究を要する。石高を示す秋田藩悲願の領地判物が与えられたのは二代義隆代の寛文四年（一六六四）六月三日付である。この間ひたすら神仏に祈願する外なかったことは想像に難くない。

翻刻

一伊勢太神宮 江毎年御供歟神楽歟可奉勤事
一当家鎮守両八幡諏訪両社稲荷大明神安堵国奉請為如在之御法楽御神事新ニ可奉附御神領事
一太田水戸之薬師観音等於安堵国可奉香油田事
一筑波鹿嶋佐都静吉田村松大明神真弓白羽金砂両山近津花薗等勅願所悉ク一所ニ可奉勧請事
一安堵国神佛如前々可奉崇事
一加茂大明神新ニ可奉勧請事
一大峯愛宕富士日光湯殿月山保呂羽権現年々信心可奉励事
一分国沙門塩味可加事
一親類家風百姓等塩味可加事
右奉立願信心者、今般大伝家康公以時之威勢号国替、某国奪取非分、剰厥替国 安堵之朱印[注a]于今無之、倩顧某依為若輩任石田治部少輔邪見指南、咸奉落分国神領故、冥慮之加護薄令乏家中親類家風、故貴賤悲歎厚而唯今感此配流罪者也、仍今某深悔前時不信放逸、広発後日之信力慈悲、専奉帰依神佛長欲安立万民者也、
仰願本国神佛日、本霊験不遠、本誓哀此一子之憂悩、摧彼三類之怨念、就中当家之氏神八幡大菩薩如得道来不動法性、皆得解脱伐苦[注b]、衆生御神託本迹加持シ玉フ、速令発心玉ヘ正法報恩之慈心、於某 義宣本国一信之国[注c]令安堵給、然当家貴賤含安堵之笑右大願等必々一々可奉果者也
信心護持願主
慶長七年壬寅六月八日
清和后胤源義宣朝臣

注

（01）当時は神仏習合の時代で神仏は判然としないが、願文中で明らかな仏名は「太田水戸の薬師観音等」に限られ、他は神々である。したがって当願文は神祇信仰の視点から考察されるに価する。

（02）五月十四日付で京都滞在中の伊達政宗が国元へ出した書状中の、「佐竹始岩城相馬国替ニ被仰出候、秋田へ被遣由ニ候」（『政宗君治家記録引証記』）から、「五月十七日上使榊原式部大夫殿、花房助兵衛殿御国替被仰渡候」（『慶長国替記』）は秋田行を命じたもので、この情報は数日前に政宗に漏れていたとされる。

（03）岡田藤吉編・出版、一六冊、一九二八、謄写。なお秋田県立図書館所蔵。所論には明治二十四年（一八九一）の自序あり。

（04）橋本宗彦『秋田沿革史大成』上下巻、加賀谷書店、一九七三（初刊は明治二九）。

（05）鮮進堂発行、明治三四年（一九〇一）、二五頁。筆者所蔵。

（06）編纂所本に対して鉄作、宗彦、神澤鈴木の各翻刻は微妙に相違する。例を上げると次のとおり。なお「神佛」「佛神」は混用あるが、前者に統一する。

編纂所本「安堵之朱本印」、鉄作・宗彦・神澤鈴木「安堵之朱印」

編纂所本「代苦」、鉄作「代若」、宗彦「伐苦」、神澤鈴木「代若」

編纂所本「本国一信之国務」、鉄作・宗彦・神澤鈴木「本国一信之国」

第三部　秋田時代の神々（其の一）

第三部では佐竹氏が秋田時代に奉じた神々のうち、皇祖神である伊勢の神宮（第六章）、氏神である鎌倉八幡など（第七章）、江戸市中社である浅草など（第八章）、また関係社の鹿目など（第九章）の諸社を取り上げる。これらの諸社は『国典類抄』では領外の神々とされる。伊勢神宮を領外の神とする分類は意外であるが、『国典類抄』では参拝は「御領内諸御代参」「他領内諸御代参」に区分され（第三巻）、伊勢神宮などの参拝は後者に属する。第三部と第四部では序で前述した『国典類抄』を基本史料とし、全般的に『梅津政景日記』『佐竹家譜』をもって、重要箇所ではその他資料をもって適宜補筆する。凡例は次のとおり、

・語注を施した箇所は傍線を付す。
・社名区分の句点「、」は適宜略する。（例）八幡稲荷金砂、諏訪大八幡。ただし同所または同日連拝の表記に留意する。
・「参拝」「参詣」の用字は異同不明に付き刊本どおり。「〇〇疋」「金〇〇疋」「金子〇〇疋」も刊本どおり。
・神馬に関し「牽かす」「納め置く」「上げ置く」「上ル《たてまつ》」等は神馬奉納と略記する。奉納は一匹である。二匹以上の例は見ない。

第六章　伊勢神宮（皇祖神）

伊勢神宮とは古来伊勢に鎮座する神宮（「神宮」が正式な名称）を指す。伊勢神宮とは通称である。神宮は天皇家の祖神とされる天照大神《あのてらすおおみかみ》を祀る内宮《ないくう》と、同神に食物を捧げる豊受大神《とようけのおおかみ》を祀る外宮《げくう》を中心に、この両宮に付属する別宮《べっくう》、摂社、末社、そのほかの施設を包含する神社群の総称をさす（これは現状を念頭においたもので時代によって異同があったはずだが、ここでは立ち入らない）。

（1）参拝事例

秋田佐竹氏の伊勢参拝事例は十六例（全て代参）である（後掲［資料］参照）。これをもとに考察する。

参拝年月

参拝（代参）事例を次に示す。これによれば三代義処代が七回、八代義敦代が六回と多く、初代義宣・五代義峯・七代義明《よしはる》代が各一回である。二代義隆・四代義格《よしただ》・六代義真《よしまさ》代に記録がない。藩主の代によって参拝回数、頻度（⑦、⑧は同年など）にかなりの差異が認められる。これが記録上の脱漏によるものか、その他の理由によるものかは今のところ判らない。藩主の在位期間の長短だけではなさそうである。参拝月は一月（正月）が①、⑮、⑯、年末年始（推定を含む）が⑤、⑥、⑧である。正月と年末年始が多い。

①元和八年（一六二二）正月カ　（初代義宣代）
②元禄元年（一六八八）二月以降　（三代義処《よしすみ》代）
③元禄二年（一六八九）九月以降　（右同）
④元禄十一年（一六九八）十月　（右同）

⑤元禄十一年（一六九八）十二月以降（右同）
⑥元禄十四年（一七〇一）末、翌年始（右同）
⑦元禄十五年（一七〇二）六月以降（右同）
⑧元禄十五年（一七〇二）十二月以降（右同）
⑨享保十四年（一七二九）秋（五代義峯代）
⑩宝暦四年（一七五四）十一月（七代義明《よしはる》代）
⑪宝暦九年（一七五九）十月（八代義敦代）
⑫宝暦十年（一七六〇）四月（右同）
⑬宝暦十一年（一七六一）二月（右同）
⑭宝暦十三年（一七六三）九月以降（右同）
⑮安永二年（一七七三）元日（右同）
⑯安永六年（一七七七）正月（右同）

参拝事由

参拝理由は（藩主の）立願が⑪、⑫、藩主姫様の立願が⑦、（藩主）厄年が②、その他は年篭り⑥、当秋両宮遷宮⑨である。この中で⑦は屋形様が病気快然したので姫様の伊勢朝熊虚空蔵《あさまこくうぞう》に対する立願《りゅうがん》を果すため（報謝）とは特異である。ここでは屋形様の卦躰《けたい》（守護仏）が虚空蔵であるとして姫様の立願で朝熊へのみの参詣とされた（外宮内宮へは参拝せず）。

代参人

代参人はすべて秋田藩士である。参拝当時の職掌（一部参拝前後の役職を含む）は本方奉行④、⑥、⑦、⑧、⑯（但し④、⑥は同一人）が最多で、次に用人③、⑪、⑫、膳番⑬、⑭、⑮、小姓頭②、③（兼）と続く。

このほか物頭①、裏判役兼京都屋敷番⑤、在京勘定奉行⑨、家老⑩である。本方奉行の在勤地とか職務と代参下命との関係は後日の調査を要する。

このうち⑥、⑧、⑯に従者が記録されている。⑥では（歩行《かち》以上の藩士）三名、歩行三名、⑧では（藩士カ）荒川弥助、⑯では外箱・長柄・合羽篭持ち、駕篭舁《かごかき》の四人と忠兵衛（駕篭脇、京都丹波屋の子）である。⑥、⑯の代参人は（京在勤らしい）本方奉行である。ちなみに本書が基本史料とする『国典類抄』の下限、天明五年（一七八五）六月八代義敦の死去以降のことだが、文化十四年（一八一七）、文政九年（一八二六）の二度、秋田藩士介川東馬（当時勘定奉行大坂詰、のち宿老）が伊勢代参を勤めた（嵯峨稔雄「介川緑堂「御代参道之記」『秋田史苑』31、二〇一七）。これに関連し、嵯峨氏は典拠を示していないが、「秋田藩では、藩主の伊勢代参は五年毎に行う習わしになっていたので、大坂在勤か京都在勤の家臣がこれを勤めた」と記してある。これが事実か、事実とすればいつ頃からの「習わし」か関心を寄せるが、少なくとも以上みた事例からは観察できない。

下命事由

代参の下命事由は、④では伊勢参宮と有馬への御暇を願い出ていたら伊勢代参を下命された、⑦では江戸より代参を遣しては物入なので（本方奉行が京から江戸へ）下る序でに代参を下命された、⑩では（家老）が勢州参宮を願い出ていたら願いの通りとされ幸《こう》の折なので名代を勤めよとされた、⑮では京都御用の用済みで勢州への代参を下命されたとある。

つまり④では後藤祐寿（本方奉行）が伊勢参宮と有馬（温泉行）の御暇《おいとま》を願い出ていたら、⑩では家老が個人的に参宮を願い出ていたら、（藩主の）名代を勤めることになったと伝える。このような願いが当時藩士に認められたものか意外である。⑦、⑮は往来費用の節減であろう。なお⑩は服忌の大事を伝える。代参命令は家老より本人に対して家老部屋か局（御用局カ）で申し渡しされ（⑪、⑫、⑭）、出発の前日か当日藩主御目見《おめみえ》の儀式が行なわれた（⑬、⑭）。

出発地

出発地は推定を含め久保田が②、③、江戸が④、⑪、⑫、⑬、⑭、京が⑤、⑥、⑦、⑧、⑨、⑯、不詳が①、⑩、⑮である。便宜のためか京が多い。うち④では伊勢参拝後に有馬へ脚を伸ばしたらしい。⑦では伊勢と言っても朝熊のみの参詣である。

奉納銀

外宮内宮への初穂（初尾）料および久保倉への神楽料とした奉納銀は、④では初尾銀十枚、久保倉へ銀二枚、⑦では初尾銀二枚、⑩では（奉納銀）白銀で百両（但し外宮内宮各五枚づつ）、久保倉弾正へ銀子五枚、⑪と⑭では外宮内宮へ屋形（藩主）より白銀各五枚、幸之助（藩主実弟）より白銀各一枚、それに久保倉大夫へ銀子三枚、⑯では外宮内宮へ銀各五枚、屋形より銀各三枚、外に久保倉へ銀三枚（合わせて銀十二文匁）である。これがどの程度の価値なのか、銀と白銀との関係など今後の調査を要する。なお⑯の屋形より別に奉納された銀各三枚は当人の誕生日祈祷料らしい。

指上頂戴

代参人の出立に先だち藩主御目見の儀式が行なわれたが（前述「下命事由」項）、代参後には指上頂戴《さしあげちょうだい》の儀式が執行された（⑪、⑫、⑬）。この両儀式は代参に欠かせない要素的な儀式である。この三例では熨斗目上下《のしめかみしも》着用の藩主が陰《かげ》の間に出座、同じく熨斗目（麻）上下着用の代参人が伊勢から持参した御祓等を指上げ、之れを藩主が頂戴する。屋形へは大神楽御祓大麻《おはらいたいま》、外宮御供直会《おそなえなおらい》、内宮御供直会、神楽雛形、熨斗《のし》鮑《あわび》である。御供直会とは撤饌品《てっせんひん》（献供品の下されたもの）を指すらしいが不定。これら頂戴品は納戸に入れられるとある。通常個人宅では神棚に祭るので納戸入りとは解せないと思っていたところ、納戸とは奥向と隣接した表向の中でも最も奥まった空間（居間）を指すのであれば納得する。

（2）参拝方式

神楽奉納を含む参拝（代参）方式が詳細に記録されている事例⑯の全文を読み下し、後掲の特定研究二に示す。これらは委細をきわめ今後の研究が待たれる。とくに入用銀手当、初穂銀・神楽料等の支度、清メの湯次第などは関心をよぶ。このほか④、⑥、⑩に参拝方式が見られるので要点を記す。

これらによれば参拝、神楽、直会を構成要素とする基本型は共通であるが、細部に異同が認められる。その都度相応の自由度をもって催行されたらしい。とくに⑥では代参の大神楽奉納と並んで代参人個人が大神楽、従者個人でも大神楽または小神楽を奉納している点が注目されよう。

（参拝方式の要点）

④（昼前久保倉入り）雑煮料理、参宮（両宮）、暮れ前久保倉へ。（翌日）朝明け前長袴にて外宮内宮へ、（午前八時）久保倉へ。そこで大神楽、料理、太夫と酒事、昼少し前出て松坂へ暮れ前に着す。

⑥（元日）久保倉で（午前四時前）支度、外宮内宮へ、（午前七時）久保倉へ。そこで（代参の）大神楽、次に代参人祐寿の大神楽、次に津村七郎兵衛の大神楽、それより作兵衛、吉右衛門等の小神楽、（畢《おわ》って）料理。膳過ぎ太夫より御祓熨斗渡される。（午後二時）久保倉出足、暮れ過ぎ松坂へ参着。

⑩久保倉宅一宿、同日晩（午後五時）大々神楽、熨斗目長袴で神楽殿へ、神酒頂戴。（翌日）（午前八時）神楽殿で浄め、内宮から外宮へ（筆者注、ここでは何故か通常の外内の参拝順が逆）。

（3）奉献

○享保十一年（一七二六）一月十五日（五代義峯代）

久保倉大夫方へ遣し候（藩主義峯）御書（特定研究四に後掲、略）

拙者共より遣し候書状（原文）

一筆致拝達候此度

両御宮江従右京大夫毎年米三百俵宛永々致献納候弥以国家栄久御祈祷被致御

頼候此旨御名代河嶋平次衛門江具サ申含且以書札雖被申越候尚又拙者共より如斯御座候恐惶謹言

正月廿二日

渋江宇右衛門　居判

今宮　大学　居判

宇都宮帯刀　居判

久保倉大夫殿

人々御中

（出所）十八巻三五〇～三五一頁。（御供料の献納は）「国替以来御座なき御事ニ候へ共」「御家ニてハ別て御尊崇遊ばさるべき御儀」（今宮大学家老日記）。

小　括

本章では佐竹氏の伊勢参拝（全て代参）の様相を瞥見《べっけん》した。江戸期の幕藩体制下における有力大名の伊勢参拝の様子を具体的に示すことが出来た。とくに代参出立に先立つ御目見と帰参後の「指上頂戴」という藩主参式の不思議な名称の、儀式があったことが始めて明らかになった。

［資料］秋田佐竹氏の伊勢参拝事例（出典『国典類抄』）

①元和八年（一六二二）正月カ（秋田初代　義宣代）

一代参／山下清右衛門（物頭、元和元年正月四日条、十巻六〇五頁）。

一神事／大々神楽。

一書状／清右衛門伊勢より帰る、久保倉所より拙者（政景）へも状有り。

一原典／梅津政景日記（同年正月廿八日条、三巻一一九頁）。
・大々神楽／太太神楽（だいだいかぐら）とも。大神楽、太神楽（だいかぐら）は伊勢の神宮で一般の人が奉納する神楽をさす。これより格上の神楽か。
・久保倉所／伊勢の御師久保倉大夫の所をさす。秋田藩では大名御師が久保倉大夫家、御国（領内）御師が三日市大夫家であった。
②元禄元年（一六八八）二月以降（三代義処代）
一事由／当年（藩主）厄年。

一代参／小介川正左衛門（小姓頭、享保元年十一月四日条、二巻三〇八頁）。

一旅程／（二月六日）今日此方（久保田カ）発足、江戸伊勢から京都へ登る筈。

一原典／梅津忠宴（家老勤中）日記（同年二月六日条、三巻一二〇頁）。
③元禄二年（一六八九）九月以降（三代義処代）
一代参／根岸惣内（用人兼小姓頭、享保七年正月元日条、七巻一〇〇頁）。

一神楽／大神楽（予定）。

一旅程／（九月朔日）下向以後、伊勢代参、御暇下され京都まで参り、去月（十月）廿七日江戸出足、今日下着（久保田府へカ）。

一原典／梅津忠宴（家老勤中）日記（同年九月朔日、十一月十二日条、三巻一二〇頁）。
・御暇／ここでは伊勢代参ののち御暇を得て京都へ参った様子である。
④元禄十一年（一六九八）十月（三代義処代）

一代参／後藤理左衛門祐寿（本方奉行）。伊勢参宮と有馬への御暇を申上げていた。深川へ出ていた所で御用（伊勢代参）を下命される。長袴を下さる。

一参拝／（十月廿四日）夜の内松坂出立、昼前久保倉坊入り、雑煮引替え料理、参宮（両宮参詣）、暮れ前（久保倉へ）帰る。（翌廿五日）朝明け前長袴にて外宮代参、内宮参詣、五ツ前（午前八時）（久保倉へ）帰る。

一神楽、直会／大神楽、料理、太夫申す「屋形様の御祓に持参の大熨斗《おおのし》二把を受取った」、それより土器《かわらけ》が出て太夫と酒事済み、昼少し前出て、松坂へは暮れ前に着す。

一奉納／初尾銀十枚。久保倉へ銀二枚。

一旅程／（江戸カ）、松坂（阪）、伊勢、松坂。

一原典／後藤祐寿（本方奉行勤中）日記（十月十三日、同廿四日、同廿五日条、三巻一二一頁）。
・御暇／ここでは（個人的な）伊勢参宮と有馬への暇乞いに対し伊勢代参を命じられる。参宮のあと有馬温泉（古来日本有数の温泉地、兵庫県）行の計画とすれば、当時の上級藩士の行動として注目される。
・長袴／裾が長く、足を包み、なお後にひきずる袴。礼服用。
・大熨斗／熨斗鮑の略。あわびの肉を薄く長くむき、引きのばして干したもの。古くは食料、のちに儀式用のさかな、祝い事の贈り物の添え物。
・土器／うわぐすりを用いない素焼きの酒杯。

⑤元禄十一年（一六九八）十二月以降（三代義処代）
一代参／細井兵右衛門（裏判役兼京都屋敷番、元禄十二年正月廿四日条、二巻五六九頁）。

一出立／兵右衛門、代参にて伊勢へ参る。

一原典／後藤祐寿（本方奉行）日記（十二月廿八日条、三巻一二一頁）。

⑥元禄十四年（一七〇一）末、翌年始（三代義処代）

一事由／年篭り。

一代参／後藤理左衛門祐寿（本方奉行）。一行に七郎兵衛・作兵衛・吉右衛門、歩行の十右衛門・七郎兵衛・重右衛門の名が見える。

一参拝／（元日）久保倉にて朝七ツ（午前四時）前拵え、外宮、それから内宮へ、内宮の少し前にて夜明け、六ツ半（午前七時）久保倉へ帰る。

一神楽、直会／大神楽、次に拙者（祐寿）大神楽、次に津村七郎兵衛大神楽、それより作兵衛・吉右衛門など小神楽。（畢って）料理出る。小野崎作兵衛・清水吉右衛門、歩行高橋十右衛門・津村七郎兵衛相伴にて、膳過ぎに太夫出で、御祓御熨斗渡される。（これを）歩行の重右衛門に渡し、八ツ時分（午後二時）久保倉出足、暮れ過ぎ松坂へ参着。

一原典／後藤祐寿（右同勤中）日記（十二月廿八日、翌正月元日条、三巻一二二頁）。
・年篭り／年末とくに大晦日の夜に社寺に参篭し、新年を迎えること。
・拵え／準備。
・歩行／徒士侍。徒歩で主人のお供または行列の先導を勤める下級武士。

⑦元禄十五年（一七〇二）六月以降（三代義処代）
江戸より当六日付にて弥左衛門より書状（京都へカ）参る。左は右書状による。

一事由／屋形様（藩主）の病気快然に付き、姫様の伊勢朝熊《あさま》虚空蔵《こくうぞう》に対する（病気回復の）立願を果すため。屋形様の卦躰《けたい》は虚空蔵《こくうぞう》なので病中の立願あり。委曲は老衆より伝える。

一代参／弥左衛門（寺崎弥左衛門カ、本方奉行、正徳元年五月廿四日条、三巻一四七頁）。

一旅程／此方（江戸）より代参を遣しては物入なので、拙者（弥左衛門）が下《くだ》る序《つい》でに代参を勤めよと命令された。（これは）姫様の立願なので朝熊へばかり参詣せよとのことである。

一奉納／初尾は銀二枚、銀包紙は此方（江戸）で支度、銀二枚は其元（京都カ）で準備し、神前へ奉納せよとの命令である。

一原典／後藤祐寿（本方奉行勤中）日記（六月十四日条、三巻一二三頁）。
・卦躰／守護仏カ。
・下る序で／在京の弥左衛門が江戸へ下るの意カ。
・姫様／義処の息女カ。系図上は三女見える。
・朝熊虚空蔵／内宮の背後に立つ朝熊山の金剛証寺に祀る虚空蔵菩薩。神宮奥宮として信仰された。
⑧元禄十五年（一七〇二）十二月以降（三代義処代）
一代参／清水忠兵衛（本方奉行、正徳元年五月廿四日条、第三巻一四八頁）。同道、荒川弥助。

一旅程／忠兵衛、伊勢へ代参にて出足。

一原典／後藤祐寿（本方奉行勤中）日記（十二月廿八日条、三巻一二四頁）。
⑨享保十四年（一七二九）秋（五代義峯代）
一事由／当秋両宮遷宮。
一代参／在京の勘定奉行。
一御伺い／当秋伊勢両宮遷宮に付き在京の勘定奉行が代参を命じられ、初尾を献ずることになるか、前々は無かったことだが、瀬谷勘兵衛を以て御伺い致した処、代参を申し渡す旨（藩主が）仰せられた。（筆者注、この記述だけでは参拝があったか不定だが、当秋に迫った遷宮と、この被仰渡から施行されたと推察）
一原典／今宮義透（家老勤中）日記（八月十三日条、三巻一二六～一二七頁）。
⑩宝暦四年（一七五四）十一月（七代義明代）
一代参／小田野正武（家老）。勢州参宮の願い先頃申上げた処、願いの通り（藩主から）言い出され、幸の折なの

で名代を勤めよと言い付けられた（八月十七日条）。

一服忌／服忌があれば名代はなり難いと久保倉弾正が申すに付き、今に延期している（八月十七日条）。勢州名代は服忌の内は勤め難きに付き、拙者持参の御用がはやく済んでも、服忌が過ぎるまで此の表に逼留し、名代を勤める旨を先頃御聞きした処、当月中御用がひまが明（空）いても、暫らく逼留し、十月に至り名代を勤めるよう下命された（九月六日条）。

一旅程／小田野又八郎（家老）、去月十七日京都出足、今日当地（江戸）到着也。但し罷下る節伊勢へ代参を命じらる（十二月三日条）。

一参拝、神事、奉納／代参を勤めた趣を又八郎より書付が差し出され、その趣を記す（十二月三日条）。

○十一月十七日京都出足、同廿一日勢州山田久保倉大夫在宅へ着、同処一宿。

白銀　百両　両宮へ　但し五枚づつ

銀子　五枚　久保倉弾正へ

右奉納の段弾正へ申渡す

右奉納銀并に銀とも家来を以て弾正へ渡す

○同日晩酉刻（午後五時）より大々神楽が始まり、其の節熨斗目長袴にて神楽殿へ詰め、神酒頂戴す。

○同廿二日辰下刻（午前八時）神楽殿に於て浄めを済まし、内宮へ参向拝宮、畢って外宮参拝、右両宮の拝所は別紙の通り（筆者注、略）。

○同日昼時過ぎ弾正所へ帰参、此の節御祓始まり、献上の品々右同人（弾正）持参、之れを請取り、即日未刻（午後一時）同所出足、十二月三日上屋敷へ到着、同六日弾正献上の品々、茶屋まで家来を以て差上ぐ。

一御祓献上品／勢州御祓并に久保倉献上の御熨斗二把、御供等三包、使者に麻の上下着させ、茶屋へ出す（十二月八日条）。

一久保倉贈答品／勢州、外宮、内宮の図并に大々神楽の図、久保倉より貰う。御覧いただきたい由の故、部屋へ持参、熨斗付け仲を以て献上す（十二月九日条）。

一原典／小田野正武（家老勤中）日記（八月十七日、九月六日、十一月六日、十二月八日、同九日条）。右筆所書物江戸日記（十二月三日条）。以上、六巻四八九～四九一頁。
・幸の折／さいわいの折り。ちょうど。おりよく。
・逼留／ひつりゅう。ちぢこまって留まる。
・熨斗目／のしめ。江戸時代の武家の礼服。
・茶屋／諸事手配に当たったが、なぜ献上品や贈答品を茶屋へ差出すのか不詳。
・仲を以て／取り持ち（仲介）を以ての意カ。
⑪宝暦九年（一七五九）十月（八代義敦代）
一事由／伊勢へ（藩主カ）立願有り（九月三日条）。
一代参／箕作茂左衛門（用人）。代参、家老部屋に於て市太夫より申し渡す（九月三日条）。
一旅程／今日当地（江戸カ）出足（九月十一日条）。伊勢へ代参勤め昨日下着（十月六日条）。
一奉納／左の通り奉納（予定カ）（九月十一日条）。
（外宮初穂）白銀　五枚　屋形様より
（内宮初穂）白銀　五枚　右同
（外宮初穂）白銀　一枚　幸之助様より
（内宮初穂）白銀　一枚　右同
　銀子　三枚　久保倉大夫へ
一指上頂戴／（六日）午刻、（藩主）陰の間出座（熨斗目、上下）、是れは茂左衛門義、伊勢へ代参、（左記の）御祓等持参、指上頂戴に付きて也（茂左衛門、熨斗目麻上下着用詰め）（十月六日条）。なお頂戴品は納戸に入れられる（同日条）。

屋形様へ

大神楽御祓大麻、外宮御供直会、内宮御供直会、神楽雛形、熨斗鮑

幸之助様へ

一万度御祓大麻、外宮御供直会、内宮御供直会、熨斗鮑二把

外　御衣のきれ（久保倉大夫心入れ）

一原典／右筆所書物江戸日記（同年九月三日、十一日、十月六日条、六巻四九二頁）。

⑫宝暦十年（一七六〇）四月（八代義敦代）

一事由／（藩主）立願（四月五日条）。

一代参／赤須九左衛門（用人）。来月中代参、家老より局に於て大学へ申し渡す（三月六日条）。

一出立／（五日）巳の刻（午前九時）（藩主）陰の間へ御出（のしめ上下）、是れ今日九左衛門出立に付き、同人を召させられ、御立願を仰せ含まる。時に九左衛門へ御手（より）熨斗を下さる。頂戴し畢って退出、膳番披露（四月五日条）。

一旅程／（各江戸カ）出立（四月五日条）、昨日下着（同廿九日条）。

一指上頂戴／（廿九日）巳の後刻（午前十時）（藩主）陰の間出座（のしめ上下）、是れ九左衛門（熨斗目上下）義、勢州へ代参、祈祷の御祓等差上頂戴に付きて也。幸之助様にも御出。但し頂戴の品々は去年十月六日頂戴の通り、故に之れを略す（四月廿九日条）。

一原典／右筆所書物江戸日記（同年三月六日、四月五日、同廿九日条、六巻四九三頁）。

・大学／文脈より九左衛門をさすらしいが不定。

⑬宝暦十一年（一七六一）二月（八代義敦代）
一代参／梁治部左衛門（膳番）。勢州代参を下命され、（明日二月）朔日出足に付き御目見（予定）、披露は宇留野源太郎（番頭）（正月晦日条）。

一出立／（朔日）巳の後刻（午前十時）（藩主）陰の間へ御出（服紗物上下）、治部左衛門出足に付き出席、御目見、熨斗鮑（藩主）御手より下さるを頂戴し、畢って治部左衛門退去（二月朔日条）。

一旅程／（各江戸カ）今日出足（二月朔日条）、昨晩参着（同廿五日条）。

一指上頂戴／（廿五日）巳の後刻（午前十時）（藩主）陰の間へ御出（熨斗目上下）、是れ治部左衛門（のしめ上下）、勢州へ代参、昨晩参着、御祓等差上頂戴に付きて也、幸之助様にも御出頂戴（廿五日条）。

屋形様へ

大神楽御祓大麻、外宮御供直会、内宮御供直会、神楽雛形、熨斗鮑三把

幸之助様へ

一万度御祓大麻、外宮御供直会、内宮御供直会、熨斗鮑二把

一原典／右筆所書物江戸日記（同年正月晦日、二月朔日、同廿五日条、六巻四九三〜四九四頁）。
⑭宝暦十三年（一七六三）九月以降（八代義敦代）
一代参／益戸助四郎（膳番）。代参下命を家老局に於て申し渡す（八月十九日条）。

一出足／明十六日出足に付き（藩主）御目見、披露は宇留野源兵衛（大小姓番頭）（九月廿五《ママ》（十五の誤カ）日条）。

一奉納／助四郎義今日当地出足、奉納銀左の通り（九月十六日条）。

屋形様より　外宮へ　一銀子五枚　伊勢御宮へ
　　内宮へ　一　同断　同

幸之助様より　一銀子一枚づつ　同　（注）幸之助／義敦弟

一銀子三枚　　　　久保倉大夫へ

一旅程／今日当地（江戸）出足（九月十六日条）。勢州へ代参、其の外所々（加茂社、八幡社、北野天神社）へ代参、今日京都より着府（江戸）（十一月十五日条）。（筆者注、藩主若年のため参勤江戸在中。義敦入部は明和二年／一七六五）。

一原典／右筆所書物江戸日記（同年八月十九日、九月廿五日、同十六日、十一月十五日条、六巻四九四～四九五頁）。

⑮安永二年（一七七三）元日（八代義敦代）

一代参／大山伊織（膳番、安永七年十二月廿五日条、三巻六三一頁）。京都御用（筆者注、入内使者）が済めば直々勢州えの代参を下命される旨、大山六左衛門を以て御用所で申し渡させる（前年十月廿一日条）。

一到着／元日伊勢代参済み今日到着（江戸カ）（同年正月十二日条）。

一原典／土屋知虎（家老勤中）日記（前年十月廿一日、同年正月十二日条、六巻四九七～四九八頁）。

⑯安永六年（一七七七）正月（八代義敦代）

一代参／藤井監物俊徳（本方奉行）。

一従者／金吾、金八、九助、合力清太（外箱・長柄・合羽篭持ち、駕篭舁の四人雇い候）。忠兵衛（駕篭脇、京都丹波屋の子）（三日条）

一旅程／（三日条）明日出立。明夕夜船ニて伏見迄参り候。（八日条）明時松坂（阪）出立、昼頃宮川渡シ場手前茶屋え着、同所ニて髪月代、袴羽織ニ着替え、行列揃え候。久保倉（所）着。大小神楽。（九日条）外宮（境内四社を含む）内宮（同三社を含む）参拝。暮れ松坂着。

一奉納／外宮内宮え、銀五枚づつ及び屋形様より銀三枚づつ。外に久保倉え銀三枚。右奉納并に神楽料、銀十二文匁（八日条）。

一原典／藤井俊徳（本方奉行）日記（同年正月三日、同五日、同八日、同九日、六巻五〇〇～五〇四頁）。

（追記）

以上は秋田藩主の伊勢参拝（すべて代参）であるが、秋田領民ははるばる伊勢参宮に出掛けており、その道中記を今に伝える。この点に関する筆者の研究は次のとおりである。

小論「秋田に遺る伊勢道中記」『出羽路』一五一、二〇一二・八

江戸時代の秋田に遺る伊勢道中記は、翻刻などによって委細が判るもの二十四本、委細不詳だが典拠から所在が明らかなもの凡そ三十三本あることなど、その概要が初めて明らかにされた。

小論「秋田領民の伊勢参宮次第」『北方風土』七〇、二〇一五・六

参宮次第をより詳細に伝える二十五本の道中記（右以降の研究で追加）の分析から、秋田領民の伊勢への入路と退路、伊勢入りの時季と人数、伊勢の宿泊日数、御師の接遇、諸費用、参詣宮・名所と経路、奉納神楽のランクなど、秋田領民の伊勢参宮次第が初めて明らかにされた。

第七章　鶴岡八幡、石清水八幡、三井新羅、他（氏神）

本章では佐竹氏の氏祖とされる清和源氏と係わる鶴岡八幡と石清水八幡に対する参拝、ならびに佐竹氏の直接の先祖である新羅三郎義光と係わる三井寺新羅明神（以下、三井新羅と称す）と源氏の氏祖を祀る六孫宮に対する参拝を取り上げる[01]。ところが『国典類抄』によれば参拝事例は鶴岡八幡が一件、石清水八幡が二件、三井新羅が六件に止まる。いずれも藩士の代参である。長い秋田佐竹氏時代を通じてこの程度の参拝であったとは考え難いが、『国典類抄』ではこうである[02]。六孫宮に対する参拝と寄進は秋田五代義峯、七代義明、八代義敦代に限られ、参拝は義敦代の三件である。なお安永五年（一七七六）九月の三井新羅への詳細な参拝次第は［特定研究二］に掲載する。

（1）鶴岡八幡《つるがおか》

鶴岡八幡宮。鎌倉市。（祭神）応神天皇、比売神、神功皇后。康平六年（一〇六三）源頼義が奥州平定ののち、鎌倉由比郷に石清水八幡宮の神霊を奉斎し、のち子の八幡太郎義家がこれに修復を加え、さらに頼朝が現境内地に社地（当初若宮、のち上下両宮）を移し整備した（第一章（1）、『神道事典』）。参拝は次の一件のみ。前年二月襲封した三代義処の長男（のち嗣子、没）の無事成長を祈願し、先に神田明神へ納めた神馬を鎌倉へ移転するための参拝である。

①延宝元年（一六七三）九月（三代義処代）

○同年八月十五日条

一代参／藤井勘之丞。一行は上下九人（貸し下された中間二人を含む）。

一事由／徳寿丸（のち義苗）三歳のとき神田明神へ神馬（芦毛一匹）を牽いて御宮参り、（こたびは）同馬を勘之丞が直々牽いて鎌倉へ参った。

一日程／九月八日江戸立、八日鎌倉参着、四ツ（午前十時頃）過ぎ神馬を納め、方々見物、九日江の島見物、十日暮前上屋敷へ参着、下屋敷へ夜五ツ（午後八時頃）前参る。（八幡宮）では別当相承院が色々霊宝を見せてくれた。

一奉納／初穂銀三枚、八幡へ銀一枚、若宮八幡へ光聚院より銀一枚。

一拝領／（勘之丞）御曹司より一歩判三ツ、御前より同断、光聚院より一歩二ツ。

一原典／藤井勘之丞俊家覚書（三巻一一九頁以下）。
・藤井勘之丞／記録所御書物。
・上下／上位の者と下位の者。
・中間／ちゅうげん。中間男の略。武家奉公の下男。
・徳寿丸／寛文十一年（一六七一）十二月生、のち義苗。神田明神社参は寛文十二年三月、三歳（『秋藩紀年』）。
・上屋敷、下屋敷／上は内神田邸、下は浅草邸。
・相承院／八幡宮別当、頓学坊を称す。八幡御神像絵を安置（第三章）。
・光聚院／二代義隆正室。
・御曹司／義処嗣子。のち義苗。元禄十二年（一六九九）没。
・御前／三代義処。
○同年九月十日条
一代参／藤井勘之丞。（十日）暮れ鎌倉より帰る。

一奉納／（八日）鶴岡八幡へ芦毛馬、（御初尾）銀子三枚。若宮八幡へ（御初尾）銀一枚、神楽銭百匹（ここで神楽奉納カ）。

一その他／相承院は江戸へ出て留守中、回回院を頼み奉納、御札守《おふだまもり》を持参し帰る。

一原典／多賀谷左兵衛隆家（家老勤中）日記（三巻一一〇頁）。

（２）石清水《いわしみず》八幡

石清水八幡宮。京都府八幡市。（祭神）誉田別尊（応神天皇）、比咩神、神功皇后他。清和天皇二年貞観元年（八五九）、奈良大安寺の僧行教が宇佐八幡大神の「吾れ都近く移座して国家を鎮護せん」との託言を受け、橘良基が六宇の宝殿を建立、同二年宇佐三所の神璽を奉安したのを創祀とする（『神道事典』）。参拝は次の二件。事由は初回不明、二回伊勢・京の諸社参拝である。

①元禄十五年（一七〇二）五月（三代義処代）
○同年五月十一日条
一代参／（後藤理左衛門祐寿）
一先立／宮本坊先立にて拝す。それより同坊にて料理振る舞われ、馳走にて帰る。
一原典／後藤理左衛門祐寿（本方奉行勤中）日記（三巻一一三頁）。
○同年五月十三日条
一使僧持参／宮本坊より御札菓子。家老中へ御状、拙者方（祐寿）へ酒、ひしほ。

一原典／前十一日条と同じ。
・御札／まもり札。　・ひしほ／なめみその一種。
②宝暦十三年（一七六三）九月以降（七代義明代）

一代参／益戸助四郎（膳番）。

一諸社／伊勢神宮、新羅社、（京都）加茂社、（石清水）八幡社、（北野）天神社。

一行程／今日（九月十六日）当地出足、勢州其外所々へ代参、今日（十一月十五日）京都より着府（江戸）。

一奉納銀／左の通り（ここでは他社は略）。

一同断（白銀三枚）八幡社へ。

一銀子一枚充（右京都三社）別当え。

一原典／右筆所書物江戸日記（六巻四九五頁）。

奉献

○延宝四年（一六七六）月日不知（三代義処代）
石燈篭二基寄進、燈明油料永代常夜燈申し入れ、宮本坊受合書有り。銀子一貫目遣された。十八巻三四一頁。

○宝永七年（一七一〇）三月六日（四代義格代）
石清水八幡宮本坊に白銀十両を贈る。家譜。

(3) 三井新羅社《みいしんら》

新羅明神。近江滋賀県の園城寺《おんじょうじ》（三井寺）の伽藍鎮守として祀られるとともに、広く天台寺門宗の護法神として崇敬される帰化神祇の一。境内北の新羅善神堂（国宝）に祀られる（特定研究一）。円珍入唐帰朝の船中に、新羅明神と名乗る一老翁が現れ教法加護を約し、帰国後再び現れて園城寺へと導いた。そこで住僧教待から寺を譲り受けるにあたって、寺北に勧請したのが新羅明神を祀り始めと伝える（三井寺法燈記編纂委員会編『三井寺法燈記』他）。なお江戸時代後期、天徳寺住職の義産和尚は、佐竹氏の元祖「新羅三郎義光」

の墓を江州三井寺に捜し当て、その尊霊を秋田に移したと伝える（特定研究一）。参拝は次の六件である。佐竹氏は江戸屋敷内に新羅明神を祀ったが、ここでは大津三井寺内の新羅明神をさす。六件の内、三代義処代の①元禄十四年（一七〇一）九月、②翌年一月頃、③同年五月、④同年九月と四件が集中し、また八代義敦代に二件（この間十三年の間隔）を見るが、その理由は明らかにし得ない。

①元禄十四年（一七〇一）九月（三代義処代）

○同年月日不知

一代参／（後藤祐寿）。大津三井寺、新羅大明神へ。

一取次／東山の円成寺。

一宿坊／取次を以て同寺法類の東円院に頼む。

一奉納／九月祭礼銀五枚づつ奉納。

一原典／山下惣左衛門所処持古書（三巻一二一頁）。

○同年九月十八日条

一代参／後藤祐寿。東円院へ明日代参。

一初穂銀／白銀五枚山下（惣左衛門）より（預かって）清兵衛が持参、（祐寿が）受取手形を遣わす。

一原典／後藤祐寿日記（三巻一二一頁）。

○同年九月十九日条

一行程／夜の内御屋敷を出る。清水《きよみず》より行通り夜明け、三井寺へ五ツ過ぎ（午前八時頃）参る。

一代参次第／東円院がお逢い、則雑煮振舞い（有り）。鐘を打つとて東円院は御堂へ出仕。待ち居たる所左右の御堂へ越して代参首尾よく勤める。東円院は同然。御寺へ帰り則料理出る。

一法事／新羅御宮で僧三十人にて朝五ツ過ぎより昼時分まで法事、参式する。

一御膳／新羅の内神へは膳一膳居えた由。膳は脇へ出す事ならず。

一御坊／新羅明神預かりの御坊、御堂の脇に寺有り。円覚寺と申す。御蔵料七十石の由。膳は此寺より上がった由。

一初尾銀／五枚、付け台にて持参。

一原典／祐寿日記（三巻一二二頁）。
・御屋敷／佐竹氏の京屋敷カ。
・清水／清水寺のある清水坂をさすカ。
・行通り／ずって歩いて。
・首尾よく勤める／代参は東円院（宿坊を依頼）付近の御堂（左右二堂）で行なった様子。これとは別に法事が新羅御宮で執行され、この関係は不詳。

②元禄十五年（一七〇二）一月頃（三代義処代）
○同年一月十九日条
一代参／「介左衛門三井寺 江　御代参勤被申候」、これを如何に読解するか悩ましい。イ介左衛門が代参を言い渡され、これを祐寿が日記に書き留めたのか、ロ介左衛門が祐寿に代参を言い渡したのか不定。祐寿は次項で見る通り同年五月に代参しているので、この間の経過からイと解し、同年一月頃執行したとする。

一原典／祐寿日記（三巻一二二頁）。

③元禄十五年（一七〇二）五月（三代義処代）
○同年五月八日条

（祐寿）新羅様へ代参に付き今日より精進潔斎。

一原典／祐寿日記（三巻一二二頁）。
○同年五月十日条
一代参／（祐寿）三井寺、新羅明神へ。

一事由／屋形様ご機嫌相違の節、ご立願の御礼なり。代参に銀十枚持参して勤める。一次第／東円院へ参り、（その）先立ちで御宮参詣。それぞれ寺にて色々ご馳走（有り）。屋敷へ七ツ（午後四時頃）過ぎ帰る。

一原典／祐寿日記（三巻一二二、一二三頁）。
④元禄十五年（一七〇二）九月（三代義処代）
一日程次第／
イ（祐寿）明方に屋敷を出て三井寺に参る。五ツ時分（午前八時頃）直々法泉寺僧正へ罷出で、初尾銀十枚の持参を指上げ、則御逢し、初めて御意を得る。
ロそれより長上下にて御宮へ参り、脇坊へ寄って、法事が過ぎるのを待っていた所へ、北林院がお越しになってお逢いし、是れへも初めて御意を得る。
ハそれより新羅大明神の御宮へ先立ち、御内神にて御供の御酒を頂戴し、罷り帰る。（途次）又々法泉寺へ参り、長上下を取る。北林院へも同前の御出あり。ニ法（北）林院が諸事を取持ち、料理が出て、ゆるゆるの御酒盛にて、観音別当の自正坊も相伴に呼ばれ、七ツ時分（午後四時頃）に（そこを）立つ。
・御意を得る／ここでは「お目にかかる」の意。
一原典／祐寿日記（三巻一二三頁）。
⑤宝暦十三年（一七六三）九月以降（八代義敦代）（注a）

一代参／益戸助四郎（膳番）。

一諸社／伊勢神宮、新羅社、（京都）加茂社、（石清水）八幡社、（北野）天神社。一行程／今日（九月十六日）

　当地出足、勢州其外所々へ代参、今日（十一月十五日）京都より着府（江戸）。

一銀子五枚（注ｂ）三井寺の内新羅宮へ。屋形様奉納。

一同　一枚　同社へ。幸之助様より同断。

一同断　　右社別当へ。

一原典／右筆所書物江戸日記（六巻四九四頁以下）。
・幸之助／八代義敦実弟。七代義明次男。
・（注ａ）この⑤は石清水②と一部重複。
・（注ｂ）五枚は伊勢（各外宮、内宮）奉納と同じ。
⑥安永五年（一七七六）九月十九日（八代義敦代）
一代参／藤井監物俊徳。

一原典／藤井監物俊徳（本方奉行）日記。

一参拝次第／委細後掲。

（4）六孫王《ろくそんおう》

六孫王神社。京都市南区壬生通八条角に鎮座。旧称六孫王権現社。祭神が源経基。経基は清和天皇の第六皇子貞純親王の子で、天皇の孫であることから「六孫王」と呼ばれた（開章）。嫡子で、当社を創建した源満仲が清和源氏の武士団を形成したことから、「清和源氏発祥の宮」を称するなどによって、佐竹氏が八代義敦の代に信仰を強めたものであろう。

①享保十七年（一七三二）九月廿日（五代義峯代）
石燈篭二基奉納、燈料として現米十石年々寄付の証文を発給。同年十二月廿五日建立。同年五月、六孫王社破壊で清和源氏の大名方へ奉加の旨あり。十八巻三五二～三五四頁、家譜。
②宝暦七年（一七五七）十月廿九日（七代義明代）
六孫王八百年回の祭祀有り。因て白金百両を納む（是より先清和源氏の輩、多少によらず資助すべきの令あり。家譜。
③明和七年（一七七〇）九月十一日（八代義敦代）
本方奉行、石井忠運。祭礼。太刀馬代を献ず。六巻四九六～四九七頁。
④明和八年（一七七一）十月十一日カ（八代義敦代）
家老、小野寺道維カ。御社祭礼に付、九月中太刀馬代銀三枚を奉納。大通寺より守札一箱差上げらる。六巻四九七頁。
⑤安永三年（一七七四）七月（八代義敦代）
六孫王祭礼の節、明和七年より京都在番本方奉行が代参し、金五両を奉納。六巻四九八頁。
⑥安永五年（一七七六）九月十一日（八代義敦代）
本方奉行、藤井俊徳。神事に付き、太刀一腰馬一疋代銀三枚を奉納。供人は小姓三、駕篭舁《かごかき》四人、鑓鋏《やりはさみ》箱・草履取・長柄、外に合羽篭《かっぱかご》持《もち》両人、右小姓の内一人麻上下着させ刀を持たす。六巻四九八頁。

小括

佐竹氏の氏祖に係わる鶴岡・石清水八幡、それに直接の祖先に係わる三井新羅と六孫宮に対する参拝事例を見てきた。これは研究の始点ではあるが、事例数が少なく佐竹氏の祖神信仰にまで立ち入ることが出来ない。今後の研究を要する。

注

(01) 祖神とは氏族の始祖神をさす。神を超越した存在としてではなく、生きている人間との広い意味での系譜的つながりにおいて捉えた概念。人間はもとをたどれば神々の末裔であるという信仰に基づく。必ずしも血縁的あるいは地縁的な祖先神を指さない(『神道事典』)。

(02) これらの参拝件数は『国典類抄』中の「他領諸代参」(第三巻吉部三、第六巻吉部)に見えるものである。このほか地名をキーワードに『国典類抄』を検索したが、検索可能な地名に鎌倉などの領外地が含まれず検出できない。

第八章　浅草、神田、鳥越、湯島、他（江戸市中社）

本章では江戸市中諸社に対する秋田佐竹氏の参拝事例を『国典類抄』によって明らかにする。これらは概ね藩士の代参であるが、長い歴史の中では藩主自参の例もある。江戸市中には由緒と霊験が確かで広く信仰を蒐める諸社が幾つもあったが、佐竹氏が参拝した処は意外に限られる。浅草観音、神田明神、鳥越明神、湯島天神、それに上野両大師、清水寺《せいすいじ》千手観音などである。当時は神仏習合の時代で神仏が判然としないが、神田・鳥越・湯島は神道系、浅草・上野・清水寺は仏教系である。

参拝回数は各社（寺を含む）とも四代義格、五代義峯の時代に集中し、六代義真、七代義明の時代に数例ある。いずれの代でも在任の半ばを江戸藩邸に居住した藩主とその一族ならびに側近の信仰心理を憶測すれば、江戸市中の社寺に対する藩主の自参代参は他にもあったのではないかと推察される。そうした疑問は疑問として、本章では『国典類抄』をもとに考察する。なお『国典類抄』では「湯嶋」の表記であるが、現行に因んで引載以外は「湯島」とする。

藩主自参

初めに藩主自参を見ておこう。初代義宣の時代は江戸市中の諸社を崇敬信仰する時代的な余裕がなかった可能性があるが、二代義隆、三代義処の時代となれば、それも考えにくい。そうであれば、この三代の藩主に自参はもとより代参の記録が遺らないのは不思議である。こうしたなか元禄十六年（一七〇三）十歳で襲封した四代義格が、宝永五年（一七〇八）五月鳥越、湯島、上野両大師の三所を連拝した。これが記録に遺る藩主自参の初見である。そのあと義格は宝永七年（一七一〇）一月、正徳元年（一七一一）一月と同年四月、いずれも鳥越明神を自参するが、以降の記録はなく、正徳五年（一七一五）二十二歳で没する。この鳥越の集中自参が何を意味するかは判らない。つぎに正徳五年（一七一五）九月廿六歳で襲封した五代義峯は、翌年早々の正徳六年（一七一六）一月浅草観音へ、そのあと享保三年（一七一八）六月、九月の二度清水寺千手観音へ、また十月浅草観音へそれぞれ自参、さらに翌年の享保四年（一七一九）一月神田、湯島へ自参した。義峯は寛延二年（一七四九）六十歳で没したが、以降長い在任年数にもかかわらず自参の記録はない。江戸三十三観音霊場二番の清水寺千手観音に対する享保三年（一七一八）における義峯の両度の祈願は何だったのか関心をよぶ。義格、義峯の自参を時系列で並べると次のとおり。これらの事はこの研究で始めて明らかになった。

（四代義格）
○宝永六年（一七〇九）五月十七日、上野御宮、鳥越明神
○宝永七年（一七一〇）一月十九日、（邸内）新羅明神、鳥越明神
○正徳元年（一七一一）一月十九日、（邸内）新羅明神、鳥越明神
○正徳元年（一七一一）四月十七日、鳥越明神

（五代義峯）
○正徳六年（一七一六）一月廿五日、浅草観音、清水寺千手観音
○享保三年（一七一八）六月十九日、清水寺千手観音
○享保三年（一七一八）九月廿三日、清水寺千手観音
○享保三年（一七一八）十月廿三日、浅草観音
○享保四年（一七一九）一月十九日、神田明神、湯島天神

（1）浅草観音

現称浅草寺《せんそうじ》。山号は金竜山。東京都台東区浅草。もと天台宗、昭和二五年独立、聖観音宗となる。室町時代末ごろ成立の『武蔵国浅草寺縁起』や承応三年（一六五四）縁起によれば、推古天皇三十六年（六二八）宮戸川で漁をしていた桧前（ひのくま）浜成、竹成の兄弟が網にかかった観音立像を祀ったのが起源という。江戸開幕後五百石の寺領と十一万四千余坪の境内地を与えられ、観音聖地の代表となり、浅草観音の通称で親しまれた。現称の浅草神社は浅草寺鎮護の旧三社権現をいう。祭神は浜成、竹成の兄弟と二人を教え諭した土師真中知命《はじのまつちのみこと》、他（『国史大辞典』他）。神祇ではないが佐竹氏の信仰を考える上で重要なので考察する。

参　拝

七件、うち自参が五代義峯の二件、代参五件。代別では四代義格代二件、五代義峯代三件、六代義真代一件、七代義明代一件。事由は年始（正月三日までと措定、以下同）二件。享保三年（一七一六）の事例は当観音別当伝法院の振舞に出た義峯が四ツ時（夜十時頃）帰られたが、夕飯後に庭から直々観音へ参詣され、歩行頭《かちがしら》の祐元が初尾金子五百疋を奉納した一件である。

○宝永元年（一七〇四）一月三日（四代義格代）
小姓（氏名不詳）、今朝代参遣され候七ケ処の一。後掲資料一。
○宝永三年（一七〇六）九月九日（四代義格代）
後藤理左衛門祐元（のち歩行頭）。今朝十三ケ処代参の一。後掲資料一。
○享保元年（一七一六）一月廿五日（五代義峯代）
義峯、浅草観音、清水寺観音へ。浅草へ銀一枚。二巻八三三頁。
○享保三年（一七一八）十月廿三日（五代義峯代）
義峯。別当伝法院振舞の節。金子五百疋。二巻八三三頁。

○享保十八年（一七三三）一月一日（五代義峯代）
川井円八郎、（中屋敷）稲荷、神田、湯嶋、清水寺観音、浅草へ。三巻一二七頁。
○宝暦二年（一七五二）一月一日（六代義真代）
刀番（氏名不詳）、神田浅草湯嶋浅草稲荷中屋敷稲荷へ。各百疋。六巻四八八頁。
○宝暦九年（一七五九）一月一日（七代義明代）
刀番（氏名不詳）浅草神田湯嶋へ、各百疋。六巻四九一頁。

（2）神田明神

現称神田神社、通称神田明神、旧称神田大明神。東京都千代田区外神田鎮座。祭神は大己貴命《おおなむちのみこと》（一宮）、少彦名命《すくなひこのみこと》（二宮）、平将門霊神（三宮）。天平二年（七三〇）武蔵国豊島郡柴崎村に開拓民として入植した出雲系氏族が大己貴命を祀るため創祀したという。元和二年（一六一六）現在地に遷座、同四年には武州総社、城下総鎮守、江戸城鬼門の守護神として、山王社に並ぶ待遇を受け、その祭礼も天下祭と呼ばれて将軍の上覧を得た（『神道事典』他）。

参拝

十五件、うち自参が五代義峯の一件、代参十四件。代別では四代義格代四件、五代義峯代八件、六代義真代二件、七代義明代一件。事由は年始五件、九月十五日の祭礼六件である。祭礼のうち四件は享保七年（一七二二）、同十一年（一七二六）、同十五年（一七三〇）、元文三年（一七三八）歩行頭の祐元が毎回代参し、各白銀一枚（元文三年は二百疋）を奉納、一件は延享元年（一七四四）代参者不詳である。なお宝永七年（一七一〇）条の「去年より二日に代参遣わされる筈」という記述から推せば、記録は伝わらないが、毎年年始に代参が行なわれた可能性がある。

○宝永元年（一七〇四）一月三日（四代義格代）
小姓（氏名不詳）、今朝代参遣され候七ケ処の一。後掲資料一。
○宝永三年（一七〇六）九月九日（四代義格代）
後藤理左衛門祐元（のち歩行頭）。今朝十三ケ処代参の一。後掲資料一。
○宝永四年（一七〇七）一月一日（四代義格代）
渋江十兵衛（側勤大番頭）、長袴着用、神田鳥越へ、各銀一枚。三巻一二四頁。
○宝永五年（一七〇八）一月一日（四代義格代）
小瀬縫殿助、神田鳥越へ。三巻一二四頁。
（参考）宝永七年（一七一〇）一月一日（四代義格代）
神田へは去年より二日に代参遣わされる筈ニ成った。三巻一二五頁。
○享保四年（一七一九）一月十九日（五代義峯代）
義峯、神田明神、湯嶋明神へ。各銀一枚。二巻八三三頁。
○享保七年（一七二二）九月十五日（五代義峯代）
祐元。歩行頭。祭礼ニ付。白銀一枚。三巻一二六頁。
○享保十一年（一七二六）九月十五日（五代義峯代）
祐元。歩行頭。祭礼ニ付。白銀一枚。三巻一二六頁。
○享保十五年（一七三〇）九月十五日（五代義峯代）
祐元。歩行頭。銀一枚。三巻一二七頁。
○享保十八年（一七三三）一月一日（五代義峯代）
川井円八郎。五所連拝の一。後掲資料一。

○元文三年（一七三八）九月十五日（五代義峯代）

祐元。祭礼ニ付。二百疋。三巻一二七頁。

○延享元年（一七四四）九月十五日（五代義峯代）

代参者不詳、祭礼ニ付、金子二百疋奉納は老中死去で延期、三巻一二八頁。

○延享元年（一七四四）十二月十九日（五代義峯代）

代参者不詳、神田明神、湯嶋天神へ。少将昇進。金百疋ツヽ。三巻一二八頁。

○宝暦二年（一七五二）一月一日（六代義真代）

刀番（氏名不詳）、神田浅草湯嶋浅草稲荷中屋敷稲荷へ。各百疋。六巻四八八頁。

○宝暦二年（一七五二）九月十五日（六代義真代）

小野崎造酒。刀番。今日祭礼。金子二百疋。六巻一四九頁。

○宝暦九年（一七五九）一月一日（七代義明代）

刀番（氏名不詳）浅草神田湯嶋へ、各百疋。六巻四九一頁。

（3）鳥越明神

現称鳥越神社。旧称鳥越明神。東京都台東区鳥越鎮座。祭神は日本武尊《やまとたけるのみこと》、天児屋根尊《あめのこやねのみこと》、東照宮公。伝承によれば、東征に向かう日本武尊がしばし此の地に逗留にちなんで、白雉二年（六五一）里人が白鳥明神を奉斎。のち永承年（一〇四六〜五三）源義家が奥州遠征の時、当地付近の海を渡るに際し、白い鳥が道しるべとなって軍を渡すことが出来たの白鳥明神の加護と感じて、社名を鳥越明神と称したという（『神道事典』他）。

参　拝

十六件、うち自参が四代義格四件、代参十二件。代別では四代義格代十一件、五代義峯代三件、六代義真代、七代義明代各一件。事由は年始六件、祭礼四件である。この祭礼を事由とする代参日は享保二年（一七一七）が五月九日、同六年（一七二一）が六月一日、宝永四年（一七〇七）、享保九年（一七二四）および宝暦四年（一七五四）が各六月九日と不定である。これは祭日の変更による可能性が高いが、一般に祭日は変わらないことを考えれば、なぜ祭日が変更したものか関心をよぶ。当明神に対する義格の参拝は突出する。ちなみに宝永七年（一七一〇）、正徳元年（一七一一）の各正月十九日、義格は佐竹氏祖と伝わる新羅明神と並んでもっぱら当明神へ参拝した。とくに正徳元年には熨斗目長袴《のしめながばかま》を着用、魚類の御膳をとり、行水にて参拝した。また同年四月十七日義格は（将軍家からカ）御拝領の銀子五百枚の内十枚を奉納した。これらは文人藩主と伝わる義格が当明神の八幡太郎義家伝説に惹かれたのかとも想像できるが、委細は判らない。

○宝永元年（一七〇四）一月三日（四代義格代）
小姓（氏名不詳）、今朝代参遣され候七ケ処の一。後掲資料一。

○宝永三年（一七〇六）九月九日（四代義格代）
後藤理左衛門祐元（のち歩行頭）。今朝十三ケ処代参の一。後掲資料一。

○宝永四年（一七〇七）一月一日（四代義格代）
渋江十兵衛（側勤大番頭）、長袴着用、神田鳥越へ、各銀一枚。三巻一二四頁。

○宝永四年（一七〇七）六月九日（四代義格代）
岡半之丞。祭礼ニ付。銀子一枚。三巻一二四頁。

○宝永五年（一七〇八）一月一日（四代義格代）
小瀬縫殿助、神田鳥越へ。三巻一二四頁。

○宝永六年（一七〇九）五月十七日（四代義格代）
義格、上野御宮、鳥越明神へ。二巻八三一頁。

○宝永七年（一七一〇）一月一日（四代義格代）
大番頭須田内記、鳥越へ。白銀十両。三巻一一二五頁。
○宝永七年（一七一〇）一月十九日（四代義格代）
義格、御膳前新羅、四ツ時鳥越両明神へ。各銀一枚。二巻八三二頁。
○正徳元年（一七一一）一月十九日（四代義格代）
義格、熨斗目長袴、魚類の膳召され、行水、新羅鳥越明神へ。鳥越へ銀一枚。二巻八三二頁。
○正徳元年（一七一一）四月十七日（四代義格代）
義格、鳥越明神へ。御拝領銀子五百枚の内十枚。二巻八三二頁。
○正徳四年（一七一四）一月一日（四代義格代）
白川七郎兵（番頭）。白銀一枚。三巻一一二五頁。
○享保二年（一七一七）五月九日（五代義峯代）
田崎治左衛門。歩行頭。祭礼ニ付。銀一枚。三巻一一二五頁。
○享保六年（一七二一）六月一日（五代義峯代）
御城使（使者を以て遣したが御服中に付）。祭礼ニ付。銀一枚。三巻一一二六頁。
○享保九年（一七二四）六月九日（五代義峯代）
祐元。歩行頭。祭礼ニ付。銀一枚。三巻一一二六頁。
○宝暦四年（一七五四）六月九日（六代義真代）
刀番（氏名不詳）。祭礼ニ付。弐百疋。六巻四八八頁。
○宝暦九年（一七五九）一月一日（七代義明代）
刀番（同）鳥越へ、百疋。六巻四九一頁。

（4）湯島天神

現称湯島天満宮。通称湯島天神。旧称湯島神社（明治から平成十二年まで）。東京都台東区湯島。祭神は天之手力雄命《あめのたちからをのみこと》、菅原道真公。伝承によれば雄略天皇二年（四五八）勅命により創建。正平十年（一三五五）郷民が菅公を勧請、文明十年（一四七八）太田道灌が再建、天正十九年（一五九一）徳川家康が豊島郡湯島郷に朱印地を寄進。のち徳川五代将軍綱吉が湯島聖堂を昌平坂に移す。これによって湯島は文教の地として賑わう（『江戸学事典』他）。なお引用および本文中では『国典類抄』どおり湯嶋と表記する。

参拝

十件、うち自参が五代義峯一件、代参九件。代別では四代義格代一件、五代義峯代五件、六代義真代、七代義明代各二件。事由は年始三件、祭礼四件である。享保三年（一七一八）九月廿七日条（三巻一二六頁）は、「湯嶋天神祭礼は二月十日十月十日の年二度あったが、今年ヨリ両祭礼共ニ銀一枚宛奉納の旨仰せ出され候」と伝える。ところが祭礼を事由とする代参奉納の記録は元文四年（一七三九）、宝暦九年（一七五九）各二月十日、享保三年（一七一八）十月九日、宝暦元（一七五一）年十月十日と四例である。これを記録に遺らなかったと見るか、その他の理由があるのか今のところ判らない。

○宝永三年（一七〇六）九月九日（四代義格代）

後藤理左衛門祐元（のち歩行頭）。今朝十三ケ処代参の一。後掲資料一。

○享保三年（一七一八）十月九日（五代義峯代）

祐元。歩行頭。祭礼ニ付。白銀十両。三巻一二六頁。

○享保四年（一七一九）一月十九日（五代義峯代）

義峯、神田明神、湯嶋明神へ。各銀一枚。二巻八三三頁。

○享保十八年（一七三三）一月一日（五代義峯代）
川井円八郎、（中屋敷）稲荷、湯嶋、清水寺観音、浅草へ。三巻一二七頁。
○元文四年（一七三九）二月十日（五代義峯代）
祐元。祭礼ニ付。二百疋。三巻一二七頁。
○延享元年（一七四四）十二月十九日（五代義峯代）
代参者不詳、神田明神、湯嶋天神へ。少将昇進。金百疋ツヽ。三巻一二八頁。
○宝暦元年（一七五一）十月十日（六代義真代）
渡部源四郎。刀番。祭礼ニ付。金子二百疋。（差上）湯嶋喜見院より守札、供物各一台。六巻四八八頁。
○宝暦二年（一七五二）一月一日（六代義真代）
刀番（氏名不詳）、神田浅草湯嶋浅草稲荷中屋敷稲荷へ。各百疋。六巻四八八頁。
○宝暦九年（一七五九）一月一日（七代義明代）
刀番（氏名不詳）浅草神田湯嶋へ、各百疋。六巻四九一頁。
○宝暦九年（一七五九）二月十日（七代義明代）
小姓（氏名不詳）。祭礼ニ付。金子弐百疋。六巻四九一頁。

（5）上野両大師

上野の東叡山寛永寺境内にあった両大師堂をさす。両大師とは平安時代の天台僧良源（私称、元三大師《がんさんだいし》）と、江戸時代の天台僧天海（慈眼大師）をいう。良源は比叡山中興の祖、十八代天台座主。天海は家康側近の政僧。「東叡山寛永寺元三大師縁起」で元三大師信仰と寛永寺を結んでいたが、のち慈眼大師の伝記が付加され、延宝八年（一六八〇）「両大師縁起」が刊行されるなど両大師信仰が広がった（『密教辞典』『江戸学事典』他）。

神祇ではないが佐竹氏の信仰を考える上で重要なので考察する。

参拝

五件、うち自参が四代義格一件、代参四件。代別では四代義格代四件、七代義明代一件。明らかな事由は年始三件である。表記は上野両大師、元三大師、（上野）大師、上野御宮とある。なお宝永七年（一七一〇）の正月三日の代参が「如例年」とあるので、これ以前にも代参があったはずだが、記録は伝わらない。

○宝永元年（一七〇四）一月三日（四代義格代）
小姓（氏名不詳）、今朝代参遣され候七ケ処の一。後掲資料一。

○宝永三年（一七〇六）九月九日（四代義格代）
後藤理左衛門祐元（のち歩行頭）。今朝十三ケ処代参の一。後掲資料一。

○宝永六年（一七〇九）五月十七日（四代義格代）
義格、上野御宮、鳥越明神へ。二巻八三一頁。

○宝永七年（一七一〇）一月三日（四代義格代）
小介川庄左衛門。徒頭。上野両大師。如例年。三巻一一五頁。

○宝暦九年（一七五九）一月一日（七代義明代）
小姓（氏名不詳）元三大師へ、弐百疋。六巻四九一頁。

(6) 清水寺千手観音

現称江北山清水寺《こうほくさんせいすいじ》。東京都台東区松が谷。江戸三十三観音霊場二番。同寺縁起によれば、天長六年（八二九）天下疾病大流行し、淳和天皇の命により慈覚大師が一刀一礼して千手観音一体を刻して、武蔵国江戸平河（今の千代田区平河町）に当寺を開創した。慶長年中に中興、のち江戸馬喰町に移り、明暦三年（一六五七）現在地に再興された。本尊千手千眼観音。江戸三十三観音霊場二番（一番は浅草観音）（『江戸学事典』他）。神祇ではないが佐竹氏の信仰を考える上で重要なので考察する。
参　拝

参拝は五代義峯の自参三件と義峯代の代参一件。義峯の自参は享保元（一七一六）一件、享保三年（一七一八）中の二件と短期間の集中である。そのご十五年を経た義峯代の代参一件を見るが、事由は何か、義峯は何を祈願したのかは今後の研究による外ない。ただし、これらの事はこの研究で初見できた。

○享保元年（一七一六）一月廿五日（五代義峯代）
義峯、浅草観音、清水寺観音へ。清水寺へ三百疋。二巻八三三頁。
○享保三年（一七一八）六月十九日（五代義峯代）
義峯。参観初御参。銀一枚。二巻八三三頁。
○享保三年（一七一八）九月廿三日（五代義峯代）
義峯。白銀十両。二巻八三三頁。
○享保十八年（一七三三）一月一日（五代義峯代）
川井円八郎、（中屋敷）稲荷、湯嶋、清水寺観音、浅草へ。三巻一二七頁。

小　括

以上のとおり、佐竹氏の江戸市中諸社の参拝事例の様相を見た。資料とした『国典類抄』の制約によるものか、事例数は限られたとする感触を拭えないが、参拝諸社も主に浅草、神田、鳥越、湯嶋などであることに気付く。このほか江戸市中には山王権現（日枝神社、千代田区永田町）、根津権現（根津神社、文京区根津）、富岡八幡（富岡八幡宮、深川八幡とも称す、江東区富岡）など信仰をあつめた有力な諸社があったが、これらに参拝した様子がない。これは佐竹氏の江戸藩邸の所在地からの遠近と関係するかとも推測されるが、そもそも参拝する諸社の選択はいかなる基準によったものか、佐竹氏の信仰の有り様を含めて、なお全体像が見えてこない。

［資料一］市中社の多所連拝

参考までに『国典類抄』から多所の連続参拝を抄出する。

○宝永元年（一七〇四）一月三日（四代義格代）

小姓（氏名不詳）、今朝代参遣され候所々、新羅大明神、（上野）元三大師、神田大明神、鳥越大明神、浅草観音、（同処）粟嶋大明神、浅草大六天《原ママ》。三巻一二四頁。

・代参者は小姓頭梅津与藤次か（佐竹家譜）。

・なぜか湯嶋天神が見えない。

○宝永三年（一七〇六）九月九日（四代義格代）

後藤理左衛門祐元、今朝明け六（六時頃）ニ御屋敷を出で、方々十三ケ処代参勤め、四ツ時（午前十時頃）ニ帰った。（御屋敷）新羅明神、（鳥越）明神、（御馬屋かし黒舟丁）大六天、（同断）八幡、（同断）弁天、（浅草）観音、（浅草観音寺内安左衛門）稲荷、（同寺内両脇）仁王、（同寺内）普賢、（上野）大師、（湯嶋）天神、（神田）明神へ。三巻一二四頁。

・十三ケ処／十二ケ処しか見えない。

（参考）延享元年（一七四四）一月一日（五代義峯代）

神田、湯嶋、浅草へ年始初尾二百疋宛の処今年より百疋減ず。二巻八三五頁。

第九章　鹿目、秋葉、愛宕（関係社）

(1) 鹿目不動

相模大山（おおやま）は現神奈川県丹沢山塊東端の端正な山（標高一二四六ｍ）を指し、古来信仰をあつめ、別名を雨降《あふり》山また阿夫利《あふり》山という。山頂に石尊社、山腹に不動堂、その周辺に八大坊があった。

○延宝三年（一六七五）四月廿六日（三代義処代）

御曹子代参として、明日大山の鹿目不動に代参に付き、川井五郎兵衛が、屋形様より銀子二枚下し置かる。これは屋形様若年の節、大和作左衛門の代参例による。三巻一二〇頁。

・御曹司／義処長男の義苗（よしみつ）。

○享保元年（一七一六）二月十二日（五代義峯代）

大山不動別当鹿目坊、居宅大破に及び度々願い申し出に付き、銀子三枚遣された。十八巻三四七頁。

（注）安永三年（一七七四）大山鹿目坊は上屋敷が普請なったので火防祈祷と御守札の差上げを、古来の書付写を持参し願い出た。断るのも難しく請納した。その書付は確かなものではないが、次のとおりである（十二巻、九〇八頁、抄出）。

寿永元年（一一八二）秀義公より末代御祈祷処に仰付けられた。それは頼朝公より御紋を給ったことで、武運長久と吉事のため相州大山石尊宮と不動尊へ立てられた代参が、鹿目坊へ一宿され、その折り末代の御祈祷処とされた。

（2）秋葉権現

秋葉（あきは）神社。秋葉山（標高８６６ｍ）付近（浜松市天龍区）に鎮座。創建は古代に遡るが、江戸時代、秋葉大権現の名で著名な火防《ひぶ》せ神として定着した。これが国元の連続大火のため参拝となった理由であろう。

○明和七年（一七七〇）六月カ（八代義敦代）

多助、京都屋敷門番の内。同屋敷を五月廿八日出立、六月八日帰。初尾銀二枚。守札は秋田へ一通、江戸へ一通、計二通（各十枚）申請く。国元三月十四日土崎湊出火、四月七日同廿九日久保田外町出火、何れも大火に付、秋葉権現の神前で火防盗難の祈祷を勤め、守札を申受くよう相談し、（左記忠運が）多助を遣す。相談者にもよるが藩主の代参かと推定。六巻四九五頁。

（3）愛宕山

愛宕（あたご）神社。山城・丹波国境の愛宕山（標高九二四ｍ）山頂（京都市右京区嵯峨愛宕町）に鎮座。神仏習合時代は愛宕権現を祀る。火伏せ防火に霊験があると伝わる。これが国元の連続大火のため秋葉権現と並んで参拝となった理由であろう。なお東京都港区の愛宕神社は徳川家康の創建で勝軍地蔵菩薩を勧請。

○明和七年（一七七〇）六月八日（八代義敦代）

本方奉行、石井忠運。愛宕山参詣。宿坊福寿院に火防祈祷を頼み、神前にて加持あり。守札二通を申請く。同十四日（忠運）秋葉山・愛宕山の守札一箱を秋田へ下ス。六巻四九五頁。

小　括

大山の鹿目不動は御曹司（義苗）の代参一件である。これは三代義処若年の代参例によると記録されているので藩主ではないが掲出した。祈願は何だったのかは未詳。秋葉権現、愛宕山の明和七年（一七七〇）各一件は国元における両度の大火のため、当該限りの現世利益的な火防祈願である。

第四部　秋田時代の神々（其の二）

第四部では佐竹氏が秋田時代に奉じた神々のうち、第十章では江戸邸内に祀られた新羅社と稲荷を、第十一章では久保田領内で祀られた三国社とその他有力社を取り上げる。第十章と関係する江戸藩邸については特定研究五で取り上げる。

第十章　新羅社、稲荷（江戸邸内社）

(1) 新羅社

江戸邸内に勧請された新羅社は氏祖新羅三郎義光と関係が深い新羅明神を祀る。当明神は園城寺《おんじょうじ》（滋賀県大津市、通称三井寺《みいでら》）の鎮守神である（特定研究一）。常陸時代に新羅社を勧請した形跡がない。江戸邸内では三代義峯勧請の伝承を伝えるが（後掲享保十七年五月八日条）、委細不詳である。資料上では秋田城内に新羅社が祀られた記録を見ないが、新羅社が存したとも仄聞《そくぶん》する。なお新羅社は新羅明神を祀る社であって義光廟ではない。

○元禄十六年（一七〇三）十二月十九日（四代義格代）

代参。新羅社に於て元光院をして護摩供を修せしむ。家譜。

○宝永元年（一七〇四）一月三日（四代義格代）

代参（小姓）。（同日、上野元三、神田、鳥越、浅草、同栗嶋、同大六天を連拝）。三巻一二四頁。家譜。
○宝永二年（一七〇五）一月十九日（四代義格代）
藩主。新羅社に詣す。家譜。
○宝永三年（一七〇六）九月九日（四代義格代）
代参（後藤祐元）。同日朝明六（六時）屋敷を出、新羅から十三処を連拝、四ツ時（十時）帰る。三巻一二四頁。
○宝永四年（一七〇七）一月一日（四代義格代）
代参（井上藤右衛門）。三巻一二四頁。
○宝永五年（一七〇八）一月一日（四代義格代）
代参（小姓頭）。白銀一枚（家譜）。如例年。三巻一二四頁。
○宝永五年（一七〇八）一月十九日（四代義格代）
藩主。今朝御膳前。例年正五九月御参詣。御供は番頭・小姓頭・徒頭・刀番各一人、側小姓・表小姓各二人、徒者五人、長刀は出ず。二巻八三一頁。
・藩主参詣は例年正月、五月、九月という。
○宝永六年（一七〇九）一月一日（四代義格代）
代参。白銀一枚。鳥越に連拝。家譜。
○宝永六年（一七〇九）五月十九日（四代義格代）
藩主。今朝御飯前。御供は例の如く予（御相手番山方泰護）、小姓頭・徒頭各一人、刀番二人、側小姓一人（病気故）、表小姓二人、徒五人、長刀・草履取。元光院勤仕。二巻八三一頁。
○宝永六年（一七〇九）十二月十一日（四代義格代）

代参（小姓頭）鎧召初《よろいめしそめ》の節なり。二巻八三一頁。三巻一二四頁。
○宝永七年（一七一〇）一月一日（四代義格代）
代参（小姓頭）。鳥越に連拝。白銀十両。三巻一二五頁。
○宝永七年（一七一〇）一月十九日（四代義格代）
藩主。今朝御膳前。二巻八三一頁。
○宝永七年（一七一〇）五月十九日（四代義格代）
藩主。御朝飯前。長袴。別火の魚類料理を召上る。供侍七人・小姓・徒五人・長刀。元光院参られ護摩執
行。二巻八三一頁。
・服忌により別火の料理をとったと伝える。
○正徳元年（一七一一）一月十九日（四代義格代）
藩主。熨斗目長袴《のしめながばかま》。魚類膳。行水。二巻八三一頁。
○正徳二年（一七一二）八月十九日（四代義格代）
藩主。参府以後初に付き銀一枚。二巻八三二頁。
○正徳四年（一七一四）九月十九日（四代義格代）
藩主。今朝六ツ半（七時）過。二巻八三二頁。
○正徳四年（一七一四）一月一日（四代義格代）
代参（留守居徒頭《るすいかちがしら》）。如例年。三巻一二五頁。
○享保二年（一七一七）九月十九日（五代義峯代）
例年今日新羅社にて護摩執行されるが、類焼に付き元光院にて執行。二巻七八五頁。
・当社別当らしい元光院の所在は上野（享保十三年九月十九日条）、真言宗カ。

○享保二年（一七一七）十二月十九日（五代義峯代）
新羅社は当度御屋敷類焼の節炎上の故、造営ニ付き今日遷宮の御心ニて元光院御越し、護摩執行。銀子一枚。二巻七八六頁。

（山方泰護家老日記、同日条）御社出来、上野元光院参られ祈祷致す。迁宮なれど指して其式は無之候。右御社は秋田大工共普請致す。代参は用人の半田作左衛門に申渡す（二巻七八六頁）。また代参は用人の半田佐左衛門）、初尾白銀一枚（三巻一一六頁）。
○享保三年（一七一八）四月十九日（五代義峯代）
藩主。四ツ時（十時）。四月朔日上着。金二百疋。二巻八三二頁。
○享保五年（一七二〇）九月十九日（五代義峯代）
新羅社造営出来、今朝迁宮ニ付て元光院お越し、護摩執行。代参（番頭）。銀一枚。二巻七八六頁。
・享保二年十二月十九日遷宮との関係は検証を要す。
○享保十七年（一七三二）五月八日（五代義峯代）
義堅（当時、嗣予定）のお尋ねに対する家老今宮義透の書上はいう。二巻七八六頁。
①義光公の忌日は大治二年十月二十日、屋敷内新羅社の祭礼等は十九日、これ如何／十九日は近江国三井寺内の新羅大明神の祭日による。
②御宮は新羅三郎様の御座と思うが／左に非ず。三井寺の新羅大明神の尊崇なり。
③徳雲院様（三代義処）の御代、此の屋敷に新羅御宮を祭ると伝え聞く。
○享保十三年（一七二八）九月十九日（五代義峯代）
代参（番頭）。祭礼。上野元光院参る。白銀一枚。三巻一一六頁。
○寛保三年（一七四三）十一月一日（五代義峯代）

新羅社先達より普請有之処、出来に付き今日迁宮、元光院お越し、祈祷有之。白銀十両。二巻七八七頁。
○宝暦元年（一七五一）九月九日（六代義眞代）
代参。元光院弟子参り祈祷あり。六巻一四八頁。
○宝暦二年（一七五二）正月一日（六代義眞代）
代参（番頭）。藩主在国。金子二百疋。六巻二〇四頁。
○宝暦二年（一七五二）五月十九日（六代義眞代）
藩主。帷子長袴。白金十両。参勤以後初。稲荷連拝カ。六巻二〇四頁。
・帷子（かたびら）／裏を付けない衣服の総称。ひとえもの。
○宝暦二年（一七五二）九月十九日（六代義眞代）
代参。今朝元光院御越し護摩執行。六巻一四八頁。
○宝暦三年（一七五三）正月一日（六代義眞代）
代参（大番頭）。金子二百疋。六巻二〇四頁。
○宝暦四年（一七五四）正月十九日（七代義明代）
代参（用人）。護摩執行。元光院代僧一人伴僧二人。六巻一四九頁、六巻二〇五頁。
○宝暦四年（一七五四）正月廿六日（七代義明代）
藩主。のしめ長上下。相続後初。六巻二〇五頁。
○宝暦四年（一七五四）五月十九日（七代義明代）
藩主。染帷子長袴。六巻二〇五頁。
○宝暦四年（一七五四）九月十九日（七代義明代）
藩主。のしめ長袴。即帰殿。六巻二〇六頁。

○宝暦八年（一七五八）五月十九日（八代義敦代）
藩主。公、嗣立の後初て邸中新羅社に詣す。家譜。
○宝暦八年（一七五八）六月一日（八代義敦代）
今日の事（嗣立の拝謝）に仍て邸中新羅社并に総泉寺の諸廟に（略）代告せしむ。家譜。
○宝暦九年（一七五九）正月一日（八代義敦代）
代参（大番頭）。金子二百疋。六巻二〇六頁。
○宝暦九年（一七五九）八月十五日（八代義敦代）
藩主。銀子一枚。帷子長袴。家督後初。六巻二〇五頁。
○明和三年（一七六六）四月廿五日（八代義敦代）
藩主。白銀十両。参府後初。六巻二〇五頁。
○安永四年（一七七五）二月一日（八代義敦代）
代参。金子二百疋。直丸様（のち義和）誕生初宮参。六巻二〇七頁。

小括

新羅社は江戸諸屋敷のうち参勤中の藩主が常在する上屋敷にのみ勧請された。藩主の直参は宝永二年（一七〇五）四代義格代以降で、義格八回、五代義峯・六代義眞代各一回、七代義明二回、八代義敦代三回である。但し義格代の宝永五年（一七〇八）一月条は藩主参詣が例年正月、五月、九月と伝えるので、史料に記録されない参拝があったに違いない。前述のとおり江戸邸内では三代義峯勧請の伝承を伝えるが（享保十七年五月八日条）、義峯代の参拝は伝わらない。

なお、志立正知『〈歴史〉を創った秋田藩』は、『佐竹家譜』によって邸内新羅社の参拝をあげているが（一五～一六頁）、元禄十六年（一七〇三）十二月十九日条の義峯は失当で義格、第二十六世（五代）義真の元文五年（一七四〇）閏七月十二日条の、五代は誤りで六代である（また当時は家督前でもある）。

（2）稲荷

佐竹氏の稲荷信仰はかなり厚く時代も遡る。一説よれば、佐竹氏中祖の常陸十三代義人が野狐五疋出て稲を運ぶ夢を見給う（『伊頭園茶話』二七巻）によって、応永二十三年（一四一六）伏見稲荷を勧請したと伝える。江戸の諸屋敷に稲荷社が祀られていた。常陸当時は太田稲荷と称し、のち秋田城内にも稲荷社が祀られた。

○元禄十一年（一六九八）五月廿九日（三代義処代）

御屋敷ニ頃日《けいじつ》、稲荷大明神の小社建立。姫様方千代丸様寄進品々有り、并に女中其外白銀青銅寄進。此の稲荷社は元六軒丁商人の地ニ古キ社有之処ニ、今度故有て新ニ小社建立。二巻七八七頁。

・姫様方／岩（十二歳）、久（十歳）、源（二歳）カ。

・千代丸／四代義格の幼名。当時五歳。

・「古キ社」は佐竹氏由来の稲荷を指すか後考を要す。

○元禄十一年（一六九八）六月十二日（三代義処代）

七軒町借地、稲荷小社破損に及び、建立、今日御堂入り。姫様方千代丸様寄進物有リ。二巻七八七頁。

・下谷七軒町稲荷神社悉く破壊す。義処これを建立す。今日（六月十二日）遷宮あり。（義格）神具を若干寄付す。家譜。

・本条と右五月廿九日条は同じ事実と目される。従来七軒町の借地にあった稲荷が破損し、御屋敷に建立されたと伝える。

○享保四年（一七一九）二月三日（五代義峯代）

初午《はつうま》ニ付き処々御屋敷稲荷え御初尾奉納、但し柳原御屋敷へは今年より奉納也。二巻七八七頁。
○宝暦二年（一七五二）正月一日（六代義眞代）
代参（番頭）。新羅社連拝。在国也。六巻二〇四頁。
○宝暦二年（一七五二）二月二日（六代義眞代）
初午。代参。各百疋。上屋敷／刀番。浅草・中・日暮里屋敷／小姓。六巻二〇四頁。
○宝暦二年（一七五二）五月十九日（六代義眞代）
藩主カ。二百疋。新羅社連拝カ。上屋敷。六巻二〇四頁。
○宝暦三年（一七五三）正月一日（六代義眞代）
代参。各百疋。上屋敷／大番頭。中・浅草屋敷／刀番。日暮里屋敷／小姓。六巻二〇四頁。
○宝暦四年（一七五四）正月一日（七代義明代）
代参。各百疋。上屋敷／用人。浅草・柳原・浜町屋敷／刀番。日暮里屋敷／小姓。六巻二〇五頁。
○宝暦四年（一七五四）二月二日（七代義明代）
代参。初午。各百疋。上屋敷／刀番。浅草・中・日暮里・浜町屋敷／小姓。浜町稲荷へは今年より奉納。

六巻二〇五頁。
○宝暦九年（一七五九）正月一日（八代義敦代）
代参。各百疋。上屋敷／番頭代。浅草・柳原屋敷／刀番。新堀屋敷／小姓。六巻二〇六頁。
○宝暦九年（一七五九）二月七日（八代義敦代）
代参。初午。各百疋。上屋敷／刀番。中・浅草・浜町・新堀屋敷／小姓。六巻二〇六頁。
○宝暦九年（一七五九）八月十五日（八代義敦代）
藩主。帷子長袴。家督後初。金子二百疋。上屋敷。新羅社連拝。六巻二〇六頁。

○明和三年（一七六六）四月廿五日（八代義敦代）

藩主。参府後初。上屋敷。六巻二〇六頁。

小　括

江戸の上中下等の諸屋敷に稲荷が祀られていたことが判る。参勤中の藩主が常在する上屋敷に限り勧請された新羅社とは対照的である。これほどの佐竹氏の稲荷信仰は注目されてよい。ただし当時の江戸屋敷とその所在地は錯綜していて容易に理解できない（特定研究五）。

第十一章　三国社、他（久保田領内社）

【A　一般社参】（筆者造語）[注a]

時季や祈願内容が特定的でない社参を指す。

（注a）第二巻前編吉部四四（七五四～七九〇頁）、第六巻後編吉部四九（一〇三～一三三頁）、同五〇（一三四～一五〇頁）に記された社参、ならびに第三巻前編吉部五一（一〇七～一一八頁）、第六巻後編吉部五九（四七二～五〇四頁）に記された領内社参のうち筆者が記事内容からAに振り分けた社参を指す。「家譜」による加筆を含む。

（1）三国社

三国社とは羽宇志別《はうしわけ》神社（保呂羽山《ほろはさん》）、塩湯彦《しおゆひこ》神社御嶽山《みたけさん》）、副川《そいかわ》神社（神宮寺嶽、のち高岳山に移転）の三社をいう。この三社は出羽国北部（ほぼ秋田県域）のうち横手盆地に鎮座した式内社で、かつて国司が幣帛《へいはく》を献ずる国幣社《こくへいしゃ》であったので国社《こくしゃ》と称したに違いない。正徳四年（一七一四）中絶していた塩湯彦副川の両社が、吉田家の吟味を経て、国社に取り立てられた。材木等は社人大頭《おおとう》の大友氏へ下付され、藩内家中の奉加を以て建立された。享保十年（一七二五）高岳山国社が大風で破損、これより先御嶽国社が破損、両社修復料として銀壱貫目が下された。同十一年（一七二六）三社に社領高として各三十石が献納された。御嶽高岳両社の祠官は大友治部少輔が兼務した（二巻七七三頁以下）。

a宝暦六年（一七五六）九月十六日（義明代）

保呂羽三嶽両御堂普請出来、遷宮に銀三枚宛奉納か相伺。六巻一一三六頁。

b宝暦十三年（一七六三）三月十二日（義敦代）
当八日保呂羽御堂（三間四尺四面宮殿）、野火入り候て無残焼失。天平宝字の建立より焼失不承（引用注、焼失は記録伝承なしを指す）。六巻一三六頁。
c安永四年（一七七五）十月八日（義敦代）
保呂羽御社普請出来、当三日遷宮済。六巻一四〇頁。
○寛文八年（一六六八）四月十四日（義隆代）
根田治部助、今日出立、十六日保呂羽山へ代参、神馬奉納、両別当へ銀子一枚宛。三巻一〇七頁。
○享保七年（一七二二）十月八日（義峯代）
領内近年ない豊熟、今日保呂羽御嶽へ内匠、高岳へ宇留野源太郎代参下命。一社へ銀三枚。三巻一一三頁。
○享保十年（一七二五）八月廿一日（義峯代）
此度梅津内蔵允、保呂羽御嶽へ代参。三巻一一四頁。
○享保十年（一七二五）八月廿六日（義峯代）
今日小野崎伊織、高岳へ代参ニ出足。三巻一一四頁。
○寛延元年（一七四八）四月十七日（義峯代）
為国家安全、国社へ戸村酒之丞宇留野源太郎遣され候由。三巻一一九頁。
○寛延三年（一七五〇）六月廿四日（義眞代）
為五穀成就三社へ家老内膳今日出立。六巻一三五頁。
○宝暦元年（一七五一）八月廿九日（義眞代）
入部後初、三社へ須田内記代参下命。九月十一日条一昨日九日帰着。六巻四七二頁。
○宝暦六年（一七五六）六月十三日（義明代）

三国社へ代参、出足。家老梅津外記。六巻四七四頁。
○宝暦十年（一七六〇）四月十五日（義敦代）
三社へ代参、御相手番小場源左衛門、六日出立、十三日帰。六巻一三六頁。四月十三日条仙北下国社へ代参、昨晩帰。六巻四七五頁。
○宝暦十一年（一七六一）五月七日条、義敦代
仙北国社へ代参、十一日出足、昨晩帰。渋江内膳。六巻四七六頁。
○宝暦十一年（一七六一）十月九日（義敦代）
当五日下仙北三社へ、寺社奉行疋田太夫代参被仰付。六巻四七六頁。（国社代参随従の）上下人数は領内上下定ニより高四百石より九百石迄九人故御伺の上其の通り。六巻一三六頁。
○宝暦十二年（一七六二）五月廿五日（義敦代）
国社へ代参。御相手番向庄九郎当廿七日出足、（御供人数）二十三人。六巻一三六頁。（廿九日保呂羽、六月二日御嶽、五日高岳へ登拝、六巻四七六頁以下。委細は特定研究ニに後掲する。
○宝暦十三年（一七六三）七月六日（義敦代）
三国社代参、明日出立。御相手番小野崎藤太郎。六巻四八二頁。
○明和元年（一七六四）一月三十一日（義敦代）
国社代参、今日出足。真崎兵庫カ。六巻四八二頁。
○明和二年（一七六五）七月廿一日（義敦代）
国社代参、明日出足。御相手番須田美濃。八月一日条昨晩帰着。六巻四八二頁。（参考六巻一三八頁以下）
○明和六年（一七六九）八月五日（義敦代）
国社三社へ代参、今日出足。御相手番小野岡四郎。十四日条昨日帰。六巻四八六頁以下。

小括

国社制は正徳四年（一七一四）に定立されたが、これより先寛文八年（一六六八）秋田二代義隆が代参し、以降定立の翌年に没した四代義格を除いて歴代藩主が代参、崇敬したことが明らかになった。ただし藩主直参の例はない。このことは佐竹氏は地域統合の信仰として国社をそれなりに重視したが、最重視した義家を奉ずる擬制の八幡信仰には及ばなかったことを示す。

(2) 諏訪社

佐竹氏代々の帰依社ニテ、慶長十五年（一六一〇）創立。明治八年村社、同十九年焼失、同二十一年再建、保戸野すわ町鎮座。現称保戸野神社（秋田県神社明細帳）。

a寛文三年（一六六三）十二月廿一日（義隆代）

八幡宮、諏訪建立成る。金具の擬宝珠（ぎぼうし）は上方より下す。二巻七五五頁。

○元禄八年（一六九五）九月廿六日（義処代）

八幡稲荷諏訪へ参詣。二巻八二〇頁。

○元禄十一年（一六九八）一月廿六日（義処代）

諏訪へ参詣。二巻七六〇、七六六頁。

○正徳三年（一七一三）六月廿八日条（義格代）

八幡宮及び諏訪、金砂に社参す。家譜。

○明和六年（一七七三）七月廿四日（義敦代）

九ツ時出座、諏訪。粽巻（ちまき）。六巻一四一頁。

（3）惣社

惣社神明の二社は御城本丸の旧三森山に勧請されていたが、義宣の築城で川尻村下浜稲荷社内（注、したはま、秋田市楢山川口境）へ仮遷座、下浜は低地多湿で元禄七年（一六五九）川尻上野岱の仮社地へ遷座、宝永四年（一七〇七）同地（川尻村惣社前）に本遷宮され、以来川尻郷一帯（山王、川尻、川口、楢山）の鎮守として現在に至る。現称総社神社（二巻七七六頁以下、秋田県神社明細帳、当社古記由緒録）。

a元禄六年（一六九三）九月五日（義処代）

惣社神明の社地として長サ百二十間幅五十間が下付される旨、当二日評定極まる。二巻七七七頁。

b宝永二年（一七〇五）十月十四日（義格代）

川尻豊前守の口上書に「河尻神明并惣社大明神」とある。二巻七七七頁。

c宝永四年（一七〇七）八月十三日（義格代）

川尻惣社の社地は御城普請で神明山から移転し、おいまわし（追廻）弘願院の近所にあったが、上野ニ社地を取得し、当春御堂の普請がなり、当月十九日遷宮ある筈。二巻七七九頁。当六、七日川尻遷宮があった由。二巻七七九頁。

d明和二年（一七六五）六月十三日（義敦代）

上野惣社、御宮出来。六巻一四一頁。

○正徳三年（一七一三）七月二日条（義格代）

大八幡宮及び川尻神明に社参す。家譜。

○明和八年（一七七一）一月十六日（義敦代）

惣社へ代参。小瀬縫助。六巻一四一頁。

(4) 金砂《かなさ》

治承四年(一一八〇)三代秀義が源頼朝の兵責めで金砂山に篭城、建武三年(一三三六)尊氏方にあった九代義篤が南朝方の兵責めで同処に篭城、延徳二年(一四九〇)十五代義舜が佐竹氏内乱で同処に篭城、明応六年(一四九七)同処を攻めた山入氏に反撃し勝利などの神徳によって佐竹氏の信仰厚く、慶長七年(一六〇二)の国替では当初仙北郡六郷へ勧請、久保田城築城と共に同九年秋田寺町へ遷し、宝永七年(一七一〇)現地、保戸野金砂町へ移転した。金砂霊宮は未詳。秋田県神社明細帳。

○正徳三年(一七一三)六月廿八日(義格代)

大八幡宮及び諏訪、金砂に社参す。家譜。

[B 事由別社参](筆者造語)注b

時季や祈願内容が特定的な社参を指す。年始社参、参観社参、下国社参、不時社参、入部社参の区分は「国典類抄」による。

(注b)第二巻前編吉部四六(八二〇~一八三五頁)、第六巻後編吉部五二(一九〇~二〇七頁)に記された社参、ならびに第三巻前編吉部五一(二〇七~二二八頁)、第六巻後編吉部五九(四七二~五〇四頁)に記された領内社参のうち筆者が記事内容からBに振り分けた社参を指す。「家譜」による加筆を含む。

(1) 年始社参

年賀の社参。八幡とは正八幡をさす。

○延宝八年(一六八〇)一月十二日(義処代)

午上刻、八幡稲荷諏訪へ。供二名。二巻八二一頁。

○天和二年(一六八二)一月一日(義処代)

八幡へ。寺社奉行小野崎大蔵代参。三巻一〇八頁。

○元禄三年（一六九〇）一月十六日（義処代）
八幡諏訪へ。供二名。二巻八二一頁。
○元禄五年（一六九二）一月十六日（義処代）
八幡稲荷諏訪へ。二巻八二一頁。
○元禄六年（一六九三）一月一日（義処代）
八幡へ寺社奉行梅津内蔵丞代参。三巻一〇九頁。
○元禄七年（一六九四）一月廿九日（義処代）
午刻出城八幡大八幡諏訪へ。供三名。二巻八二一頁。
○宝暦四年（一七五四）一月二日（義明代）
今朝、八幡稲荷へ代参。為任官報告。六巻四七三頁。
○宝暦八年（一七五八）一月廿八日（義明代）
八幡稲荷、宝鏡院本尊同鹿嶋、金砂、諏訪両社、大八幡聖天一乗院本堂、神明惣社。供三名。小姓二人歩行三人。六巻一九〇頁。
○天明四年（一七八四）一月二日条（義敦代）
御城八幡始め諸社へ代参。寺社奉行。六巻四八八頁。

小括

年始社参の先は区々《まちまち》であるが、必ず八幡がある。社参先、順序は宝暦八年一月義明の直参が代表例と見る。

（2）参観社参（参勤社参とも）江戸参観（勤）に向け久保田城発駕前の社参。

○寛永六年（一六二九）八月十五日（義宣代）

朝八幡へ。二巻八二一頁。
○寛文八年（一六六八）七月二日（義隆代）
八幡稲荷へ。八幡銀子二枚。稲荷壱枚。供一名。二巻八二一頁。
○寛文十年（一六七〇）三月廿日（義隆代）
今朝八幡へ。神馬奉納。二巻八二二頁。
○延宝二年（一六七四）三月廿日（義処代）
午の刻八幡へ。神馬（芦毛）奉納。諏訪へ。供四名。二巻八二二頁。
○天和二年（一六八二）三月十三日（義処代）
八幡諏訪へ。供二名。二巻八二二頁。
○元禄九年（一六九六）二月七日（義処代）
諏訪稲荷八幡へ。二巻八二三頁。
○元禄九年（一六九六）二月廿八日（義処代）
四ツ半過諏訪八幡へ。供二名。二巻八二三頁。
○正徳二年（一七一二）三月十一日（義格代）
八幡稲荷金砂御霊宮、諏訪大八幡（一乗院寺内）、川尻惣社へ。八幡へ神馬奉納。八幡では御神躰（掛物）、
竹堂様筆二幅（応神天皇御尊影并ニ不動像）拝見。二巻八二三頁。
○正徳四年（一七一四）七月二日（義格代）
八幡稲荷諏訪金砂、大八幡惣社へ。八幡へ神馬代銀子二枚。供二名。二巻八二三頁。
○享保五年（一七二〇）三月十一日（義峯代）
八幡金砂諏訪大八幡惣社神明へ。二巻八二三頁。

○宝暦二年（一七五二）三月七日（義眞代）
八幡稲荷。八幡へ神馬奉納、馬代銀二枚。その外は寺社奉行相勤候。六巻一九一頁。
○宝暦六年（一七五六）三月十四日（義明代）
諸社へ。宝鏡院寺内鹿嶋本尊、一乗院寺内聖天へも。六巻一九一頁。
○明和三年（一七六六）三月十一日（義敦代）
八幡、稲荷、金砂、諏訪、大八幡、神明惣社へ。六巻一九二頁。
○明和五年（一七六八）三月十三日（義敦代）
今日吉日ニて発駕前諸社へ。御城八幡稲荷、金砂同所霊宮、諏訪、上野惣社。供四名。六巻一九二頁。
○安永元年（一七七二）四月十四日（義敦代）
矢橋東照大権現宮、神明惣社、諏訪、金砂霊宮、宝鏡院内鹿嶋へ。十九日八幡へ。六巻一九二頁以下。
○安永五年（一七七六）五月五日（義敦代）
両八幡稲荷へ。六巻一九四頁。
○安永七年（一七七八）九月廿九日（義敦代）
両八幡稲荷へ。その外は代参。六巻一九四頁。

小　括

同じく参観社参の先は区々である。社参先は時代、藩主によって変化したようにも見えるが、必らず八幡がある。明和三年、同五年、安永元年の義敦の直参は発駕前の繁忙を考えれば、篤実な信仰が推察される。

（3）下国社参　無事帰国報謝の社参。着城社参とも。

○天和元年（一六八一）六月三日（義処代）

巳刻八幡諏訪へ。八幡へ神馬奉納。供二名。二巻八二五頁。
○元禄二年（一六八九）九月廿六日（義処代）
八幡諏訪へ。八幡へ神馬奉納。二巻八二五頁。
○正徳五年（一七一五）七月四日（義格代）
八幡稲荷金砂、并ニ御霊宮諏訪大八幡惣社等へ。八幡へ神馬奉納。供一名。二巻八二五頁。
○享保四年（一七一九）六月廿一日（義峯代）
八幡稲荷金砂、并ニ御霊宮大八幡諏訪惣社へ。八幡へ神馬奉納。供四名。二巻八二五頁。
○宝暦七年（一七五七）七月二日（義明代）
八幡、稲荷、宝鏡院鹿嶋堂、諏訪、大八幡、惣社、金砂へ。八幡へ神馬代銀二枚。六巻一九四頁以下。
○明和四年（一七六七）九月廿八日（義敦代）
両八幡、金砂、諏訪、惣社、宝鏡院鹿嶋并本堂へ。八幡への神馬代は去年より金一両。六巻一九五頁。
○明和六年（一七六九）七月八日（義敦代）
八幡、稲荷、正《ママ》八幡、惣社神明、諏訪、金砂、宝鏡院へ。六巻一九五頁。
○安永四年（一七七五）九月五日（義敦代）
八幡稲荷大八幡。供三名外寺社奉行。六巻一九六頁。

小　括

下国社参の先は区々であるが参観社参とほぼ見合う。ここでも必らず八幡がある。

（4）不時社参

不定時、随時の社参。Aの社参との異同は不詳。
○延宝三年（一六七五）九月十四日（義処代）

八幡諏訪へ。供五名。二巻八二六頁。
○天和元年（一六八一）六月三日（義処代）
今日本山へ参詣の由。永禅院へ一宿。当代初の参詣なり。二巻八二六頁。引用注／寺院であるが引載。
○貞享五年（一六八八）一月九日（義処代）
八幡諏訪へ。二巻八二六頁。
○元禄六年（一六九三）七月九日（義処代）
八幡稲荷諏訪へ。初尾如例。二巻八二六頁。
○元禄十一年（一六九八）三月九日（義処代）
川尻神明惣社、稲荷三社へ今年始めて。初尾六百銭三貫文。二巻八二七頁。
○元禄十四年（一七〇一）七月十日（義処代）
古四王へ。二巻八二七頁。
○元禄十五年（一七〇二）四月三日（義処代）
御立願果し八幡始方々へ。神楽御上。二巻八二七頁。
○正徳元年（一七一一）十一月十五日（義格代）
今日宝鏡院へ、同寺内の鹿嶋大明神へ。熨斗目長袴。鹿嶋へ初穂六百銭一貫文。二巻八二七頁。
○享保三年（一七一八）三月十七日（義峯代）
六郷村熊野堂、金沢八幡へ（考、参勤道中也）。二巻八二七頁。
○享保五年（一七二〇）三月廿三日（義峯代）
辰の上刻豊嶋御立ち遊ばされ、境唐松権現へ。二巻八二七頁。
○享保五年（一七二〇）三月廿四日（義峯代）

今日神宮寺八幡、六郷熊野堂、金沢八幡へ。二巻八二七頁。
○宝暦二年（一七五二）二月廿九日（義眞代）
藤倉へ参詣。藤倉とは未詳。六巻一九六頁。
○宝暦三年（一七五三）十一月十一日（義明代）
八幡、稲荷、金砂、御霊宮、諏訪、愛宕へ代参。寺社奉行。六巻四七三頁。
○宝暦四年（一七五四）一月二日（義明代）
今朝八幡稲荷へ代参。任官為御知。六巻四七三頁。
○宝暦八年（一七五八）一月五日（義明代）
十三日八幡へヵ。六百銭一貫文。六巻一九六頁。
○宝暦十一年（一七六一）九月廿八日（義敦代）
八幡、稲荷、金砂、御霊宮、大八幡、諏訪、神明、惣社へ代参被仰付。梅津藤太。六巻四七六頁。
○宝暦十一年（一七六一）十月九日（義敦代）
当五日下仙北三社へ代参。寺社奉行。六巻四七六頁。
○安永元年（一七七二）四月十九日（義敦代）
両八幡、稲荷へ。供二名。六巻一九七頁。
○安永二年（一七七三）二月十三日（義敦代）
唐松権現へ代参下命。御前様懐妊。安藤郷太。六巻四八三頁。
○安永六年（一七七七）一月十六日（義敦代）
当十六日神明惣社へ代参。源蔵。六巻四八五頁。
○天明元年（一七八一）六月十九日（義敦代）

正八幡へ。供二名。六巻一九七頁。

小　括

不時社参の事由は必ずしも明らかでないが、義峯の享保五年境唐松権現、神宮寺八幡、六郷熊野堂、金沢八幡への連続直参は参勤途上と推定される。他方、享保三年義峯の参勤道中における六郷村熊野堂、金沢八幡への直参、安永二年（一七七三）義敦の御前様懐妊を理由とする唐松権現へ代参は事由が明らかである。

（5）入部社参　襲封後初の入国社参。

○正徳元年（一七一一）六月廿九日（義格代）

八幡稲荷諏訪金砂へ。入部後初に付八幡へ神馬奉納。二巻八二八頁。

○正徳元年（一七一一）七月九日（義格代）

一乗院の八幡、惣社へ。供六名。二巻八二九頁。

○宝暦元年（一七五一）九月一日（義眞代）

八幡同処稲荷金砂御霊宮諏訪大八幡惣社神明へ。八幡へ神馬（芦毛五才）奉納。供四名。六巻一九八頁。

○宝暦五年（一七五五）六月二日（義明代）

八幡、稲荷、金砂・霊宮、大八幡、惣社神明、諏訪。当日の詳細な参詣次第有り。六巻一九八頁。

○明和二年（一七六五）七月八日（義敦代）

今日吉日ニ付諸社へ参詣。詳細な参詣次第有り。六巻二〇〇頁。

小　括

入部社参の社参先は領国における佐竹氏の神祇信仰の肝要である。一見するところ年始・参観・下国社参の先とほぼ同じだが仔細は後日の考察を要する。奉納される神馬に御幣を立てるなど諸式の委細は二巻八二八頁）。

結章　神々への信仰

序では、「佐竹氏に関する研究は分厚いが、意外にも、これらの信仰を視点とする体系立った研究が見えてこない。本書は初めてそこにトライする」と切り込んだが、もとより筆者の力量を以てしては、またささやかな本書を以てしては、名乗り以来およそ七百年以上の歴史を閲《けみ》する佐竹氏の神祇信仰を網羅的かつ体系的に明らかにすることは難しく、為し得たわけでもない。

本書が対象とした時代は宗教的には神仏習合の時代である。序で述べたとおり、名族と称される武門の氏族が必ずや氏族統合と領国統合の信仰をもったとしても、また当時の武力が信仰とともに在ったとしても、その信仰は必ずしも神祇とは限らない。したがって本書で取り上げた時代情況では神祇信仰に自ずと限界があったことを承知しておかねばならない。しかしながら他方、神仏習合の時代であっても神道と仏教は並存し（一方が他方に吸収されず）、神々の加護と諸仏の功徳の間にはそれなりの異同があったことは分厚い神仏信仰史の成果が教えるところである。そうであれば、ひとまず神祇信仰を取り上げて研究することは決して意義のないことではない。

さらに武門の氏族がもった氏族統合と領国統合の信仰であるが、その内実は普遍的な神仏帰依などではなく、氏族統合であれば自らの氏族や宗族（本家、又は本家と分家）の繁栄と永続を第一義とし、領国統合であれば領民の生活や暮らしよりも自らの領国経営の安寧《あんねい》を優先させた祈願であったことを忘れてはならない。佐竹氏が入部した近世秋田においても飢饉や暴政に反発した農民一揆が絶えなかったことは歴史の伝えるところである[01]。

本書が取り上げた主題のうち、連綿する八幡および稲荷信仰（第一部）と、秋田時代に奉じた神々（第三、

第四部）はかなり網羅的な考察をなし得た。他方、常陸時代に奉じた神々（第二部）に関してはおよそ四百五十年に及ぶ信仰を起請文と転封時の願文という限られた史料から瞥見《べっけん》するに止まった。また秋田時代の神々（第三、第四部）にしても主として『国典類抄』に依拠し、『政景日記』『佐竹家譜』とその他資料をもって補筆するに止まった。関係資料を総動員した研究というわけではない。

さらに秋田時代に奉じた神々（第三、第四部）に関しては、そもそも藩主の参拝（直参代参）、奉献などの事例をもって佐竹氏の神祇信仰の実相にまで踏み込めるのかという根本的な問いが発せられるかも知れない。実は筆者もすこぶる煩瑣《はんさ》で神経を要する解読と編集作業を繰り返すなかで、常に念頭から離れない問いであった。しかしながら「真理は細部に宿り給う」の諺《ことわざ》が真実とすれば、筆者はこれを信ずるのであるが、今まがりなりにも解読と編集作業をおえてみて、これまで先行研究では見えなかった幾つかの新しい知見が得られたと感懐する。意外かも知れないが、筆者にとってその最たるものが伊勢参拝において代参人の出立に先だち藩主「御目見《おめみえ》」の儀式が行なわれ、参拝後には代参人が伊勢から持参した御祓《おはらい》等を藩主に指上げ、之れを藩主が頂戴する「指上頂戴《さしあげちょうだい》」の儀式が行なわれたことであった。これは煩瑣な研究作業があったればこそ初めて見えてきた成果である。このほか本書で明らかになった主要点は次のとおりである。

①常陸佐竹氏の八幡信仰について

常陸佐竹氏は勧請した馬場八幡、若宮八幡を格別に崇敬したはずだが、にも関わらず度々の起請文や転封時の必死の願文で見る限り、形式や文言の制約あったにしても、八幡神（大菩薩）は別格扱いや特別視された様子は窺えない。なぜか信仰する神々群の一つに止まった。

②秋田佐竹氏の神祇信仰について

秋田佐竹氏は累代信仰した両八幡（ただし大八幡は後代）および稲荷を久保田城内社として厚く祀った他、皇祖神を別格に江戸邸内社、江戸市中社、関係社、それに久保田領内社を崇敬するなど、その神祇信仰の構造は緻密で重層的であった。

③大八幡、小八幡（正八幡）の社名について

先には常陸時代の馬場八幡、若宮八幡が秋田に移転して以降、それぞれ大八幡、小八幡（正八幡）に改称されたと筆者は漫然と思い込んでいたが、この度の研究で既に常陸時代に称されていたことが判明した。なお両八幡の秋田移転では澁谷鐵五郎の鶴家文書による研究によって、日本海ルートなどの経路、上陸地秋田湊（土崎）での応急の待遇などを改めて知ることとなった。

④八幡神像絵について

佐竹十三代義人の模写説、神女鶴の奉仕など永々謎とされてきた佐竹氏伝来の八幡神像絵に関して佐竹氏ゆかりの千秋文庫文書、鎌倉の鶴岡八幡宮に伝わる八幡神像絵などから謎の解明に挑戦し、その実相を一定程度明らかにできた。

⑤三国社の定立と待遇について

古代の式内社を系譜とする羽宇志別、塩湯彦、副川の三社は佐竹氏が三国社として定立し、領内在来の神々の中では別格に祀られたことが参拝例などから明らかにできた。ただし領国統一の視点では常陸における鹿島神に及ぶものではなかった。

⑥領内社参拝の事由について

領内社参拝では年始、参観、下国、不時、入部など時宜によって様々の事由と態様をもって参拝（代参を含む）があったことを明らかにできた。

次に若干の論点について重複を怖れず考察を深めておきたい。第一は十三代義人が鎌倉から勧請した若宮八幡である。当社は勧請以来、佐竹氏の八幡信仰の中心に座る。佐竹氏の氏祖は平安時代の軍事貴族である

が、当社を八幡信仰の中心に据えるということは、常陸佐竹に定住して以降、営々と在地領主・戦国領主・近世大名として地域に覇権を扶植してきた佐竹氏系譜のなかで、もとは藤原氏であるが、当時は武将の名門であった鎌倉上杉氏出自の義人による佐竹氏統一への功業が存地武士団の認めるところであったに違いない。この段階で佐竹氏は軍事貴族の外装をもって、実力世界に生きる戦国領主・大名へと変化したと言ってよい。このとき佐竹氏の長い歴史のなかで最初にして絶後の男系の断絶があった。天皇家の継嗣が論議されているが、男系の視点から見た他姓への転換は佐竹氏では凡そ百年に及ぶ内乱を経なければならなかったほどの大事であった。また関東武士には京都の石清水よりも鎌倉八幡に親近したに違いないが、にもかからず常陸時代にして若宮八幡を指して「正八幡」はいざ知らず「小八幡」と称された点は不可解でならない。

第二は起請文に勧請された神々である。愛宕・飯縄・摩利・天満に関しては、時代の経過につれて神祇信仰が変容した事情によるものか、藩主参拝（代拝）を確認できるのは愛宕くらいである。また佐竹氏ゆかりの小地域に祀られた神々に関しては、天徳寺・一乗院・宝鏡院などの諸寺院が秋田へ分流移転したのに対して、秋田へ移転したのは八幡と稲荷を除けば、金砂神社（秋田町保戸野）など数社である。この違いは今後の研究を要するが、小地域に祀られた神々に対する土着的な氏子層の存在と無関係ではないであろう。逆に移転した有力諸寺院は外護者《げごしゃ》が佐竹宗家《そうけ》および同諸家、有力藩士であったことと関係するに違いない。

第三は日光社（正式名東照宮）である。当社参拝は幕藩体制下の幕府創立者の御霊に対する敬仰信仰である。当然ながら高度に政治的な配慮があったに違いない。万石以上大名の家督相続時における参拝が達せられていた。藩主直参が少なくない。

第四は秋田に移転した神々に対する佐竹氏の処遇である。第二章で前述したところによれば、八幡神は紆余曲折を経るが結局、最優遇され久保田城内に祀られた。このとき城内には起請文には見えないが、佐竹氏ゆかりの稲荷大明神も祀られ、御成三社《おなりさんしゃ》（大八幡、正八幡、稲荷）として奉祀された。他方、鹿島は一社が城内に隣接する真言宗の宝鏡院境内に祀られ、他の一社が外町（商家）の鎮守として祀られたが、八幡との間には処遇差があったと言う外ない。これに関連して注意を要するのは、それでは佐竹氏が秋田に移転以降、常陸国一宮に代替して出羽国一宮の（鳥海山）大物忌神社を厚く信仰したのかという点であるが、その様子は全く見えない。

第五は秋田で創られた義家信仰との関連である。この秋田特有の義家信仰の奇妙さに関して筆者は、秋田に長く滞在し、ついに秋田を終焉《しゅうえん》の地とした紀行作家の菅江真澄が既にして承知していたとして、秋田県文化財保護協会の会誌『出羽路』二〇〇七で小論をもって考察したことがある[02]。その後刊行された志立正知著『〈歴史〉を創った秋田藩』二〇〇九は秋田で創られた義家信仰に関して伝承の分布、特異な伝承、拡大変貌していく伝承、歴史の創造に及び、秋田の義家伝承・信仰を「モノガタリを靭帯とした領国支配の〈戦略〉」に関係付けた点は斬新であった（第三章）。このモノガタリは氏によれば、「前九年・対安倍氏合戦における軍功に対する賞として義家から付与された」「小野寺氏をはじめとした戦国期の仙北諸将の支配が」「今、義家の流れを汲む佐竹氏が回収し」「仙北の住民たちとの義家以来の主従関係に基づく新たな主従関係を結ぶ」ものであった（一八四頁）。ところが、このような史実を無視した荒唐無稽なモノガタリが延宝六年（一六七八）藩に提出された沼館八幡宮の縁起の一部で、成立年代が不詳の『金沢安倍軍記』に由来することを明らかにしたが（第二章）、このモノガタリがなぜ必要だったかに関して、「領民との新たな関係を構築する」（第三章）とする主張は甚だ尤もであるが十分ではない。また領国では新羅社が藩政当初から祀られなかった理由も見えてこない。この点に関して筆者は常陸では地域統合の信仰は常陸国一宮の鹿島神宮が担ったが、秋田では出羽国一宮の大物忌神社は一国一宮の、とくに武神の機能が代替され得ず、それゆえに入封早期から「モノガタリ」を必要としたと考える。これは煩瑣な研究作業中に筆者が紡《つむ》いだ仮説である。代替が不可であった理由として（鳥海山）大物忌神は中世以降は農業神に性格を変えていた、さらに佐竹氏領国内に鳥海山登拝の参道口がなかったなどがあげられよう。さらに三国社の神威も弱小であったが故と推察する。

第六は秋田では祀られなかったと伝える新羅社である。当社は氏祖新羅三郎義光と関係が深い新羅明神を祭神とする神社で、義光の廟堂ではない。参勤中の藩主が常在する江戸上屋敷には新羅社が祀られ、藩主がたびたび参拝した。にもかかわらず秋田城内に新羅社が祀られた記録は管見しない。これは第五で見た秋田の義家伝承・信仰と関連づけて考えられてきた。ところが、このたびの研究で断片であるが、秋田には義光廟堂と関わる「新羅宮」が所在したことを史料上で明らかにできた（後述特定研究一補論一）。今後の研究が俟たれる。なお常陸時代に新羅社を勧請した形跡がない。

最後の第七は本書に関わる今後の研究課題である。筆者の関心は佐竹氏の入部とその後の社寺政策の変化、それらに伴う領内神々の再編成である。これらは外形的でより分析が可能である。これによって佐竹氏の神祇信仰という精神世界の実相がさらに見えてくるはずである。これに関心を寄せるのは天正十四年（一五八六）義重から家督を譲られた義宣が、同十八年（一五九〇）五月宿敵の江戸氏と大掾《だいじょう》氏を滅ぼし、翌十九年（一五九一）二月鹿島・行方《なめかた》の領主らを滅ぼしたことで常陸一国の平定に成功し、居城を常陸北部の太田から中央部の水戸へ移したが、これに随伴してかなり強引に社寺を移転させた史実を想起するからである。事例をあげれば、江戸氏縁故の和光院・円通寺などを追放した跡へ天徳寺・宝鏡院・神応寺・八幡宮などを建立し、吉田神社の別当薬王院（天台宗）を廃して真言宗一乗院を乗り込ませ、時宗の本山神応寺を建て、それぞれ一族出身の僧を住職とした。これらを評して『水戸市史』は「権力集中の宗教政策であった」と記してある[03]。

これらに照らして秋田に入部した佐竹氏はとくに神祇信仰との関連で如何なる宗教政策をとったのか、具体的な課題としては常陸から移転した八幡宮（両八幡）ならびに天徳寺・宝鏡院・一乗院など有力社寺と秋田在来の社寺との関係、とくに前主小野寺氏が崇敬した雄勝郡の三輪神社、古代以来の由緒を継ぐ秋田郡の古四王神社、前主秋田氏が崇敬した男鹿の真山本山神社など領内有力社の、佐竹氏に対する対応と佐竹氏からの処遇、三国社の定立と副川神社の北方移転、領内十二社制（研究七参照）の検証と領内神社の序列化などである。予備的な研究によれば、佐竹氏の水戸進出は武力制圧後のことで、その社寺政策は当初から強行的であったが、秋田移転は幕府の命令によるものであってみれば、入部先秋田の早期安定と民心の収攬《しゅうらん》を旨としたに違いなく、それ故に当初は寛容であったが後に強行策に転じた。これらに関しては後掲する研究十で今後の研究に向け秋田佐竹氏の社寺政策を素描する。

注

（01）ぬめひろし「秋田県農民一揆年表」『近世秋田の農民一揆試論』北方風土社、一九八七。

（02）小論「出羽山北六所八幡宮の研究―菅江真澄の思念という視点から―」『出羽路』141・142。少し長文になるがその一節は次のとおり（一一五頁）。
かねて筆者は、最晩年の身体を押して取り組んだ真澄の平鹿仙北の巡村調査に執念とも思える鬼気を覚えるが、そうした巡村で採録した平鹿仙北の神社、ことに八幡神社の多くの創建伝承が源氏対安倍氏の合戦話を軸に成立している異様さに真澄が気付かなかったわけはない。

（03）『水戸市史』上巻、三版一九六九（初版一九六四）、七九六頁。

特定研究

研究一　氏祖新羅三郎義光墓

平成二十二年（二〇一〇）九月、筆者は滋賀県大津市の園城寺《おんじょうじ》（通称三井寺《みいでら》）注a を訪ね、境内北方の丘陵に鎮座する新羅善神堂《しんらぜんじんどう》（国宝）注b を参拝した。その途次の坂道で偶々《たまたま》目に止まった掲示板から、僥倖《ぎょうこう》にも明治後に建てられた「新羅三郎源義光之墓」を参拝する機会に恵まれた。その参拝次第は研究（付）に後述するが、ここではこの参拝を契機に進めた「義光墓」に関する研究成果を記す。

一　新羅三郎義光

新羅三郎義光とはいかなる人物であったのか、開章で大略を述べたが、ここでは改めて園城寺（新羅明神）との関係などを史料によって見てみよう。

○資料一　「寺門伝記補録」第二

解題／応永年間（一三九四～一四二八）慶恩院志晃著。寺門累代の旧記、寺跡の大概を録した史書という。『大日本仏教全書』所収。『新修大津市8』一九八五より転載。ルビは筆者が取捨付加する。（　）内は割書き（以下同）。

新羅源氏

新羅源氏とは、源氏本多種《もとより》あり。嵯峨・清和・宇多・村上・花山等なり。今謂う所の新羅とは、清和源氏の一派にして、伊予守《いよのかみ》・鎮守府《ちんじゅふ》将軍源頼義朝臣《あそん》の三男刑部丞《ぎょうぶじょう》義光に出ず。爰《ここ》に予州①数子あり。②長男を出家し園城に入れしむ。西蓮房快誉阿闍梨《あじゃり》、是なり。嫡男《ちゃくなん》義家（快誉③は釈氏たり、故に義家を嫡と為す）を以て石清水八幡大神《おおかみ》の氏人《うじびと》と為し、名《な》づけて八幡太郎と曰《い》う。次男義綱を以て賀茂皇太神宮《すめだいじんぐう》の氏人と為し、名づけて賀茂次郎と曰う。三男義光を以て新羅太神《おおかみ》の氏人と為し、名づけて　新羅三郎と曰う。是より清和源氏分かれて八幡・賀茂・新羅の三流と為る。（中略）厥《そ》の後義光数子を生《な》す。厳父の命④に任せ、長男を出家せしめ覚義と名づく。三井学侶《がくりょ》（金光院の元祖）たり。次子義業《よしなり》・義清⑤等、皆処分を得て家を立つ。是より其の枝葉栄え茂る。天下の武士半ばは之《この》氏族たり。武田・辺見・佐竹・平賀・小笠原等是より出ず。世に之を呼びて新羅源氏と曰えるのみ。

①源頼義。②『尊卑分脈』では末子。③出家して仏門に入った子（筆者追注）。④頼義の遺言。⑤佐竹氏初代昌義の父（筆者追注）。

この補録によれば、源頼義は長男（のち西蓮房快誉大阿闍梨）を園城寺に入れ、其の三男義光は長男（末子とも、のち花林房覚義阿闍梨）を同じく園城寺に入れるなど、深い関係を結んでいる（房名は資料五による）。

○資料二　清和源氏（抄出）『尊卑分脈』

解題／永和三年（一三七七）〜応永二年（一三九五）編纂、以降追補。『新訂増補国史体系』所収。

義光、弓馬達者の名将なり。常陸介《ひたちのすけ》・甲斐守《かいのかみ》、従五位上。右馬允《うまのじょう》・刑部少輔《ぎょうぶしょうゆう》・左衛門尉《さえもんのじょう》・刑部丞《ぎょうぶじょう》。平日は三井寺に住す。

これによれば、義光は「平日は三井寺に住す」と伝う。別資料によれば、注c「晩年は、園城寺内に金光院を建てて念仏三昧の日を送り、大治二年（一一二七）大往生した」という。このように資料一、二などによれば義光は信仰心と兄弟愛の厚い軍事貴族と描かれるが、他方、権謀術策をめぐらす人物でもあったとも伝える。令名及ぶべくもない長兄義家の没後、義家二男の義忠が暗殺され、その罪が次兄義綱の子・義明に着せられた事件が伝わる。ことの真相は藪の中であるが、実は家嫡の奪取を狙った義光の策謀とする説である注d。ただし事の真偽を筆者はとても判断できない。

二　金光院および義光墓所

（1）金光院

○資料三　「寺門伝記補録」第二

解題／資料一解題に同じ。注b『三井寺法燈記』より転載。

創金光院

（義光）北院の甲地において一寺を建立して金光院《こんこういんカ》と号しまた一宇を廓内に造りたり、金色丈六の阿弥陀仏を安置しすなわち覚義阿闍梨を以て住持となす、すでにして義光もまた鎮守明神の近境に卜居《ぼっきょ》し晨昏《じんこん》神に奉事し、もっぱら西方往詣の浄業を修す、嘉承元年《一一〇六》秋、家領柏木郷一箇所を割《さ》いて永く新羅明神の御厨《みくりや》に寄す、永久二年《一一一四》また山村・柏木両郷を割き以て金光院仏餉《ぶつげ》燈油の料に附す。

・晨昏　朝夕。

○**資料四**　「尭雲院（金光院）由緒」一六九二

解題／園城寺編『園城寺文書』第四巻、二〇〇一、一三五頁所収。

北院　尭雲院

本号花林坊、後名金光院、新羅三郎義光造立也、有平庭石泉不散失、伊予守《いよのかみ》源頼義祈誓新羅明神、終誅安倍貞任・宗任、依契状令投一子出家云覚義阿闍梨、是中興之祖也

今寺慶長七年造立也（五百九十五年以前承徳二年）（一〇九八）

元禄五 甲年（一六九二）六月廿七日

この由緒によれば、金光院は義光が造立し、前九年合戦の勝利を祈願した父頼義の契状（遺言）によって、義光が出家させた一子の覚義が、当院の中興の祖であると伝える。また本資料が作成された一七世紀末に、往時の平庭石泉が散失せず存したことが知られる。

○**資料五**　『近江輿地志略』

解題／享保一九年（一七三四）成立。宇野健一・改訂校註『新註 近江輿地志略 全』弘文堂書店、一九七六。

金光院

千手堂《せんじゅどう》の南にあり。新羅社より西南の方に当るといへども今は絶えはてたり。源頼義の三男新羅三郎義光の建つる所也。『寺記』に曰く（略）（義光）北院甲地に於て一寺を建立して又別堂を廓内に造りて金色丈六の弥陀を安置し寺を金光院と号す。家領近江国甲賀郡柏木郷を割いて佛供料に附す。覚義阿闍梨を以て住持とすといへり。

西蓮房

金光院の東、新羅社の南にありと寺記にあれども今はなし。是伊予守源頼義朝臣の長男快誉阿闍梨の寺也。此寺の東に浴室あり。又下に横大路あり。

この地理書によれば、このとき金光院は絶えてない。『寺記』とは資料三を指すカ。これによれば義光が北院甲地（背面の地カ）に一寺を建立し、その廓内（境内）に造った別堂に丈六の弥陀を安置、同寺（一寺を指すカ）を金光院と号し、家領の近江柏

木郷を佛供料に附したと伝える。

○資料六　「義光家譜」（抄出）『佐竹家譜』

解題／秋田藩庁編集。原武男校訂一九八九。

嘉承元年（一一〇六、五十二歳）九月二十五日条

其所領江州甲賀郡柏木郷七十二石を以て新羅大明神の社領とす（新羅略記に出ず）。永久二年（一一一四、六十歳）条

江州甲賀郡山村、柏木両郷を永く金光院（曾て三井寺北院に一寺を営じて第三子覚義をして開山たらしむ。金光院乃是なり）に寄付す（出所右同）。

大治二年（一一二七、七十三歳）条

卒す。三井寺に葬る（佐竹系図引証本に出ず）。（略）義光天性弓馬に達し、武略に長ず。（略）後深く仏教に帰依して、薙髪《ていはつ》して刑部入道と号す。平生三井寺に住す（前太平記巻三十七、大系図、他に出づ）。

(2) 義光墓所（廟所）

○資料七　「江州滋賀郡長等山《ながらさん》園城寺旧記法会神事記」抄出

解題／元禄一六年（一七〇三）六月。金倉寺蔵本。『園城寺記録』天台寺門宗教文化資料集成（二〇〇七年）所収。

一、新羅三郎義光廟所　　在園城寺北岳

この記録は現状では義光廟所の所在を伝える最も古いものである。

○資料八　「新羅公墓碑」抄出

解題／（建立）明治十二年（一八七九）五月二十五日。句点は筆者付す。碑文（表面、裏面）の全文掲載は編輯兼発行大津市『碑と塚』一九四一。碑文を五分割し読解すると次のとおり。

①是に於て同宗胥議《どうそうしょぎ》し、従五位南部信民及び不肖義尭をして公墓を来奠《らいてん》せしむ（於是同宗胥議、使従五位南部信民及不肖義尭来奠公墓）

②墓は近江国滋賀郡別所村官林中に在り、地は旧《も》と園城寺中に属す（墓在近江国滋賀郡別所村官林中、地属旧園城寺中）

③展墓の礼を遂曠《ついこう》す、者《てい》れば数百年丘隴《きゅうろう》は篠簜となる所に没す（遂曠展墓之礼、者数百年丘隴為篠簜所没）

④然れば其の封樹は巋に存す。之を徴するに、旧記其の公墓たるを審《つまび》かにす（然其封樹巋存、徴之、

旧記其為公墓審矣）

⑤因って蛍域《けいいき》を正し、柵垣を設け、碑を建つ（因正蛍域、設柵垣、建碑）

・胥議　互いに議す。

・来奠　来たり祀る。

・展墓　墓

・遂曠　おろそかにする。

・丘隴　丘、小山、墓。

・封樹　墓の盛り土の上に植えた木。

・巋　多くの小山があつまっているさま。

・蛍域　墓地

この墓碑によれば、建立前の現地調査および旧記によって旧来の墓所は「別所村官林中」（もと園城寺境内）とある程度特定したが、ピンポイントでの特定は出来なかったらしい。これは当時点でもはや遺構遺物が所在しなかったことを伝える。

○資料九　義光公墳墓　『長等乃余芳《ながらのよほう》』

解題／大正一三年（一九二四）編輯兼発行者津田慶雲、発行所三井寺事務所。長等とは（三井寺）園城寺の山号「長等山」をさす。

新羅善神堂の西南の地にあり、（略）義光晩年に及びて、此の地に金光院を創し丈六の弥陀像を安置して往生の依所《よりどころ》とし、逆修の念仏を修し、大治二年《一一二七》卒す、亡体を院の傍に葬る、（略）。

ここで言う義光公墳墓とは明治十二年（一八七九）建立の墳墓である。「亡体を院の傍に葬る」は典拠は示されないが、大いに有り得ることで、義光墓の所在を考えるうえで有益である。

○資料十　二〇一一年二月福家俊彦執事長返状

解題／義光公墓に関し筆者が園城寺宛てに照会したところ、総本山園城寺（三井寺）執事長で、歴史研究上でも高名な福家俊彦氏から貴重なご教授と多数の史資料（写）を賜ることができた。ご了承を頂いているので、その一端を次に示す（筆者の一存で「です」調から「である」調に変更、本返状は以下同）

現在、当山には新羅三郎義光の墓（廟所）に関する古文書など中世以前の史料は無く、ご指摘の『江州滋賀郡長等山園城寺旧記法会神事記』（一七〇三年成立）（資料七）の記載事項が遡ることのできる古い記録かと存ずる。即ち、近江の代表的地誌である『近江輿地志略』（一七三四年成立）（資料五）や旧大津町の全体を描いた「大津町古絵図」（一七四二年成立、大津市指定文化財）にも記載がない。おそらくは、すでに正確な位置についてはわからなくなっており、近世においても先述の『神事記』記載の「在園城寺北岳」とのみ伝承されていたと考えられる。現在の墓所は、明治維新後、義光を祖とする佐竹氏などによって廟所の調査が行なわれ、現在の墓域が定められ、整備されたものである。

（3）小括

義光墓所と関係付けられる金光院は元禄五年（一六九二）に所在するが（資料四）、享保一九年（一七三四）には廃絶している（資料五）。他方、義光墓については資料十が過去現在を余すところなく言い尽していると思う。筆者は元禄一六年（一七〇三）成立の『神事記』（資料七）が義光墓に関する現状で知り得る資料上の最古の記事としてよいか、いろいろ調査しても決めがたかったが、本状によって安堵を得た。この件に関して今のところ管見する秋田の資料は『伊頭園茶話』である[注e]。すなわち、

御家の大祖新羅大明神ハ、三井寺鎮坐にて素盞鳴尊《すさのおのみこと》なりとあり。（略）扨《さて》江戸の上屋敷に祀給ふ新羅公は三井寺の如く素盞鳴尊を祀《まつり》給ひしにや、又義光公を祀給ふにや知らず。人に尋ぬべし。（追加／那珂忠兵衛通実が『昔物語』に、新羅明神の御社は徳雲院様御代御勧請之由云々、徳雲院公云々は江戸御邸の御事ナルベシ）

・昔物語　『秋田昔物語』。通実は江戸詰秋田藩士。寛延四年（一七五一）刊。

・徳雲院　秋田三代義處《よしすみ》をいう。義和《よしまさ》は九代。

三　義産和尚の探索

義産和尚の義光墓探索一件は、天保四年（一八三三）六月廿日記、三住《さんじゅう》天徳寺実苗《じつなえ》義産《ぎさん》書（または三住天徳三十九世義産記）と伝える『崇源山《そうげんざん》東光寺根元要書第一』による外ないが、八方手を尽くしても残念ながらいまだこれに接し得ない[注f]。よって、以下は先学澁谷鉄五郎氏が編まれた『義産大和尚』に引用された右『根元要書第一』による[注g]。ただし藩主義和《よしまさ》の一代録である『御亀鑑《ごきかん》』[注h]など同時代資料による校合と検証が必要である。ちなみに天

徳寺は佐竹氏累代の菩提寺で、三住とは藩主葬儀を執行すれば同寺住職は以降退任する慣行にもかかわらず、義産は例外的に三度同寺住職の任に当ったという、栄誉の称号である。

（1）義産の一念（右『義産大和尚』抜粋）（小題、ルビは筆者付す）

イ、藩主義和の下命

○文化十酉《とり》年（一八一三）十二月十三日被為召《めさせられ》登城仕候所、御元祖新羅三郎様法名の御事《おんこと》御尋御座候事。

○文化十一戌年（一八一四）二月十八日被為召登城仕候処、元祖法名知兼《しりかね》御回向も不申上候儀は不敬の事と御意被為有《ぎょいあらせられ》、外様《ほかざま》御法名の事御尋御意被為有之《あらさせられ》候事。

○同年二月二十五日御元祖法名の儀、其向《そこむき》心付の処有之候はば能々《よくよく》相尋可申吟味申候事。

○同年三月十日新羅様の事は能々に相尋申せと御意。

ロ、義産、代理を派遣調査

○同年四月五月大法要、七月初まで諸行事で義産多忙。

○同年七月廿十一日天徳寺末寺、森岡《もりたけ》①村森岳寺徳充和尚を旧領地水戸へ派遣（成果あがらず）。

○文化十二年（一八一五）三月一日市村《ひといちむら》②清源寺玄静和尚を水戸表へ再度派遣。

○同年六月三日お召により登城、一応の報告。

①現在、山本郡三種町森岳。②現在、南秋田郡八郎潟町一日市。

ハ、藩主の再下命、逝去

◯同年七月四日藩主急病で登城。

（藩主）新羅様御法名号、京都尊寿院③様相尋候哉《や》。

（義産）同処は一円相尋不申《もうさず》候。

（藩主）尊寿院は紫五本骨の紋と相聞得《あいききえ》、依て京都表を相尋可申。能々《よくよく》相尋可申。尋ね致候はば知れぬと申事も有之間敷《まじく》、能々其向相尋可申。何分頼む。

○同年七月八日（公式）逝去。四十一歳。

○同年八月十六日本葬礼、義産執行。

③仁和寺子院。秋田初代藩主義宣の末弟（のちの阿證上人）が再興。

ニ、義産、再住から閑居へ

○同年八月（本葬後）

御本葬相済御葬場より永源院へ引取り閑居申立候

処、寺社奉行を以て御頼にて御法事御焼香相勤候事。其後寺社奉行両人　被遣《つかわされ》再住御頼被　仰出《おおせいだされ》候御事。

［この前後、玄静和尚から次の報告あり］

（略）相尋候得共、何れの寺院にても相知れ不申候事。馬場八幡え罷越え候処、新羅三郎義光公御所持卍《まんじママ》単配団あり。外御什物《じゅうぶつ》有之申候へ共、義光様御法名無之候。

○文化十三年（一八一六）五月十三日（義和夫人）仙松院逝去、義産葬儀執行。

○同年九月十二日義産の閑居認可さる。

○文化十四年（一八一七）五月十四日新築閑居所（川尻上野）へ移転。

ホ、義産、探索出足、難渋

○文政二年（一八一九）三月十六日出国探索の願いを上申、四月十七日出足、近江国へ直行。曹洞宗大連《蓮カ》寺、宋《宗カ》泉寺の案内を以て三井寺円行坊を訪れ、金一封その他の土産を贈り、新羅公の尊牌をただすが、「当坊には新羅様の御法号はない」の意外な返事。

［これより先］

藩重役山形太郎左衛門より、同家来野口新蔵（故人）が生前、「近江国三井寺円行坊にて新羅様のお墓を見当てた」との話を聞く。

○京都尊寿院を思い浮かべ、京都東岳寺へ罷り越し、都手を求めて調べたが、ここも心当たりなし。佐竹氏ゆかりの南禅寺、東禅院、仁和寺も訪ねたが皆目不明。元祖新羅様の石碑があると聞いた高野山《こうやさん》にも登り、ここもくまなく捜したが、一向に相知れない。よんどころなく義産は（大坂カ）住吉の臨南寺に赴く。

へ、探索の結実

○そこ（臨南寺）で「近州は大津三井寺の山内に新羅様の御墓所あるというたしかな話を聞いている」との思いもよらぬ情報を耳にする。

○伴僧と家来各一人を近州に遣わし尋ねさせたところ、大蓮寺、宗泉寺より「御越しなされるように」との答使を受ける。

○義産、三井寺を再訪、同境内をくまなく捜し、金光院境内に元祖様の墓を捜し当てる。金光院は荒れたるとはいえ新羅三郎の二男（覚義）が出家開基した由緒ある寺である。御尊牌《ごそんぱい》は同寺境内の釈迦堂に安置されていて、法号は「崇源院《そうげんいん》義光尊了居　士大治二年未十月廿日」とある。これぞ紛れもなく元祖様の御尊牌である。

○「天樹院（注、義和）様の厚き思召《おぼしめし》被仰付随《したがい》て愚老年来渇仰《かつぎょう》志願一時《いっとき》に相達、欣喜《きんき》ようじゃく（踊躍）読経回向仕り云々」（澁谷氏云う）苦節八年、先君の篤き宿願を果たし得た義産の感懐を思い知るべし、時に文政三年（一八二〇）初秋のことか。

ト、御霊の遷移

○御廟所（御霊屋《みたまや》）土をかき集め袈裟箱《ママ》に収め、なおまた三井寺には俗に「シラ様」と称し、なにびとの像なるや詳でない像があった。この像をも佐竹氏の元祖新羅三郎源義光の像であることを確認し、それを請い国元へ遷すことを許された。

○三井寺はじめ大蓮寺、宗泉寺厚く御礼、一旦京都へ出て協力にあずかった其の向きに厚く謝辞、帰国の用途につく。

○（文政三年）九月十八日閑居所に到着、十九日廿日大御法会を執行。

○文政四年（一八二一）十月廿九日義産より藩寺社方へ山号寺号を「崇源山東光寺」としたい旨の認可願を提出、十二月十日寺社方より「願の通被仰渡《おおせわたされ》候」と達せられ、翌文政五年（一八二二）八月建立地の地形見分けも実施された。ところが藩の財政不如意のため建立は延びて、文政九年（一八二六）三月「御祠堂《ごしどう》は建てかね、当分御尊牌は天徳寺の御霊屋に移して祀り、ひとまず祭祠料として当高五十石を寄進する」の沙汰書が下り、同時に閑居の義産は天徳寺の再々住職の仰せを蒙った。

○同年四月廿日義産は元祖様の御尊牌を奉じて天徳寺へ移転、崇源山兼住天徳寺義産となった。探索に要した借財をかかえつつ御祠堂の建立を願う義産は、天保四年（一八三三）六月廿日藩主義厚《よしひろ》公へ今生の請願を行う。天保六年（一八三五）九月廿日東光寺（久保田府川尻上野）に元祖様の石碑が建立、開眼供養が執行、藩公が参詣された。天保七年（一八三六）多年の功績から僧侶として前例のない旧臣に取り立てられ、その余沢《よたく》は係累に及んだ。

○天保八年（一八三七）十二月朔日閑居を許され、同廿日元祖様の御尊牌を奉護し東光寺に退隠、藩主より東光寺へ二百石の扶持《ふち》を賜る。翌九年（一八三八）正月三日義産逝去、三住天徳寺東光寺開山実苗義産禅師と諡《おくりな》される。

（２）校合と検証

イ、義産の登城と下命

前掲『義産大和尚』によれば、義産は文化十年（一八一三）十二月から翌年三月、藩主義和から再々登城を命じられ、元祖義光の法名探索を下命されたと伝える。さらに文化十二年（一八一五）七月藩主の急病で登城、そのとき京都尊寿院を「能々相尋《よくよくあいたずね》可申《もうすべし》」と具体的な命が下ったと伝える。四日後藩主は病没し遺命となった。

このような大事にもかかわらず、藩主義和一代記とも言うべき前掲『御亀鑑』には関係する記述は一切見えない。天徳寺（義産）の登城記事さえ絶無である。これは『御亀鑑』の編集方針によるものか即断できないが、少なくとも『御亀鑑』では検証できない。ちなみに『義産大和尚』の基本史料とされる前述『崇源山東光寺根元要書第二』は義産の天保四年（一八三三）六月廿日記である。この間二十年が経過しているので細部に記憶ちがいが無きにしも有らずとしても、また多少の文飾が有るとしても、佐竹氏累代の菩提寺である天徳寺に三住した和尚義産の筆であれば、このような経過が基本的に存したであろうと当面は信ずるほかない。

ちなみに『御亀鑑』によれば、佐竹家にはお盆の折、御先祖代々の法名へ銘々御膳を（藩主）自身が御膳番の介添えで御備えし、このとき天徳寺塔中《たっちゅう》の永源院が法名を銘々唱読し奉ったと伝える[注i]。こうした際に直接の先祖である義光の法名が本当に不明であったとすれば、文人藩主と伝える義和の性格から推して困惑の体《てい》でなかったかと按ずる。いかにも不思議である。

ロ、秋田藩と新羅社

同じく前掲『義産大和尚』によれば、義産は少なからぬ機縁や曲折を経て新羅社にたどりついた。しかしながら秋田藩は『国典類抄』だけを見ても、これより先、次のとおりすでに六度の三井新羅社参拝を済ませている[注j]。このほか佐竹氏は江戸屋敷内に新羅社を祀るなど浅からぬ関係である。こうした崇敬から推せば新羅社と氏祖義光との浅からぬ関係が藩内では知的に共有されていたはずである。とくに③元禄十五年五月の参拝は「屋形様ご機嫌相違の節、ご立願の御礼」であり、⑥安永五年の参拝は前掲『義産大和尚』で意外な返事をしたと伝える円行坊（新羅社の宮守カ）を頼っている。にもかかわらず義産はなぜ新羅社から金光院へ直截《ちょくさい》に辿りつけなかったのか、昔も今も変わらない役人の情報の抱え込みの故なのか、義産の『根元要書』に無理があるのか、それとも別に理由があったのか、今のところ判然としない。

（三井新羅社参拝例）

①元禄十四年（一七〇一）九月（三代義処代）
②元禄十五年（一七〇二）一月頃（右同）
③元禄十五年（一七〇二）五月（右同）
④元禄十五年（一七〇二）九月（右同）
⑤宝暦十三年（一七六三）九月以降（八代義敦代）
⑥安永五年　（一七七六）九月十九日（右同）

（3）金光院の存廃

元禄五年（一六九二）成立の資料四によれば、当時の金光院は慶長七年（一六〇二）造立で当時存在し、享保一九年（一七三四）成立の資料五によれば、「今は絶えはてたり」と伝える。ところが文政三年（一八二〇）初秋ごろ三井寺を再訪した義産は「荒れたるとはいえ」当時存立した金光院で元祖様の墓を、同寺境内の釈迦堂で御尊牌を捜し当てる。これを事実とすれば、享保一九年と文政三年の間に金光院は復興したと考える外ないが、なお資料的に明らかにし得ない。また当時はたして釈迦堂が存したのかも検証を要する。

結　言

以上のとおり、恵贈された資料などによって義光および義光墓所について、また義産和尚の義光公墓探索一件について丹念に整理検討してきたが、なお核心に迫ることが出来ないもどかしさを感ずる。この外は総本山園城寺（三井寺）福家俊彦執事長から与えられた次の一文（資料十続き）に期待することにしたい。すなわち、現在の墓域が整備された明治期の史料については、いまだ未調査の状態であり、今後の調査によって墓域整備の経緯などを記録した史料が見いだされる可能性がある。

さらに筆者は義光墓所に対する祭礼に関心を寄せ（祭日があれば参拝したいなど）、また墓所前の参道に立つ鳥居（神社形式の墓所）に関心を寄せ、お尋ねしたのであるが、返状は次のとおりであった（資料十続き）。

（祭礼）

新羅社の祭礼は毎年九月一九日である。ところが、戦後しばらくは簡略になりながらも行なわれ、社前での法要に引き続き、墓前に詣でて法楽が行なわれていたが、現在では途絶している。

（鳥居）

先述の通り、現在の墓域は明治期に整備されたものので、鳥居も同時期に建立されたと考えられ、（略）。尚、この件についても史料未調査のため判然としない。

本研究はなお今後を期さねばならないが、ともかく本稿を作成し得たのはひとえに初稿の執筆当時、総本山園城寺（三井寺）執事長福家俊彦氏ならびに大津市教育委員会文化財保護課杉江進氏から賜った貴重なご教授と多数の史資料（写）によるものであり、心から感謝を申し上げたい。

（補論一）新羅宮、秋田に初見

正八幡大八幡に関する史料を探索中、筆者は「諸社　江御参詣御装束」（秋田県公文書館所蔵）という文書に出会った。この文書は藩主在国中の秋府諸社における参詣の次第を記したもので、手水、着座、神幣、御拝など詳細である（したがって「参詣次第」が適切である）。作者不明、作成年も「五月」では確定できないが、文言から正八幡神主近谷氏の幕末期の作かと推察する。これによれば諸社参拝の最後に記された寿量院参詣の条で、「手水、拝殿に入り、護摩檀奥拝処へ着座、神幣、御拝、御志、神酒」に続いて、「新羅宮神酒指上げ候ニ付、重ねて御志」とある。新羅宮を称する、おそらく僧体の祀職の存在が明らかになった。新羅社（宮）は秋田には所在しないとされてきたが、史料上の初見である。

そこで寿量院であるが、『佐竹家譜』によれば、さきに将軍家の霊牌を秋田天徳寺に廟を建て奉祀してきたが、寛延三年（一七五〇）秋田郡八橋村に落成した伽藍に霊廟を移し、(帰命寺)寿量院をもって祭らせるとある。同年供物料として三十石を寄付、そのご度々神儀を行い、天保十年(一八三九)藩主義厚が「束帯、諸神社に詣し、遂に寿量院に至り、神祖の廟を拝す」とある。このような寿量院になぜ「新羅宮」を称する祀職が所在したのか疑問が残るが、秋田における新羅社(宮)の一端に接したとは言える。なお今後の研究を要する。

(補論二) 新羅公御墓処調書

東山太三郎編カ「新羅公御墓処調書」(秋田県公文書館所蔵)に関係五文書が収録されてある。うち最も長文で体系的に伝える文書が、天保三年(一八三二)西蓮院住職よりの書附写である。以下に掲載する(句点、適宜の助詞は筆者が付す)。

天保三年壬申八月六日芳賀官助光起近江国大津逗留中、三井寺西蓮院住職大僧都遷映に逢て同寺より遺しける書附

義光公厳父の命に従ひ、長子を以て三井寺の学侶とす、覚義と名く、初め花林坊後に金光院の住たり、次子義業等相分れ、其の枝葉天下に茂し、佐竹武田逸見平賀小笠原等是れなり、然るに父頼義公錦織の庄にて其の身終る、江州志賀郡の内なり、依て案するに義光公も錦織館に住し給はん、入道の後建立の寺金光院に移り玉ひ、常に経を誦し玉ふて怠りなし、大治二年十月十九日長子覚義二子義業に告て云く、吾が死明日を出てす、資材其の他を処分すべき旨を告け、廿日に至り奄然《えんぜん》として気絶す云々、崇源院殿と号す、覚義阿闍梨の贈る所か、墓所金光院の上にあり、又院名西蓮院常時之を用ふ、尤も遺命に従て覚義阿闍梨此地に葬る(伝に見えたり)、崇源院殿と申す事見えず、依て御位牌の年号西蓮院へ相尋ね候処、裏に万治年中と書しある由、弥々すめ申さず候、御序てに右御位牌篤と御吟味下し置かれ度く候、御葬所の義は両書附共金光院の上に之あることに見え申し候、且つ御墓印の古木も御座候事に候間、同寺願の通り石垣御寄附下し置かれ度く候、御墓所の下に阿弥陀堂建て置かれ候地も見え申し候、其の下に金光院御座候と見え申し候、

正月二日　　芳賀　官助

介　東馬　様

・本文書は芳賀が西蓮院から遣された書附に付き介東馬に宛てた書状カ。
・奄然／にわかに。
・すめ申さず／不詳、語脱カ。　両書／不詳。
・介東馬／当時勘定奉行。
・芳賀官助／秋田藩士カ。

注

（注a）天台寺門宗（じもんしゅう）総本山。山号は長等山（ながらさん）。一般には三井寺と称される。近江八景の一つ「三井の晩鐘」がある。

（注b）新羅明神を祀る。「堂」と名が付くが、建築様式的には流造（ながれつくり）の神社本殿である。現存建物は貞和三年（一三四七）足利尊氏の寄進（国宝）。新羅明神は三井寺の伽藍鎮守として祀られるとともに、広く天台寺門宗の護法神として崇敬される帰化神祇の一（委細は三井寺法燈記編纂委員会編『三井寺法燈記』一九八五）。新羅社は『近江輿地志略』巻之十二（後掲資料五解題）に詳述あり。

（注c）大津市史編さん室・企画編集『大津の碑』一九八六。なお前掲資料六「義光家譜」大治二年条は「深く仏教に帰依」「平生三井寺に住」と伝える。

（注d）中村直勝「園城寺と源氏」『園城寺之研究』思文閣出版、一九七八。ちなみに「義光家譜」は義光に無道説が存することを認め、五項に及んで検討した上、「不学不才にして其虚実を糾し論弁取捨するに力なく」として、無道の様相には立ち入っていない（『佐竹家譜』）。

（注e）著者、秋田藩士石井忠行（ただつら）。文久三年（一八六三）から明治二六年（一八九三）まで藩内の史話、記録、見聞、逸話、風俗行事などを執筆。

（注f）澁谷鉄五郎編『義産大和尚』（発行者渡部広仲、一九七四、非売品、秋田県立図書館所蔵）によれば、当文書は天徳寺（秋田市泉）所蔵と記してあるが、機が熟さないのか、筆者の閲覧願いに対し不所持の回答である。これまでの照会では秋田県公文書館、秋田県立図書館、秋田県立博物館、大館市立図書館（眞崎文庫）、東光寺（秋田市仁井田）に所蔵なしとの回答である。

（注g）右『義産大和尚』によれば、これから筆者が長々抄出・引用する「佐竹氏元祖霊位遷祠の顛末」（二六～五〇頁）は義産書の前述『根元要書』によることを明示していて、引用箇所もかなり判る。それでも筆者としては典拠文を以て校閲したい箇所が少なくないが、ここでは先学の研究に依拠するほかない。

このほか義産和尚に関する資料として英岳敏雄編『実苗義産和尚語録』（一九七五、秋田県立図書館所蔵）が存するが、義光墓探索一件は記されていない。また駒沢大学図書館忽滑谷文庫所蔵『實苗義産和尚語録』、東光寺所蔵『當寺開山義産和尚語録』上下二冊が存すると伝えるが未見である。

（注h）天保四年（一八三三）完成、翌年八月三日十代藩主義厚《よしひろ》に提出された「義和《よしまさ》公譜」の引証本として編纂された。江府・秋府一一五冊（秋田県公文書館展示用パンフレット「秋田藩の修史事業」一九九四）。なお翻刻は江府編五冊、秋府編二冊が秋田県または秋田県教育委員会から発刊（一九八九～九五）。（江府は江戸、秋府は久保田）。

（注i）『御亀鑑』第七巻秋府（二）、文化十年七月十四日条。

（注j）本書第七章「三井新羅」。

研究二　伊勢、三井新羅、三国社参拝次第

凡例　太字の小見出しは当該条の要点として筆者が補う。文中横線を付した字句は語釈を付す。

（1）安永六（一七七七）年正月伊勢参拝次第（秋田八代義敦代）

原典　藤井監物俊徳（本方奉行）日記（『国典類抄』六巻五〇〇～五〇四頁）

○安永六年正月三日

出立、従者、入用銀手当

一明日出立、勢州え参り候に付き、舟并に供物の拵え等（俊徳が）申し付け候。

一金吾・金八・九助え右に付き金子二歩づつ、合力清太えハ三歩出し候。

一駕篭脇《かごわき》ニ京都丹波屋の子共忠兵衛を召連れ候。外箱持ち・長柄持ち・合羽篭持ち・駕篭舁《かごかき》の四人雇い候。（この件は）丹波屋方ニて旧冬より申し付け置き候。

一明夕夜船ニて伏見迄参り候間、五日未明雇い共召連れ、雑喉屋《ざこや》まで参る可く、丹波屋え申し遣す。山下えも御初穂・包紙・白台・目録等取り揃え、同所迄手代差し越し候様、忠蔵より申し達し候。

一勢州御代参の御入用銀、今日長浜屋より納まり候。

一右同断ニ付き定式下さる金二十五両受け取り候。山下茂兵衛持参。
・定式／定まった方式の意カ不定。
○同年正月五日

初穂銀、神楽料の支度

一山下手代十五郎、同所え参り、御初尾銀・御神楽料、御二方様御誕生日御祈祷料、久保倉へ下さる銀、竪《たて》目録、横目録等残らず取り揃え持参し、御奉納銀包み候て残り無く受け取り、清太え相渡し候。四ツ（午前十時）頃同処出立。
○同年正月八日

宮川渡シ、着装、出迎え、奉納銀等

一明時《あけどき》松坂出立、昼頃宮川渡シ場手前茶屋え着、同所ニて髪月代《さかやき》いたし、袴羽織ニ着替え、行列揃え候て参り候。宮川渡し場向いまで久保倉より出迎え侍一人、羽織袴ニて参り候。駕篭を居《す》え挨拶いたし、先え参り候様ニと申し候え共、駕篭より少シ進ミ、太夫方迄案内致し候。

一家来ハ御奉納銀子并に白台等を持たさせ候て、先え久保倉え遣し候。裏付け上下ニて出迎え、一礼致し、直々家来案内ニて座敷え通り、座に付く。右両人罷り出で、詰め開きいたし候。福地理太夫、坂半右衛門。
・裏付け／衣服などの裏を付けたもの。
・右両人／福地、坂をさすカ。
・詰め開き／つめひらき。貴人の前から退くとき、立つ前に右か左へ体をまわして、立ち上がること。
一熨斗目半上下を着し、座敷え出で、御奉納銀五枚づつを外宮内宮え、屋形様よりは白木台二（台）に御目録（檀紙横折）と銀三枚づつを載せ、左近様より両宮えは、同台二（台）に御目録（同断）を載せ、外に久保倉え下さる銀三枚是ハ白捌ニて、竪目録是ハ自身（俊徳）ニて渡し候節、家来出で請《う》け取り、太夫へ相渡し一礼有り候。右御奉納并に御神楽料、銀十二文匁、家来え申し付け飾り置き候。吟味役参り候えは、吟味役取り扱い候え共、此の度不参に付き、右の如く太夫弾正要人父子両人、装束ニて罷り出で対面致し、毎年の通り奉納致され候段申し談じ候えハ、家来罷り出で、右御奉納銀残り無く太夫前え持参、御目録を父子共ニ拝見、頂戴一礼有り候。又、外ニ去年中、御誕生日御祈祷料金二十両、屋形様より銀一両、左近様より是れも一所ニ致し置き、相渡し候。右畢って父子共ニ退席、右御奉納銀、残らず家来持参、御神楽の節の蒔銭《まきせん》三百文、清メ銭五十文も右同断、陰ニて相渡し候。

・檀紙／和紙の一種。厚手で白く、表面に細かいしわがある最上質の紙。

・白捌／しろさばきカ。

・太夫云々／「太夫弾正父子、要人両人」の誤りカ。要人とは福地、坂カ。

・左近様／藩主義敦弟、義方。幼名幸之助。

雑煮本膳酒、休息、清メの湯、大小神楽

一家来出で、詰め開き有り、袴羽織ニ着替え、着座、雑煮出で、引き替えニ本膳出ル。

二汁五菜中、酒出で、引き魚等出で候。畢って御神楽始まり候迄暫し間《ま》有り候間、休息致し候様ニと挨拶有り候。膳中家来度々出で、詰め開き有り候。

一七ツ過ぎ清メの湯宜しき候段申し聞け候。小姓案内ニて湯殿え参り候。此の方の人ニ浴衣手拭を持たせ参り候。向キよりも浴衣手拭新規ニ出し置き候。脇指《ママ》掛・着類脱所は花ござ・毛氈《もうせん》を敷き金屏風立て置き候。行水済み候て、座敷え帰り、直々熨斗目長袴ニ着替え、案内相待ち居り候。

役人共相揃い候段申し聞け候故、御神楽殿え刀を此の方の小姓ニ持たせ罷り越し候。家頼（来カ）の案内、入口縁ニて手水致し、毛氈の上えござ敷き候処え座に付き候。

久保倉父子装束ニて相詰め居り、則大神楽始まり、畢って御代拝致し候様ニ、家来申し聞け候。此の以前神酒御供段々神子持参、頂戴致し候。拝礼相済み、本座え帰座致し候えは、小神楽相始まり候。右相済み、又神酒等頂戴致し候。此の節家来出で候て、是れ迄ニ屋形様御祈祷相済み候段申し聞け候。

自分拝礼、小神楽

是れより御自分の御祈祷の由申し候。それより小神楽始まる。右畢って御守神酒等神子持参頂戴いたし、家来罷り出で、御自分の拝礼致し候様ニ申し聞け候。此の節自分拝礼いたし、畢って久保倉父子え詰め開き致し候えハ、座敷え参り休息致し候様ニと挨拶有り候て、引取り候。右御神楽の内、家来共も上下ニて相詰め、中間《ちゅうげん》共も太夫家来の指図次第縁通りえ相詰め候。神保清安、上下ニて、神気元春、かつら上下ニて、此の方家来同然ニ相詰め居り候。

饂飩小飯酒、翌日段取

一袴羽織ニ着替え座付き候えは、饂飩《うどん》出で、小飯酒出で候て、家来出で、弾正父子装束改め、罷り出ず可き旨　申し聞け候故、平服ニて出でられ候様ニ挨拶申し候。其の後弾正要人両人袴羽織ニて出で候故、盃事致し、弾正ニ始めさせ要人えも酒事致し、暫らく酒盛致し、夜半頃迄咄し居り、休息致し候様ニ挨拶ニて、父子共ニ引き　取り候。

一家来罷り出で申し聞け候は、例年御急キ候て、明朝両宮え御代拝、明ケ以前ニハ御参拝ニ候え共、此の度ハ初ての義、明ケ以前ニハ御社内も聢と見え分かり兼ね候。明け候て御参詣然る可き旨申し聞け候故、尤も左様ニて宜しき候段申し談じ候。左様候ハ、、七ツ過ぎ（午前四時）より御支度成られ候様、よき程御案内然る可き旨申し聞け候。それより陰の間え引き取り休み申し候。向い方より夜具出で候え共、此の方持参ニて相弁じ、用立て申さず候。

一自分の御初尾銀二両并に御神楽料十二匁、白木台ニ載セ、次の間ニて向い方家来え此の方家来相頼み候。右の分も向い方家来持参、弾正父子詰め開き有り候。尤も最初御奉納銀相渡し候みぎり也。

○同年正月九日

朝飯、清メの湯、熨斗目長袴、駕籠、外宮・風宮月読宮

一明ケ七ツ時起き候て、掛ケ手水いたし、髪結い候て、扣《ひか》え居り候えハ、朝飯出で候。

二汁五菜、此の節ハ袴なしニて料理給《た》べ候。家来出で候て、今日天《あめ》の磐戸《いわと》御参詣成られ候や、外宮内宮の間ニて余程山上リ候段申し聞け候。初ての事ニて天気もよき候間、参詣致す可き旨挨拶し候。

一支度後清メの湯宜しき候段案内ニて、夜前のごとく行水いたし、則熨斗目長袴ニ改め、座え居り候え

ハ、清メの御祓箱持参、御祓を内え載せ、御初穂一匁五分包み入り候て遣し候。供揃い候段案内ニて、長袴の縊り致し候て、自身（俊徳）刀持ち、玄関迄家来両人共ニ出ル。玄関向いより駕籠ニ乗り、駕籠舁四人、太夫より出で、案内侍一人上下ニて出で候。

外宮鳥居外より下乗、手水致し、紙を串ニ鋏み持参し、禰宜出で候て先立ち致し、御本社ニて拝を致し、それより風宮・月読宮等四社の参拝相済み、神主暇乞い、此の節一匁五分を家来に直々差し遣し候。それより直々磐戸へ参詣、登リ片道九町有る由、末社種々有り、下向は別道ニて本下乗の所え出で、それより内宮え五十町、駕籠ニて参り候。途中間《あい》の山有り。

内宮・末社、久保倉へ、御祈祷御守、御祓熨斗鮑

内宮手前五（十）鈴川橋手前より下乗、鳥居の内神主出迎え、右川の水ニて手水、それより神主先立ち御本社え参拝、段々末社拝礼三ケ所、内外両社ニて都合七社相済み、出迎えの所ニて禰宜暇乞い、此の節一匁五分一包を家来が遣ス。最初の橋詰より輿《こし》に乗り、太夫処え帰り門内にて下乗、敷台え家来両人出迎え、長袴の縊《くび》りを卸シ、座布え通り、扣え居る家来両人出で、滞り無く相済み候。詰め開き有り。御祈祷御守御渡し申す可き段案内にて、家来先キ立ち神楽殿え参り候（刀持たせ参り候）。同所ニて太夫父子相詰める。屋形様、御前様、直丸様、左近様え御祓熨斗鮑に目録一本づつ相添え、右目録家来が持参、披見致し、次ニ拙者え御祓熨斗鮑《のしあわび》・御守・綟子《もじりこ》肩衣等を台に載せ、太夫（より）相送られ候段、家来申し演じ候。それより座布え引き取り、太夫父子装束　の侭ニて出で候て、滞り無く相済み、恐悦申し演じ候。畢って袴羽織ニ着替え候て座に付く

夕飯料理、松坂へ

一夕飯料理出ル、二三向い詰めまで家来共出で候て、馳走有り、畢って茶菓子、濃茶出ル

一御祓御守等、例年の通り仕る可きか、家来申し聞け候故、毎年の通り御頼み致し候段申し談じ候。ござ包みにて松坂（阪）止宿迄仕送り候。

一自分進物の御守等ハ、此の方家来え渡し候故、受け取り、鋏箱え入ル。并に道中慰めの為、大海老《えび》三ツ鮑《あわび》五ツ進物、是れも相頼み松坂迄仕送り候。

一出立以前弾正父子装束ニて出で、詰め開き有り。供相揃い候段申し聞け、暇乞い致し立ち候えは、父子共玄関迄見送りニ出で候。家来両人は敷台（迄）、小姓は袴斗リニて摺《す》り薄縁《うすべ》リ迄出で候。何《いず》れも挨拶致し候。駕籠是れえと申し候え共、二三間　向いニて乗り候。侍一人袴羽織ニて見送リ。

一両宮え案内ニ出で候侍え、銀三匁一包み、向い方家来え此の方家来相頼み候。

一宮川渡し場迄見送リ侍参り、同所ニて暇乞いの節、太夫父子え口上直キ々申し演じ、家来共えも心得呉れ候様ニと頼み遣し候。

一暮れニ松坂宿新城屋え着き致し候。久保倉より参り候持夫ニ銭二百文遣し候。

・綟子／麻の目のあらい布。
・夕飯料理／豪勢な料理を早めに出したもの カ。
・二三向い詰め／向詰。「二三」は二三間の向いか、二三人の家来か不定。
・持夫／正月三日条の外箱、長柄、合羽籠持ち（駕籠舁を含むカ）をさすか。

（2）安永五年（一七七六）九月三井新羅参拝次第

（秋田八代義敦代）

原典　藤井監物俊徳（本方奉行）日記（『国典類抄』六巻四九九～五〇〇頁）

○同十八日

前日準備

一明日三井寺え御奉納銀五枚御目録（檀紙折紙）、円行坊え下さる金弐百疋、山下重五郎持参、請取置き候。右目録（を）載せ候白木台下され、金白栁共ニ持参いたし候。

○同十九日

出発、着装、供揃、目録・白台

一今暁七ツ時（四時頃）御屋敷罷り出で、羽織袴ニて三井寺え罷り越し候。小姓両人、内一人上下心懸け、駕籠舁四人、草履取、鑓挟箱長柄外ニ、合羽籠一箇持ち夫れハ両人ニて、肩替又ハ外用事共兼候て、御目録ハ挟箱え入れ候。白台ハ足付ニて参り候故、乗物の内え入れ持参致し候。小サ刀同前。山下忠蔵同前罷り越し候。

下乗、東円院、着装改、御社へ歩行

一観音堂の下、茶屋ニて下乗、東円院より案内（あり）、上下着し一人参り候。右（注、東円院）え挨拶、直々座敷え上り、熨斗目長上下着用、縊を取る。右案内の者先立ニて御社迄参り候。此の間七八町程歩行、小姓も右茶屋より一人上下着し、供致させ候。御奉納　銀台、鋏箱に入れ持たせ候。忠蔵も上下ニて参り候。

手水、刀着装改、社内へ、神酒頂戴、円行坊へ立寄り

御社手前門前ニて手水、夫れより階下ニて刀を取り、縊を卸し、社内え入り、御代拝相勤め畢って、其所にて宮守円行坊居り、詰め開き相済み、神酒頂戴致させ候。御縁ニ忠蔵詰め居り候。同人えも頂戴致させ候。畢って又階下ニて袴、縊取り候。此の節円行坊え立ち寄り候。

礼金渡す、酒二三献、東円院へ、奉納銀、院主より挨拶

（中略）円行坊御社ニ居り候故、外の出家出で候。此の前ニ座敷ニて下さる金弐百疋、白捌《しろさばき》ニて忠蔵直々相渡し候。酒二三献下され納め候て帰り、直々の案内ニて東　円院え参り候。途中、鐘并に赤井水一覧致し候。屏重門より入り、椽より座敷え入り候。小姓二人上下ニて出迎え、椽の上にて刀取り縊り卸シ候て、刀ハ直々座敷の内座付け候後え取り置き、東円院出で候て、詰め開き致し候節、御奉納銀目録白台え載せ、忠蔵相渡し候得は、院主挨拶之れ有り候、

着替、昼飯、酒盛、着装改、輿

畢って挨拶の上、衣類服紗物裏付上下ニ致し候。右座ニて直々着替、昼飯出で候。忠蔵同席ニて相伴。（中略）酒盛り畢って罷り帰り候。（中略）最初立ち寄り候茶　屋ニて肩衣取り、輿に乗り罷り帰り候。

・小サ刀／小さい刀の意カ。
・山下忠蔵／未詳。
・縊《くびれ》を取る／上下の括りを締めるの意カ。
・七八町／一町は六十間、約一一〇m。
・縊を卸し／上下の括りを緩めるの意カ。
・詰め開き／つめひらき。貴人の前から退くとき、立つ前に右か左へ体をまわし立ち上がること。
・外の出家／円行坊以外の僧。
・屏重門／屏中門とも。中門の一種。築地塀と母

屋との間にある門。
・椽／テン。丸いたるき。
・裏付／衣服などの裏を付けたもの。
(3) 宝暦十二年（一七六二）五・六月三国社参拝次第（秋田八代義敦代）
原典　向庄九郎政芳（御相手番）日記（『国典類抄』六巻四七六～四八一頁）
石井忠運（副役）日記（『国典類抄』六巻一三六頁、三月廿四日のみ）

代参下命

○三月廿四日
一向庄九郎三国社へ代参仰付けられ候、銀七百目下され候（石井日記）。
一御用番老中より手紙到来、庄九郎御会処へ罷出ず。国社三社への代参、来月中旬出足を仰付けらる。畏み御請けす。差出した家来に銀七百目下され候。

出足日変更、青印受取

○四月六日
一盛徳院様逝去に付き出足ハ当六月中旬を仰渡さる。屋形様御忌ハ三十日、御服ハ百五十日ニ御座候。
・盛徳院／秋田六代義眞室。御忌と御服との関係は後究を要す。
○五月二日
一先達て六月中と申渡し候得共、大暑の節御迷惑と同役中評議、当月中成共出足成され候様に申渡され候。
○五月十九日
一当廿七日出足と御届、老中より御太義（ママ）の由申聞け候。
○五月廿六日
一御会処へ罷出ず、明日出足を御届。御青印（判紙）を受取る。御賄廿三人、乗馬一疋伝馬一疋と在り。

出足、神宮寺川渡し、大蔵助宅へ

○五月廿七日
一朝七ツ（四時）以前拵（準備）出来、馬口労町より馬詰かね駕篭も甚だ遅れ、六ツ（六時）出足。供ハ家老・膳番・近習小姓・番人・小姓、歩行三人、草履取一人、長柄一人、鑓鋏箱茶弁当駕篭四人、押一人。家老膳番に掛馬、小姓三人に馬一疋貸す。門前に役人共医者まで詰め候。

・家老／小嶋主水。供中に家老がいるのは不可解。
一昼九ツ時（十二時）船ケ沢で少々駕篭を立て御酒を呑ます。
一戸嶋より宿々肝煎長百姓共、村末へ出候。
一暮六ツ（十八時）以前神宮寺川渡、組下三浦治部・花立村千葉久兵衛・看抱久衛門斎藤勘左衛門も詰候。久衛門勘左衛門ハ麻上下ニて出候。久衛門宅へ一宿。精進料理ニて丁寧成ル馳走。
○五月廿八日
一五ツ頃（八時）花立村出足、角間川能家に休、大森村へ立寄、同処大友大蔵助より食篭届く（家老小姓まで昼食振廻）、八沢木村近く急雨強雷、八ツ時（十四時）過ぎ大蔵助宅へ着、餅菓子それより酒肴三種出候。雷雨あり今夕の登山断念。

塩湯彦参拝、自分参詣、横手へ

○五月廿九日
一六ツ（六時）過出立、御堂脇の休処ニて長袴着用、御堂へ上り、大蔵助・守屋久米五郎・下社家佐々木主馬出迎、大蔵助口上、神前左方に我ら着座、主馬神酒持参・頂戴、御堂下り、上下着用、自分参詣、平服ニ致し、一里斗り参り本宮へ着、湯立在り、神楽拍子ニて神子舞在り、湯花（笹の葉十枚斗り）頂戴、久米五郎所より食篭届く（家老小姓まで振廻）、大蔵助宅へ参る、朝料理（魚類）御酒、大蔵助「本宮より下り直々御嶽山へ罷り越す」、大蔵助嫡子小太郎に目録金子二百疋取らす、出立、横手へ向う、田村街道の八幡村で組下二十人斗り出迎え、柳町御休跡へ惣組下出迎え、十間程先ニ大工鍛冶詰め候、横手大町油谷正右衛門宅に一宿、雨天で登山は明後日とす。

御嶽参拝、自分礼拝、金沢・花立村へ

○六月二日
一六ツ半（七時）頃出足、勝手方ハ蛇の先橋迄・組下は橋より手前迄出候、宿より山駕篭用立、御嶽山へ登山、山ニて長袴着用、代参無滞勤、神酒供物頂戴、神楽等の舞殿なし、仮ニに幕囲ニて湯立有り、代参済み上下着替え、自分礼拝、大蔵助「私義是より高岳山へ御先に罷越す」、金沢へ下り、今晩花立村勘左衛門宅へ一宿。

神宮寺渡し、戸嶋・一日市村経由

○六月三日
一四ツ時（七時）出立、神宮寺渡で文衛門勘左衛門見送り、舟ケ沢で蕨餅、戸嶋村津軽殿本陣へ一宿。
○六月四日
一六ツ（七時）過ぎ出立、久保田馬口労町川端で馬継、坂田町杉山藤兵衛宅で酒饗、肴等は精進肴に交代、一日市村津軽殿御昼処に一宿。
○六月五日
高岳山参拝、自分参詣、帰着
一五ツ（七時）過ぎ宿立つ、御山ニて装束長袴、代参・神酒供物、自分参詣・神酒供物、大蔵助「三社の御守一箱に致し」、請取、宿へ立寄り、大川の渡、湊で日暮、四ツ過ぎ（夜十時）屋敷着、御用番老中へ使者もって今晩着を報ず。
○六月六日
報告、御守札指上げ
一御会処へ出、昨晩帰を報告、御青印を返上。
○六月八日
一老中匹田久太夫より「御守札明九日四ツ時御膳番処へ納むべし」の手紙到来。
○六月九日
一家来を以て御守札を持たす、我等登城、此度三社代参相済み、家来を以て御守札指上げを申す。

小　括

ここでは江戸時代過半の宝暦十二年（一七六二）五〜六月三国社、安永五年（一七七六）九月三井新羅社、同六年（一七七七）年正月伊勢の、各秋田八代義敦代における参拝次第の委細を閲覧した。このような委細は一般には無味冗長だろうが、筆者は関心を寄せる。代参人の進退挙措の節々に藩主の信仰と神祇に対する時代風潮が投影されていると按ずる故である。伊勢では両度の清メの湯、三井新羅では手水をもって清祓し、威儀を正した後参拝（代参）したと伝えるが、三国社では何故か清祓は記録されていない。なお代参が済むと長袴から上下へ着装を改め、伊勢では自分拝礼、三国社では自分拝礼（参詣）が執行された。注目されてよい。また三国社代参では要所で役人等の出迎見送りと酒食の提供があった。これらは結構な負担になったであろうと推察される。

研究三　日光社参―徳川氏廟所への参詣

日光東照宮（正式名は東照宮）。栃木県日光市に鎮座。国典類抄は日光山とも表記する。元和三年（一六一七）東照大権現（徳川家康）を祭神として二代将軍秀忠により東照社として創建、正保二年（一六四五）宮号を賜り東照宮と改称。翌年の例祭から朝廷の幣帛《へいはく》が恒例となった。これが日光例幣使《れいへいし》である。なお東照宮は霊廟であり、また（上野）東叡山との関係でも注意を要する（『神道事典』）。また日光社参には藩主直参がある点が特徴である。

（1）藩主直参

○元和八（一六二二）年四月廿七日（初代義宣代）
廿四日江戸発、廿七日日光へ御参、廿九日江戸着。戸村十太夫・梅津政景ら重役十人は貸馬ニて、白土勘太郎は駄輩《だはい》ニて、夫丸《ぶまる》四人、台処三人、茶坊主二人、走三十六人、小人五十五人、馬三疋、馬屋衆五人、中屋五人。御宮へ銀子三十枚。南光僧正へ銀子二十枚、袷十、社参案内の竹林坊へ袷《あわせ》五ツ、他。二巻五二五頁、政景日記五巻一六四～一六七頁、家譜。
（注）当社参は幕府の「何時成共」の了承を得て行なわれた。
・走／はしり。徒士（かち）、歩卒衆。
・中屋／未詳。

○寛永九年（一六三二）五月四日（初代義宣代）
若殿（義隆）御供。大権現十七回忌。ただし義宣母堂の一周忌未だ終わらざるの間、日光社参に及ばず、今市まで参詣。義隆は日光まで社参。二巻五二五頁、政景日記八巻二三三頁、家譜。

○慶安二年（一六四九）六月（日不明）（二代義隆代）
六月江戸御立、若殿（義処）同道社参。白金三十枚。義処黄金一枚を献ず。藩主は直々秋田へ下向、若殿は帰府。二巻五二六頁、家譜。

○延宝二年（一六七四）四月十一日（三代義処代）
三月廿六日秋田発。装束にて社参。御宮へ太刀・金馬代、諸社へ奉納銀、門主始め諸寺院へ金銀音物。二巻五三一～五三二頁、家譜。

○正徳二年（一七一二）四月九日（四代義格代）
参府の節社参仕り度く。九日朝日光山へ参詣。二巻五三三〜五三四頁。家譜不見。（注）正徳元年（一七一一）五月付、初下国時の日光山参拝（仏詣と表記）願いが許可されたが、相馬長門守（異母兄叙胤）逝去服忌のため延行届を出す。替わって右参詣となった。二巻五三二〜五三三頁。

○享保十三年（一七二八）三月廿八日（五代義峯代）
今度日光山社参相済還御。三月七日秋田出立。故国常州水戸を旅行して東都邸に到着す。当社参、前後の記録が見えず不定。また水戸旅行が事実かは要検証。二巻五三四頁。家譜不見。

○享保十三年（一七二八）九月廿九日（五代義峯代）
下国の節参詣仕り度く。日光山御宮参詣相済。太刀、馬代銀三枚。二巻五三四〜五三六頁。家譜不見。（注）同年三月付記録に、「已後万石以上の面々未だ日光山へ参詣無き輩ハ連々参詣有る可く候」「尤も部屋住は其の儀に及ばず候」とある。二巻五三四頁。

（2）代参

○寛永六年（一六二九）四月八日（初代義宣代）
将軍（家光）日光へ社参の由、使者として船尾靫負参られ候、今日出立。政景日記七巻一五五頁。（注）本件は通常の藩主代参と異なるが代参数に含める。

○承応二年（一六五三）九月廿六日（二代義隆代）
若殿（義処）。廿二日江戸発、廿六日御山参詣、十月三日江戸着。二巻五二六〜五三〇頁、家譜。（注）本件は若殿としての社参である。事前に幕府宛て周到な御暇がなされた。但しなぜ若殿がこの時機社参したのか不詳。

○寛文五年（一六六五）四月十七日（二代義隆代）
佐竹主計（家譜、北河内義親）。田代新衛門従う。十三日江戸発、廿日帰。東照宮五十年遠忌法事。二巻五三七頁、家譜。

○寛文七年（一六六七）四月廿日（二代義隆代）
家老梅津忠宴。同道下河部又兵衛。大猷院（家光）十七回忌法事。香奠白金十枚。二巻五三七〜五三八頁、家譜。

○寛文十一年（一六七一）四月廿日（二代義隆代）
大殿より戸村内蔵丞、若殿（義処）より赤坂忠兵衛が遣さる。大猷院（家光）法事。追福今月七日より廿日に至て有り。二巻五三八～五三九頁、家譜。

○天和三年（一六八三）四月廿日（三代義処代）

使者福原彦太夫、案内波多野多助。大猷院（家光）三十三回忌。香奠白銀百両。二巻五三九頁。この日東叡山に於て追服あり、義処参詣す、家譜。

○元禄十三年（一七〇〇）四月十九日カ（三代義処代）

使者澁江十兵衛光重、添使者下山田新五郎。銀十枚。十二日秋田出足、十九日日光出足、廿一日江戸着。廿日大猷君五十年忌有。二巻五三九頁、家譜。

○正徳五年（一七一五）四月日不明（四代義格代）

使者小貫儀右衛門（番頭）、同道半田佐左衛門（物頭）。法会（権現様百回忌／五巻七二六頁）。十一日江戸発、十七日晩日光引取、廿日帰。日光御用掛より太刀（一腰）、馬代黄金十両の奉納を達せらる。二巻五三九～五四〇頁、家譜。

○元文元年（一七三六）五代義峯の嗣・義堅（義苗）

下国時の日光山参詣は、部屋住の故其の義に及ばずとの幕府の意向で未行。但し前述承応二年部屋住時代の義処は施行。二巻五三六～五三七頁。

○宝暦六年（一七五六）六月（六代義眞代）、大目付廻状

「万石以上の面々家督の節、これまでの日光御宮へ献上物は向後御太刀馬代を別当迄使者を以て献上すべし」。五巻七〇四頁。

○宝暦十三年（一七六三）九月日不明（八代義敦代）

小野崎斎宮（刀番）。供廻二十人。家督後日光御宮へ太刀馬代献上。九月十九日江戸発、名代後秋田へ下向。五巻七〇五頁、家譜。

○明和二年（一七六五）四月（八代義敦代）

権現様百五拾回忌、日光山法会。初日四月七日、中日同十一日、結願日同十六日。使者宇留野源兵衛勝冨（大小姓番頭）、副使根元正右門通台（物頭）、十一日各江戸出足。太刀一腰、馬代黄金十両。五巻七〇六頁～七三九頁、家譜。

（3）奉献

○天和二年（一六八二）一月十三日条

義宣公代日光御宮へ奉献された石燈篭、破壊に付て繕《つくろ》い然る可きの旨、仰達あり。十八巻三四三頁。

○正徳三年（一七一三）閏五月廿九日条

先年日光山御宮へ奉献された石燈篭二基修復の儀、先年修復の節の通りと申達す。十八巻三四六頁。

小括

日光社（正式名、東照宮）参拝は江戸幕府創立者で大権現とか神君と称された徳川家康、ならびに幕藩体制の内実を確定させた三代家光の御霊に対する敬仰である。当然ながら高度に政治的な配慮があったに違いないが、当時は半ば信仰にまで昇華していた可能性がある。こうした中、史料的に確実な藩主直参は初～五代が各一回、六～八代はなし。このほか初代は服忌で途中断念、五代は不定が各一回ある。うち江戸からの往来が初代の一回、下国時が二・五代の各一回、参府時が三・四代の各一回。また寛永九年（一六三二）は途中で社参断念となったが初代義宣の若殿（義隆）御供、慶安二年（一六四九）は二代義隆の若殿（義処）同道が注目されよう。なお享保十三年（一七二八）万石以上大名の家督相続時における参詣の義務化、さらに宝暦六年（一七五六）幕府より達せられた献上先・献上物も注目されよう。

他方、代参は初代・四代が各一回、二代が三回、三・八代が各二回、五～七代は記録が伝わらない。うち初代の寛永六年（一六二九）家光供奉、八代の宝暦十三年（一七六三）太刀馬代奉納（家督後）以外は年忌法事である。すなわち家康法事では二代の寛文五年（一六六五）五十回忌、四代の正徳五年（一七一五）百回忌、八代の明和二年（一七六五）百五十回忌、家光法事では二代の寛文七年（一六六七）十七回忌、寛文十一年（一六七一）二十一回忌、三代の天和三年（一六八三）三十三回忌、元禄十三年（一七〇〇）五十回忌である。

ちなみに承応二年（一六五三）二代の若殿（義処）は参詣し、元文元年（一七三六）五代の嗣義堅（義苗）は部屋住の故を以て参詣できなかった。これは幕府対応の変化に起因するだけのものか不明である。奉献では初代義宣が日光御宮へ石燈篭二基の寄進が伝わる。

研究四　伊勢神宮と秋田佐竹氏

(1) 伊勢への寄進

享保十一年（一七二六）正月、秋田五代藩主義峯は伊勢御師の久保倉大夫に宛て、「両御宮え御供料として」「毎年米三百俵づつ」を（今年より）永々献納する旨を下記の書状を以て約束した注a。その訳は「国家安全子孫繁栄の御祈祷」を宜しく依頼したことによる。ここで「国家安全」とは秋田領国内の安全を指す。「毎年米三百俵づつ」が他国に較べていかなる水準にあったのか今のところ判らない。このような秋田藩の永々献納は同年正月十五日渋江宇衛門、今宮大学、宇都宮帯刀の三家老が藩主に永々献納を献策し、その中に「御国替以来御座無き御事ニ候え共」とあるので、この時が初めてのようである。また献策中の「惣じて御信仰遊ばさるべき中ニも、御家ニてハ別して御尊崇も遊ばさるべき御儀と存じ奉り候」から、藩重役には伊勢は別格扱いとする存念があったらしい。

当寄進は前年十二月久保倉名代の河嶋平次が藩重役へ伺書を差し出したことによる。それによれば先代の天祥院（四代義格）が入部の節（秋田入国時）、久保倉大夫が願い申し立てて以来の懸案になっていた。その後、同年五月十五日右御礼として久保倉大夫が御当地（江戸屋敷）へ罷り下り品々献上物等有り、今日参上に付き（藩主義峯へ）御対面と伝える注b。なお義峯は同日付で領内三国社へ各高三十石を寄進している。

此の度両御宮へ御供料として毎年米三百俵づつ永々献納致し候、いよいよ国家安全子孫繁栄の御祈祷を以て、宜しく頼み入るべく候、恐々謹言

正月廿二日　佐右京大夫　御居判

久保倉大夫殿　御宿処

(2) 伊勢御師と秋田

御師（おし）とは一般的に寺社に属して参詣者の案内や世話する者をいう。熊野、伊勢、白山などで活発であったが、とくに伊勢の御師は他の寺社とは異なる重要な特性があったので、特別に「おんし」

と呼ばれた。それは伊勢の神宮は「私幣断禁《しへいきんだん》」と言って天皇以外の幣帛奉納《へいはくほうのう》を受納しなかったので、明治に至るまで参拝者が神楽《かぐら》を奉納する施設である神楽殿は外宮内宮に存在せず、参拝者に代わって神主たる御師がその祈願を神前に取り次ぎ、神楽は御師の邸宅で上げていた。つまり伊勢の神宮では鎌倉時代にすでに多数参拝者の伊勢参りが知られるが、神楽奉納などを以てする祈願は御師を通してしかできなかった。こうして伊勢御師とは基本的に神宮の神事に出仕する神主であった。その数は時期によって変動するが、外宮門前の山田に四百軒位、内宮門前の宇治に二百軒位が居たとされ、その中核は二十四軒の三方年寄家の御師たちで、彼らは一般に五位の位階を持って布衣と刀を着すことを認められていた注c。

このような伊勢御師は毎年、手代《てだい》を諸国の檀家（檀那、旦那）に派遣して御祓大麻《おはらいたいま》や土産物を配り、檀家のために祈祷を行い、その代わりに初穂料などの形で米銭の寄進を受けた。参宮に訪れた際には諸々の世話をし、神楽を上げて神宮との間を取り次ぐ御師を「師匠」とし、信者を「檀家」とする固定的な師檀関係が結ばれた。この関係は多くは村を単位とし、時には郡や国ごとにまとまって特定の御師に属した。こうした事情を踏まえないと佐竹氏の伊勢に対する接遇が正しく理解できない。

ちなみに「大夫」「太夫」は翻刻に従っているが、神宮御師に関する基本資料は全て「大夫」である。『古語辞典』（旺文社）によれば、通常、大夫は①五位者の通称、②伊勢神宮神職、③大名家老、大夫・太夫は①特別技芸者、②歌舞伎の女形、③最上位の遊女に用されるという（なお『国史大辞典』では大夫は「たゆう」「たいふ」、太夫は「たゆう」と読む）。

さて秋田に入った伊勢御師は三方家の久保倉弾正（御祓名、久保倉大夫）と、同じく三方家の三日市帯刀（御祓名、三日市大夫次郎）の両家であった。前者は藩主ほか一門、全給人を御祓する大名御師、後者は領内庶民を御祓する領内御師（御国御師）とされたことは周知のとおりである。ちなみに久保倉弾正は佐竹久保田藩、伊達仙台藩、越後長岡藩、美濃大垣藩などで大名御師、また常陸・下野・武蔵などの領内御師で（祓数は）計二十五万九千余軒、他方、三日市帯刀は六郷本荘藩、岩城亀田藩、戸沢新庄藩、南部藩、秋田三春藩などで大名御師、また陸奥・出羽・上野・佐渡・松前などの領内御師で同三十五万三千余軒とその勢威を伝える。なお三日市帯刀と三日市兵庫（御祓名三日市大夫治郎、陸奥出羽、計四万六千）とは混同されてはならない。また朝廷の御師は内宮が藤波神主、外宮が桧垣神主、将軍の御師は内宮が宇治の山本大夫、外宮が山田の春木大夫がそれぞれ務めた[注d]。

（3）伊勢御師の接近と競合

秋田に入りした伊勢御師のうち久保倉大夫（御祓名）が大名御師、三日市太夫次郎（同）が領内御師（御国御師）であったことは前述したが、これに関しては、延宝三年（一六七五）正月七日、三日市太夫次郎使者が今日御前（藩主義処）へ召し出され候として、次の一件を伝える（十一巻六〇七頁、抄出）。

御祓ハ献上申さず、御音信物色々存之候得共、熨斗十把御請納、其の外ハ御返進、御祓差上げ申さざる義ハ久保倉太夫事ハ常州より之御太夫ニて、屋形様其の外侍中へ御祓差上げ候、三日市太夫次郎義（ハ）出羽奥州之太夫ニて町之者ニ斗御祓引き　候筈ニ候処、久保倉太夫と出入罷り成り、当年よりハ屋形様を始め侍中へ御祓引き候儀ハ無用ニ相成り候由、拙者処へ申し遣し候、

これによれば、延宝三年初には久保倉太夫は常陸時代からの御師であったが故に藩主と侍へ、三日市太夫は出羽奥州の太夫であるが故に町之者（注、在村を含む）へ御祓を配布することになっていた。この文意は久保倉は常陸からの御師であるのに対して、出羽奥州の太夫である三日市は南部藩などでは大名御師であるが、恐らく常陸には入っていなかったが故に久保倉を優遇した裁定であったと読める。この点に関して、金児紘征氏は残念ながら典拠を示していないが、「三日市太夫次郎は平泉の藤原家の子孫と称し、したがって、奥羽地方の主筋であるから当然、秋田の御師は自家であると主張した」とする興味ある見解を記している[注e]。

他方、半田和彦氏によれば、このような縄張りは延宝二年（一六七四）五月、同三年一月、享保十四

（一七二九）～十八年（一七三三）二月の三回の両御師の対立を経て定着したものだという[注f]。この点に注目すれば、確かに第六章に抄出した藩主の参拝（全代参）十六例では三日市の名を見ることができない。他方、半田氏は一件落着以降、「武家の日記には久保倉太夫関係の記事しか載っていない」と断言する。しかしながら「武家の日記」の定義にもよるが、『国典類抄』に収録された記録によって藩主宛て御祓等の献上を見ると、決着したという享保十八年以降でも、以下に示すとおり三日市が⑧元文元年（一七三六）、⑩元文三年（一七三八）、⑪元文四年（一七三九）になお繰り返しさまざまの口実を以て藩主とその周辺に御祓等を試みた形跡がある。これらから伊勢御師の側から絶えず佐竹氏に対する接近と、それに伴う両御師間で激しい競合があったことが推知される。歴史の推移は一筋縄では行かない。この点は佐竹氏の伊勢信仰を考える上でも等閑できない。

（注a）『国典類抄』第十八巻、三五〇～三五一頁。

（注b）右同第十一巻、六三九頁。

（注c）当および次文節は『伊勢市史』第三巻近世編、二〇一三、五二二頁以下。ただし江戸時代には神楽殿に準ずる施設が神宮内にあったという（桜井勝之進『伊勢神宮』第三版）。なお神宮御師数は正徳年中（一七一一～一六）外宮五百四家、内宮二百四十一家と伝える（『国史大辞典』御師条）。

（注d）当文節は『神宮御師資料　外宮篇四』皇學館大学出版部、一九八六。

（注e）金児紘征『秋田の中の「伊勢」』無明舎出版、二〇一七、二二頁以下。本書は秋田と伊勢の関係を研究された好個の書本である。

（注f）『秋田歴研協会誌』第四五号、二〇一〇年十二月。ちなみに「内宮・外宮」に「ないぐう げぐう」とルビし、これらを収録した同氏『秋田藩の用語解説』二〇一六にも再録しているが、正しくは「ないくう げくう」である。些事ではあるが大事な点である。

［資料］伊勢御師の御祓等の献上（三日市太夫次郎関係は傍線を付す）

①宝永二年（一七〇五）十一月四日（四代義格代）
久保倉太夫ニ銀子三枚下され候、例年の如く御祓大麻熨斗鮑を献上ニ付て也、使者ニ銀子一枚下され候（十一巻、六三六頁）。
②正徳五年（一七一五）十二月五日（五代義峯代）
三日市太夫次郎より家督御祝儀として使者を以て献上物有り、使者今日御座之間（考江戸屋敷）に於て御目見有り（十一巻、六三六頁、右筆所御書物日記）。
③享保十一年（一七二六）五月十五日（五代義峯代）
米三百俵御奉納に付き久保倉太夫、当地（江戸屋敷）へ罷り下り品々献上有り、今日参上、御目見有り（十一巻、六三九頁）。
④享保十三年（一七二八）五月廿六日（五代義峯代）
三日市太夫次郎より書状を以て献上物有り、右は旧冬より始て御祓大麻並に御進物受納の御礼也（十一巻、六四〇頁、右筆所御書物日記）。
⑤享保十七年（一七三二）六月七日（五代義峯代）
久保倉太夫よりこの度御悦ニ（考義堅公御養子也）使者川嶋平次右門を以て献上物有り。若殿様、御対面処に於て御目見有り（十一巻、六四一頁）。
⑥享保十七年（一七三二）六月廿六日（五代義峯代）
三日市太夫次郎所よりこの度御悦（右同）の使者中西六左衛門を以て、御座之間にて御目見、若殿様にも御目見有り（十一巻、六四一頁、右筆所御書物日記）。
⑦元文元年（一七三六）六月十五日（五代義峯代）
若殿様（考義堅公）御入部御祝儀として久保倉太夫より使者を以て、両殿様へ献上物有り、家老対面（十一巻、六四三頁）。
⑧元文元年（一七三六）六月廿六日、廿九日（五代義峯代）
若殿様（右同）御入国の御祝儀として三日市太夫次郎より使者を以て屋形様若殿様へ献上物有り（十一巻、六四三頁、右筆所御書物日記）。
⑨元文三年（一七三八）十月廿七日（五代義峯代）
久保倉太夫方より使者を以てこの度初て徳寿丸様（のち六代義眞）御請納として献上物有り（十一巻、六四四頁）。
⑩元文三年（一七三八）十一月廿四日（五代義峯代）

（三日市太夫次郎）使者、向後江戸に於ハ御目見仰せ付けられず、献上物も請納無き筈ニ相極リ候、併し今年ハ受納也（十一巻、六四五頁、田崎秀満勤中日記）。

（注）本条は前述の延宝二年（一六七四）等の決着説の再考を促す。

⑪元文四年（一七三九）四月十九日（五代義峯代）

三日市太夫次郎より富姫様（義峯二女）婚礼済みの御祝儀として去ル十五日献上物有り（十一巻、六四五頁、右筆所御書物日記）。

⑫元文四年（一七三九）六月十六日（五代義峯代）

久保倉太夫処より徳寿丸様御嫡子（義峯養嗣子）と成りたる御悦として武運長久御安体御成長の祈祷仕り候由、並に献上物あり（十一巻、六四六頁）。

⑬宝暦十年（一七六〇）十月十六日（八代義敦代）

久保倉太夫例年の如く使者以て屋形様、幸之助（義敦弟）様へ御祓その外献上物有り、左のとおり（略）（十二巻、八九九頁）。

⑭明和二年（一七六五）一月十五日（八代義敦代）

久保倉太夫使者、（藩主）幼年で延引していたが、今日御目見有り（十二巻、九〇四頁）。

⑮安永元年（一七七二）一月十五日（八代義敦代）

久保倉太夫使者御目見有り御祓外献上物例のとおり（十二巻、八九八頁）。

研究五　佐竹氏の江戸藩邸

江戸藩邸とは江戸時代に諸国の大名が江戸に置いた屋敷をさす。うち上屋敷（かみやしき）は居屋敷とも称され、藩主の公私の住居や家臣の住宅に、中屋敷（なかやしき）は隠居や世継などに用され、下屋敷（しもやしき）は国元などからの物資搬入に適した水利の良い処に置かれ、藩主の別邸や倉屋敷として用された。これら上・中・下屋敷はおおむね江戸幕府から敷地が付与された拝領屋敷であった。他方、大名が民間の所有する農地などの土地を購入して建築した屋敷は抱屋敷（かかえやしき）と称された（『江戸東京学事典』『図解江戸の暮らし事典』）。

佐竹氏の江戸藩邸に関しては断片的な研究はあるが、全容を伝える研究はまだ出ていない[注a]。喧嘩と火事は江戸の華と称されるとおり、江戸藩邸は再々焼失し、参勤中（江戸滞在）の藩主が仮住居を余儀なくされた外、「浅草」「鳥越」「下谷」「池之端」の地名が具体的にどこを指すか、当時の絵図で一部確認できるが、相互の関係などは必ずしも明らかでない。それ故に調査は尽くされていないが、参勤中の社参で拠点となる上屋敷の所在地を中心に佐竹氏の江戸藩邸の概要を見てみよう。

当初の上屋敷は神田鎌倉橋町の続きに在り、鎌倉河岸屋敷とも称された。慶長九年（一六〇四）の開設とも言うが、史料上では同十五年（一六一〇）江戸御門長屋の建築[注b]、同十八年（一六一三）将軍家の入御[注c]が伝わる。その後五度の火災に遭い[注d]、五度目の天和二年（一六八二）の後、貞享二年（一六八五）幕府から神田邸の代地に下谷に邸地を賜った[注e]。この神田屋敷は現在の千代田区内神田（もと旭町）で、ＪＲ神田駅西口に近い。跡地の一角には寛永十二年（一六三五）二代義隆が藩邸の鬼門除けに勧請したと伝える佐竹稲荷神社がある。その縁で、神田西口商店街では隔年七月初、「神田、秋田湯沢七夕絵どうろうまつり」が開催される。昭和三十六年、跡地から金箔を施された軒丸瓦など佐竹家の遺品が出土、これは現在千代田区立四番町歴史民俗資料館に展示されている[注f]。

　なお第一回明暦三年（一六五六）の神田屋敷の類焼で池之端屋敷を拝領したと伝わるが委細は未詳である[注g]。そのご元禄十二年（一六九九）五月三代義処が上屋敷（下谷七軒町）に移り[注h]、翌十三年四月参勤の義処は江戸七軒町屋敷へ着し、「是ハ去々年類火以来隣之屋敷被賜之、広大ニ成故号上屋敷」[注i]とある。以降、罹災時は不明だが基本的に幕末まで下谷七軒町屋敷が上屋敷であったらしい。この屋敷は三味線堀屋敷とも称され、現在の台東区台東付近でJR御徒町駅に近い。跡地の一角に佐竹商店街や佐竹秋葉神社がある[注j]。

　このほか藩主社参に関係する中・下の屋敷を見てみよう。管見するところ、下屋敷の初見は元和五年（一六一九）七月「下屋敷増築」（国典）で、これより先開設されていたらしい。この下屋敷は元和七年（一六二一）九月義宣嗣子の義直（彦次郎のち阿證）が入り（政景日記）、寛永三年（一六二六）十一月同じく嗣子の義隆が移った（国典）ことから、一抹の不安があるが、（浅草）鳥越と推察される。他方、中屋敷の初見は寛永七年（一六三〇）八月「宝寿院様（義宣母）へ若殿様（義隆）中屋敷ニておとり懸御目被成候」（政景日記）で、この頃中屋敷が開設されたに違いないが、この屋敷を特定するのが難しい。これら屋敷相互の変遷に関してはかなりの努力をしたが明らかにし得ないので、次の記事を掲げるに止める。

　鳥越屋敷ハ義宣様御代より之屋敷で、義処様居屋敷とされていた。下谷七軒町の屋敷は中屋敷と申され、（義処様）参勤の節御座されていた。其頃ハちいさい屋敷であったが、元禄十一年（一六九八）類焼の節増坪ニて御拝領、是より七軒町屋敷は居屋敷とされた。鳥越屋敷ハ元禄十二年（一六九九）乾徳院（義処嗣義苗）逝去後は家中を置いていたが、正徳三年（一七一三）智清院（義処側妾、義格生母）が移られた（『国典類抄』第三巻、三四〇頁）。

（注a）主要文献は次のとおり。
「秋田藩江戸屋敷」『秋田市史』第十四巻、一九九八。「秋田地方諸藩江戸屋敷所在地見取図」『秋田県史』第四巻、一九七七。遠藤知子『首都圏の中の秋田』秋田魁新報社、二〇〇七。
（注b）『政景日記』元和四年六月十八日条。
（注c）『家譜』慶長十八年三月二条。
（注d）注a『秋田市史』第十四巻、二八四頁以下。
（注e）『家譜』貞享二年四月二十五日条。
（注f）以上、近況は注a『首都圏の中の秋田』。なお金箔の軒丸瓦一件は「元和七年（一六二一）（義宣）江戸邸広間等ノ改築ヲ命ズ、門ハ細川忠興邸ニ倣《なら》ハシム」（『政景日記』頭注）に由来するものか。
（注g）注a『秋田市史』第十四巻、二八四頁。ちなみに「池之端の邸地の代りに下谷宅（本中屋鋪）の南北の地を添賜ふ」（『家譜』元禄十一年十月十一日条）からこれより先の拝領が確認される。
（注h）『国典類抄』元禄十二年五月廿二日条。
（注i）『国典類抄』元禄十三年四月二日条。
（注j）注a『首都圏の中の秋田』。

【資料】佐竹上屋敷（神田、下谷、他）仮年表

（凡例）日記／梅津政景日記。家譜／佐竹家譜。

・慶長九年（一六〇四）～天和三年（一六八三）／当該地（内神田）は佐竹家上屋敷の一角。前述四番町歴史民俗資料館の遺物説明（『首都圏の中の秋田』）
（注）ただし当初は神田御殿（元和八年／一六二二）、「上」屋敷の国典上の初出は寛文八年（一六六八）である。
・慶長十五年（一六一〇）神田邸門長屋等経営す。日記（元和四年六月十八日条）
・慶長十八年（一六一三）三月将軍家義宣館に入御。家譜
・元和七年（一六二一）八月／（義宣）江戸邸広間等ノ改築ヲ命ズ、門ハ細川忠興邸ニ倣ハシム。日記
・元和七年（一六二一）九月／（義宣）邸壱つ建築ヲ命ズ。日記
・寛永三年（一六二六）十月／（義隆）上屋敷へ御出被成。日記
・明暦三年（一六五七）一月／神田邸罹災。家譜
・万治元年（一六五八）一月／神田仮邸又罹災。家譜
・寛文八年（一六六八）十一月／（義隆）上屋敷仮

屋ニ移。国典三巻
・延宝六年（一六七八）四月／（義処）上屋敷へ入。国典三巻
・延宝八年（一六八〇）神田邸罹災。家譜
・天和二年（一六八二）十二月／神田邸（先年焼残長屋）罹災。家譜
・貞享二年（一六八五）四月／（義処）神田邸代地に下谷に邸地を賜う。家譜
・元禄十年（一六九七）十月／池端邸地の代りに下谷邸（本は中屋鋪と云）の南北の地を添え賜う。家譜
・元禄十二年（一六九九）五月／（義処）上屋敷（下谷七軒町）へ移。国典三巻
・元禄十三年（一七〇〇）四月／（義処）江戸七軒町屋敷へ着。国典三巻
　是ハ去々年類火以来隣之屋敷被賜之、広大ニ成故号上屋敷。
（注）以降、前述のとおり下谷七軒町屋敷が継続して上屋敷か。

研究六　江戸市中祭礼へ差出と物見

浅草観音と神田明神の祭礼では佐竹氏が度々兵具と付随する人員を差出していた。また江戸屋敷前を通過した浅草観音と鳥越明神の祭礼行列を藩主や姫様などが物見していた。これも細かな記事情報から見えてきたことである。

（1）浅草祭礼

差出しは二代義隆代、三代義処代各二件、五代義峯代四件、九代義敦代一件である。これは毎年ではなく、明和八年条では「何年ニ一度と申かにて以前より大祭礼の節」と読めるが、委細は判らない。差出し数は年によって変化した。明暦二年（一六五六）では鉄砲二十挺、鑓三十人、寛文九年（一六六九）では鉄砲三十挺、鑓二十挺。延宝三年（一六七五）と貞享二（一六八五）では鉄砲二十挺、弓十挺、鑓二十筋。享保十六年（一七三一）と寛保元年（一七四一）では鉄砲五挺（丁）、弓五張、鑓十筋であった。

なお明暦二年では酒井摂津守も差出したと伝わる。他の年も他藩の差出しがあったに違いない。人員は貞享二年では「鉄砲の者ニは糸旨羽織袴」「鑓の者ニは木綿羽織ニて袴」を着させた。おそらく他年もそうであったろう。この祭礼行列は佐竹氏上屋敷(下谷七軒町屋敷か)門前を通り、藩主他が毎度見物したと伝える。

○明暦二年（一六五六）三月十八日（二代義隆代）
浅草の祭ニて、鉄砲二十挺、鑓三十人御借申し入れに応ず。酒井摂津守よりも弓二十挺、鑓三十参り候由。

○寛文九年（一六六九）三月十八日（二代義隆代）
今日浅草観音祭礼ニ付、長柄鑓二十挺、鉄砲三十挺遣わされ候。

○延宝三年（一六七五）三月十八日（三代義処代）
今日浅草観音祭礼ニ付、鉄砲二十挺、弓十挺、鑓二十筋、突棒三組御貸し候。

○貞享二年（一六八五）三月十八日（三代義処代）
今日ハ観音祭礼有之ニ付、鉄砲二十挺、弓十張、鑓二十筋遣わされ候。鉄砲の者ニは糸旨羽織袴を着させ、鑓の者ニは木綿羽織ニて袴は着させ申さず候。

○享保八年（一七二三）三月十八日（五代義峯代）
浅草観音祭礼ニ付、鉄砲五挺、弓五張、鑓十筋差し出さる。但し前々鉄砲十挺、弓十張、鑓三十筋差し出され候得共、今度御減申し来たるに付、減らされ候。

○享保十四年（一七二九）三月十九日（五代義峯代）
今日観音祭礼ニ付、鉄砲鑓押参り候。支配目附一人、歩行一人、此の両人始終道具に付き相勤め候。

○享保十六年（一七三一）三月十九日（五代義峯代）
昨日観音祭礼ニ付、鉄砲五丁、弓五張、鑓十筋、御物頭川井六之允相勤め申し候。其の外、歩行足軽二十七人の由。

○寛保元年（一七四一）四月十八日（五代義峯代）
今日浅草観音祭礼、屋敷表御門前昼過ぎ通り候。暫らく御見物（考、徳寿丸様御見物之事）。此の方より差し出され候鉄砲五挺、弓五張、鑓十筋も相通り候。

（注）徳寿丸／義峯養嗣子のち義真。（以上の出所、二巻七八七～七九〇頁）

○明和八年（一七七一）三月十三日（九代義敦代）
当十八日浅草観音祭礼、以前の通り兵具を差出す。（これは如何の訳ニ候やと尋ね候所）何年ニ一度と申すかにて以前より大祭礼の節、長柄鉄砲足軽二十七人差出され候由。右祭礼は上屋敷門前を通り毎度（藩主他）御見物御覧（六巻一一五〇頁）。

（2）神田祭礼

差出しは四代義格代、五代義峯代各二件、六代義真代一件、九代義敦代二件である。この差出しは毎年ではなく、元文五年（一七四〇）条では「是は三年ニ一度宛《づ》つ差し出され候」とある。長柄が三十または十五本（筋）、宝永元年（一七〇四）には牽馬《ひきうま》二疋の差出しである。牽馬の差出しは記録上ではこの一件である。人員は宝暦二年（一七五二）と同八年（一七五八）の例では足軽二十人、歩行二人、物頭も罷越すとある。神田祭礼は佐竹氏屋敷前を行列するわけではないが、佐竹氏が諸屋敷を構えた江戸市中下町の大祭典であった故であろう。

○宝永元年（一七〇四）九月十九日（四代義格代）
今日神田明神祭礼ニ付、長柄三十本、牽馬二疋差し出され候由。

○宝永五年（一七〇八）九月十九日（四代義格代）
神田明神祭礼有り、長柄三十筋遣わされ候。

○元文五年（一七四〇）八月廿七日（五代義峯代）
当十五日神田明神祭礼、長柄十五筋出候。是は三年ニ一度宛つ差し出され候。

○寛延元年（一七四八）九月十二日（五代義峯代）
当十五日神田祭礼、御道具差し出され候。足軽十五人、長柄肩替三人、小頭二人都合廿人、合羽篭歩四人、昼食申し立て候。

（以上の出所、二巻七八九～七九〇頁）

○宝暦二年（一七五二）九月十五日（六代義真代）
今日神田明神祭礼、長柄十五筋差出す。足軽二十人、歩行二人、物頭も罷越す。

○宝暦八年（一七五八）九月十五日（九代義敦代）
今日神田明神祭礼、長柄十五筋差出す。足軽二十人、歩行二人、物頭も罷越す。

○明和四年（一七六七）九月十五日（九代義敦代）
今日神田明神祭礼、物頭が長柄十五筋、歩行両人を差出す。

（以上の出所、六巻一四九～一五〇頁）。

(3) 鳥越祭礼

元禄二年（一六八九）、元文五年（一七四〇）、おそらく明和五年（一七六八）の各六月祭礼では、屋敷（注、鳥越屋敷カ）前を渡る神輿《みこし》を藩主姫様などか表長屋二階などから物見した。

○元禄二年（一六八九）六月廿日（三代義処代）

今日ハ鳥越明神祭礼在之、屋敷前渡リ申すニ付、御姫様ニも表長屋二階え出させられ、上覧遊され候。

○元文五年（一七四〇）六月十一日（五代義峯代）

今日鳥越祭礼、屋敷前渡リ候ニ付、御物見ニて、上々様御見物遊され候。

（以上の出所、一二巻七八九～七九〇頁）

○明和五年（一七六八）六月九日（九代義敦代）

今日鳥越明神祭礼、近年止め居り候所、今年御門前通り候由（六巻一五〇頁）。

小括

以上のとおり、佐竹氏の江戸市中諸社の祭礼に対する兵具人員の差出および物見の様相を『国典類抄』によって見た。祭礼行列を物見した各々の藩邸所在地は仔細な調査を要するが、いずれにしても兵具人員の差出しは藩邸の地域祭礼への貢献と推知できる。藩主や姫様などの物見は江戸の祭礼がそれだけ人気があったことを示す。

研究七　領内の社領寺領等

今後の研究課題は結章で指摘したとおり、佐竹氏の秋田入部とその後の佐竹氏の社寺政策の変化、それに伴う領内の神々の再編成である。これには当然ながら個別の社寺研究の積上げを要するが、他方、領内社寺の横断的で俯瞰的な視点が必要となる。一例をあげれば、筆者の故郷である（神宮寺）八幡神社の領高は佐竹氏前の戸沢氏時代は三十石と伝えるが、佐竹氏の藩政以降は社殿の造営修復は藩持ちながら祭料はわずか五石であった。この意義をどう把握するか長く解しかねていたところ藩内社寺の社寺領、蔵出米《くらだしまい》、扶持料《ふちりょう》などの一覧を観察して初めてその相対的な位置を知ることができた。これらの領高等は直截に領内の神々の再編成の一端を表す。それ故に以下に領内の社領寺領等を掲出する。

なお「社寺」「寺社」であるが、抄出等では各史料に従うことにし、それ以外は本書が神祇信仰に関する研究であることに鑑み、「社寺」と表記する。また当時の有力社は神仏習合の形態から神社管理では仏教側が優位であったので、神社領が別当等の寺院に付されている例が少なくないなど、社領と寺領の判別が難しい。そこで参照の意義を含め、各史料に従い社領寺領等を抄出する。

（1）「六郡総諸寺院由緒 附諸社記録」

当文書は秋田県立図書館にある安藤和風の寄贈に関わる時雨庵文庫の架蔵である。他文書の一部又は全部の写しを寄せ集めた一冊の綴じ本である。出典が判る文書は少ない。写者又は編者名ならびに作成年代は不明である。ただし内表紙は反古紙で、裏に文政八年（一八二五）三月の墨書がある。当文書は二十九の小題から成るが、以下では本書の主旨に関係する六小題を抄出する（掲載順変更）。

○社領附 御扶持附 社人

一保呂羽　弐百六拾五石　内　百五拾石　守屋飛騨守
　　　　　　　　　　　　同　百拾五石　大友正木
一御嶽山　　　　　　　　内　四拾七石五斗　右同人
　　　　六拾石
高岳山　　　　　　　　　同　拾弐石五斗　守屋飛騨守

一御城　八幡　稲荷　神主　四人扶持　岩城村　近谷豊前正
一両皇　惣社　神主　三人扶持　川尻村　川尻祝部
一山王　神主　弐拾石　谷橋村　土嵜隼人
八幡　（神主）四拾石　（谷橋村　土嵜隼人）
一八幡　神主　五石　神宮寺村　斎藤安房
一熊野　神主　三拾石　六郷　熊谷嘉藤《カ》太
一西諏訪　神主　拾石　斎藤信濃
一八幡　神主　拾壱石六斗六升六合　金沢　三浦因幡
一旭岡　神主　五石　横手大沢　鈴木大和正
一八幡　神主　五石　八幡村　高橋友之進
一大八幡　神主　二人御扶持　町亀之丁　千田左膳
一蛭子　神主　二人御扶持　社人頭　浅野若狭

右御目見之社人、正月十五日銘々守札献上、一人宛御客間より御坐間え罷り出、二畳目ニて披露、御礼則退去

○録寺院并御目見寺院

（注）数所にある「社領」（傍線を付す）に要注意。

一如意山台鏡寺　寺領弐百石　本寺醍醐無量寿院　宝鏡院
一欸冬山観音院　寺領三拾石　本寺宝鏡院　遍照院
一久藤山西林寺　御蔵米八石　宝鏡院門徒於常陸桜本坊　威徳院
一真実山梅荘寺　右同断　於常陸梅本坊　梅真院
一金剛山智福寺　右同断　於常陸泉本坊　泉光院
一普照山西照寺　右同断　同想持坊　常賢院
一月鏡山常楽寺　右同断　同福生坊　成福院
一意光山長松寺　寺領弐拾五石　右同断　同尭善坊　松門院
一大幢山勝軍寺　社領三十石寺領弐拾　八幡別当宝鏡院門徒　金乗院
一　御蔵米十五石　宝鏡院門徒　安楽院
一輪法山　寺領弐百七拾石　本寺醍醐松橋　一乗院
一金砂山常蓮院　寺領百石　本寺右同断　東清寺
一亀甲山四天王寺　社領六拾石　古四王別当　宝鏡院閑居処　東門院
一勇猛山能福寺　寺領百石　右同院門徒　喜蔵院
一三神山長命寺　寺領拾石　富士別当一乗院門徒　医王院
一堅固山金剛院　本寺和州長谷小池坊　愛宕、弁天別当　金照寺
行人頭　本寺宝鏡院　泉蔵院
各五人御扶持　右同断　不動院
一赤神山日積寺　社領七拾石寺領百九石七斗九升七合　男鹿本山別当
本寺高野山就光院　門徒八ケ寺　永禅院
一赤神山　社領四拾石寺領五拾石　男鹿新山別当　本寺同断　光禅院
一金剛山真永寺　寺領三拾石　本寺醍醐三宝院　刈和野　清光院
一三輪山杉林寺　社領五拾石余　杉宮別当　本寺仁和寺御室　吉祥院

一万固山　寺領三百石　本寺上州三嶽永源寺　天徳寺
一広沢山　寺領二百石　本寺常州耕山寺　正洞院
一義峯山　同七拾石　本寺常州額田鱗勝院　鱗勝院
一大沢山　同弐百石　天徳寺末寺　闐信寺
一正覚山如幼院　同五拾石　本寺京都智恩院　誓願寺
一光輝山念仏寺　寺領二十石　本寺京都浄華院　弘彩院
一顕来山念仏寺　同五拾石　本寺京都本満寺　久城寺
一薬王山　同五拾石　本寺京都本能寺　蓮住寺
一法雲山　同弐拾石　本寺加州専光寺　西能寺
一照光山　同弐拾石　本寺京都東本願寺　西善寺
一当知山　同三拾石　本寺右同断　本誓寺
一弥光山　同弐拾石　本寺右同断　天明元丑年より　浄願寺
一常盤山　同五拾石　本寺相州藤沢清浄光寺　龍泉寺
一清浄山　同三拾石　本寺右同断　声躰寺
一市中山　同五拾石余　本寺京都東本願寺　浅舞村　玄福寺
　寛政九年より御目見
一亀像山　同二十石　本寺能登惣持寺　補陀寺
一大定山　同三十石　本寺同断　山田　最禅寺
一新田山　同二十石　本寺京都東本願寺　大谷　光徳寺
　外ニ派改メ三ケ寺扶助のため御蔵米三拾石

○六郡総社人

一百三拾三人
　内　九人　御城下
　同　四拾壱人　秋田郡
　同　拾人　河辺郡
　同　四拾七人　仙北郡
　同　弐拾弐人　平鹿郡
　同　三人　雄勝郡
　同　壱人　山本郡能代

○御社参遊ばされ候御城下神社

一大八幡　一小八幡　一稲荷　一金砂
一鹿嶌　宝鏡院境内ニ在り　一惣社　神明トモ云う
一諏訪　右の外寿量院　御霊屋

○十二社

（注）この十二社は以降継続的なものか研究を要する。

一八沢木　保呂羽　一金沢　八幡　一六郷　熊野
一杉宮　三輪　一院内　愛宕　一太平　若宮八幡
一藤倉　観音　一小野　天神　一舟越　牛頭天王
一男鹿　本山　真山　一寺内　古四王

右社へ正徳五年（一七一五）七月十九日御誓願之れ有り候御代参ばかり立置き候

○御領内神社

一千八百九拾八社
内　千弐拾一社　秋田郡
同　百弐拾四社　川辺郡
同　二百七拾社　山本郡
同　百七拾四社　仙北郡
同　百七拾四社　雄勝郡
同　百参拾六社　平鹿郡

右は宝暦九年（一七五九）の調べなり、此の外調べニ洩タル神社多カルへシ、正徳四年（一七一四）の調べの一倍（部）なり。

（2）「六郡諸寺院覚記」

当文書は秋田県公文書館にある東山文庫架蔵である。外題は精確には、「六郡諸寺院（宗旨附、御寺領附、社家山伏御扶持方附、引載注／この三語句は右から三行書）覚記」である。表紙題左に「宝永二（一七〇五）四月寺社奉行処より写す」とある。その下部に「明治二十三年迄百五十六年ニ成ル」とあるので、この文書そのものは明治二十三年に写されたものらしいが、委細は不詳である。当文書から「神領覚」「寺社領覚」を抄出する（掲載順変更）。

○神領覚

一当高三十石　別当金乗院所務　御城八幡宮
一同三十石　号塩湯彦神社　平鹿郡　御嶽山
一同三十石　号副川神社　山本郡　高岳山
右三社享保十一（一七二六）丙午三月中附置かれ候、但し今宮大学義透吟味の右六十石ハ大友治部少輔壱人（以下不明）。
一当高弐十石　保戸野　諏訪
一同三十九石壱斗五合　神主土崎雅楽介　谷橋　山王
一同百八石四斗五升三合　男鹿本山　永禅院
　内百五石壱斗弐升三合本田　同三石三斗三升開
一同四拾石　同真山　光飯寺
　内三十石本田　同十石開
一同六拾石　寺内村　古四王
　宝鏡院閑居処□東門院所務、無住の時宝鏡院所務
一同八石三斗八升七合開　高寺観音　高言（善）寺
一同三石八升壱合本田　仙北本堂村《カカ》　観音　千手院
一同五石本田　宮太夫へ　横手朝日岡　観音

一同拾壱石六斗六升六合本田　金沢八幡　三浦代太夫
一同五斗九升七合本田　北仏郷村　八幡　千手院
一同八斗五升本田　強首村　不動　長養院
一同弐斗三升本田　女米木村　観音　大行院
一同五石四斗本田　見澤　八幡　正覚院
一同六石三斗四升七合開　男鹿湯元　妙見　常楽院
一同三石八斗五升九合開　太東堀ノ内　八幡　福性院
一同三十石　六郷　熊野　熊谷周防守
一同百十五石　大友大隅守
内三十四石三斗三升本田　同八十石三斗七升開
一同百五十石　守屋孫太郎
内廿七石弐斗本田　同百廿弐石八斗開
一大坂俵　三百俵　伊勢太神宮
享保（一七一六／三六）久保倉太夫所へ御登せ米の内より相渡されれ候なり。
右高合七百拾弐石九斗五升弐合
一米五石　神宮寺八幡　斉藤安房守
一同五石　横手八幡村　八幡
一同壱石五斗　船越天王
一同三石五斗　薬王院　新屋百三段　山王

当高弐千石三斗九升弐合　永源院

（注）以下不明。永源院は天徳寺本寺の上州三嶽永源院をさすか。

○寺社領覚

一高弐百石　本田　宝鏡院
一同弐百七十石　内弐百石本田、七十石開　一乗院
一同三拾石　本田　遍照院
一同弐百石四斗　内弐百石本田、四斗開　天徳寺
一同弐百石　本田　正洞院
一同七拾石　内五十石本田、同廿石開　麟勝院
一同百石　但し本住の時斗リ、衆主の時ハ五十石　闐信寺
一同百石　本田　東清寺
一同廿石　御城八幡別当　金乗院
一同廿石　本田　松原ノ補陀寺
一同百石　内八十石本田、廿石開　角館天寧寺
一同廿石三斗　内弐十石本田、同三斗開　泉村永源寺
一同五十石　本田　寺町時宗　龍泉寺
一同三十石　本田　同　聲躰寺
一高五十石　内三十本田、同廿石開　誓願寺
一同百石　十日町真言宗　喜蔵院

一同二十五石　　　　　　　　　　　　　　　　六供町松門院
一同拾石　　外に十人扶持　　楢山真言宗　　醫王院
一同五十石　開　　　寺町日蓮宗　　　　　　久城寺
一同五十石　開　　　　同断　　　　　　　　蓮住寺
一同弐十石　開　　　　追廻村　　　　　　　弘願寺
一同三十石　開　　　寺町一向宗　　　　　　西勝寺
一同弐十石　開　　　　同断　　　　　　　　西善寺
一同拾五石　開　　　　同断　　　　　　　　本誓寺
一同五十石　本田　　　杉宮村　　　　　　　吉祥院
一同三十石　本田　　刈和野村　　　　　　　清光院
一同五十石　本田　　上総守修験　　　　　　喜染院
一同拾石四斗　開　　北浦□□□　　　　　　金剛院
右高合弐千弐拾四石七斗五升弐合
外、御蔵出の覚
一米拾五石　　　　　　　　　　　　二ノ丸　安楽院
一同八石　　　　　　　　　　　　　　　　　成福院
一同八石　　　　　　　　　　　　　　　　　感徳院
一同八石　　　　　　　　　　　　　　　　　常興院
一同八石　　　　　　　　　　　　　　　　　梅真院
一同八石　　　　　　　　　　　　　　　　　泉光院

一同五石　　　　　　　　　　　　　　　　　松門院
一同三石　　　　　　　　　　　　　寺館村　清松寺
一五人御扶持　　　　　　　　　　　行人頭　泉蔵院
一五人御扶持　　　　　　　　　　　同　　　不動院
一拾五人御扶持　但し宝鏡院閑居住処　寺内村　東門院
一同六石　　外ニ夏帷子二、冬小袖二　八幡宮神女　伊織
一拾人御扶持　□□□　　　　　　　修験大頭　長雄院
一拾人御扶持　□□□　　　　　　　修験大頭　明覚院
一五人御扶持　　　久保田郡処の内　　大友大隅守
一五人御扶持　　　同断　　　　　　守屋孫太郎
一四人御扶持　　　御城八幡神主　　近谷河内守
一弐人御扶持　　　蛭子大頭　　　　浅野谷積寺
一弐人御扶持　　　一乗院大八幡神主　千田築後守
米合六十九石
御扶持七十三人、醫王院共

（3）「佐竹藩神社寺院領」

当文書冊（秋田県公文書館蔵）の外題は「佐竹藩神社寺院領」「佐竹藩江戸御屋鋪分限」の二行書である。内題は「神社寺院領」「江戸御屋鋪定居分限」とある。以下では、「佐竹藩神社寺院領」の箇所を

翻刻する。この文書がいつ、だれが書いたものか、あるいは何を底本として書写したものかは明らかでない。

一米三百俵（勢州両御宮御供料）久保倉太夫
右享保十一《一七二六》年丙午正月廿二日ヨリ御直書を以て新ニ御寄附也
一高三拾石（国社　平鹿郡御嶽）塩湯彦神社
一同三拾石（同社　秋田郡高岳山）副湯《ママ》神社（注、副川神社）
右両国社御神領享保十一年丙午正月廿二日保呂羽山両神主兼帯御寄附祭礼神事修復等此の御領を以て相務む可き旨仰せ渡さるる也
一同百拾五石　内八拾石壱斗七升新田
（平鹿郡保呂羽山　神主）大友治部少輔
一同百拾五石　内百弐拾石八斗新田（右同山　同）守屋遠江守
一同百八石四斗五升三合　内三石三斗三升新田
（秋田郡男鹿島本山別当真言）永禅院一同四拾石内十石新田
（同真山同断）光飯寺
一同弐百七拾石　内七十石新田（大八幡宮真言）一乗院
一同弐百石（鹿嶋神社　同）宝鏡院
一同百石（金砂神社　同）東清寺
一同五十石（御城内八幡宮　同）金乗院
一同弐十石（諏訪御神領　社僧真言）二方八郎預リ
長善院　□□□□（二行）
一高五十石（雄勝郡杉宮八幡宮　真言）吉祥院
一米五石（仙北郡神宮寺八幡宮　祠官）斎藤安房守
一高拾壱石六斗六升六合（同郡金沢八幡宮　同）三浦左太夫
一同三拾石（同郡六郷熊野神社　同）熊谷周防守
一米壱石五斗（秋田郡祇園牛頭天王祠官　天王村）鎌田土佐守
一同五石（平鹿郡横手八幡神領　祠官）正太夫
一高四拾石新田
（秋田郡八橋村山王八幡領　同）土崎雅楽介　土崎大隅守
一同六拾石　内四拾九石九斗弐升四合新田
（同郡寺内村古四王社領　真言）東門院
一同五拾石新田（平鹿郡上法寺村　修験）喜楽院
一同四斗九升七合新田（雄勝郡下仙道村八幡　修験）千手院
一同九斗弐升壱合（仙北郡強首村不動堂　真言）長養寺
一同弐斗弐升七合（河辺郡女米木村権現堂　修験）大行院
一同四石七斗七升新田（雄勝郡貝沢村八幡領　修験）三学院
一同四石七斗六升（男鹿嶋北浦村妙見堂　修験）常楽院
一同弐石五斗七升三合（堀内村八幡宮　同）蓮正院
一米三石五斗（河辺郡百三段新屋村山王社領　同）薬王院
一高三拾石（真言）遍照寺

一同百石新田　（同）　喜蔵院
一同三拾石　（仙北郡刈和野村　同）　清光院
一同弐拾五石　（同）　松門院
一同五石新田　（同）　医王院
一同八石三斗八升七合新田　（仙北郡高寺村観音堂　同）　高善寺
一同三石八升壱合　（猿田村観音領　修験）　千重院
一同五石　（平鹿郡横手朝日岳観音領　前□）　宮太夫
一米三石　（河辺郡寺館尻引村　真言）　青松寺
一高三百石四斗　内四斗新田　（曹洞宗）　天徳寺
一同弐百石　（同）　正洞院
一同七拾石　内弐拾石新田　（同）　鱗勝院
一同百石　（同）　闐信寺
一同百石　内弐拾石新田　（仙北郡角館　同）　天寧寺
一同弐拾石　（秋田郡松原村　同）　補陀寺
一同廿石三斗九升弐合　内三斗九升弐合新田　（同）　永源院
一同五拾石　内廿拾石新田　（浄土宗）　誓願寺
一同弐拾石　（同）　弘願院
一同五拾石　（時宗）　声躰寺
一同五拾石　（同）　龍泉寺
一高五拾石　新田　（日蓮宗）　蓮住寺

一同五拾石　同　（同）　久城寺
一同弐拾石　同　（一向宗）　西善寺
一同弐拾石　同　（同）　西勝寺
一同拾五石　同　（同）　本誓寺

研究八　与次郎稲荷

与次郎稲荷の伝説は諸資料が伝えるが[注a]、同神社の由緒を併せ伝える『秋田県神社明細帳』によれば次のとおりである。

慶長九年（一六〇四）佐竹義宣秋田城移住ノ時一ノ大狐出テ義宣ニ願言ク、我ハ久ク此ノ地ニ住メルモノナリ、今築城ノ為メニ我カ眷属《けんぞく》住処ナシ、因テ住処給ハレハ一廉ノ用務ヲ弁スヘシト、義宣城北花園山ヲ住所ニ給ハリ、名ヲ与次郎ト号《なづ》ケ、六昼夜ニテ江戸往復ノ用事ヲ勉ムル事六年、慶長十四年（一六〇九）山形六田《ろくた》ノ郷ニ於テ間右衛門・谷蔵ナル者ニ害死セラレ、終ニ該村ニ祟《たたり》ヲナスト云フ、其後右茶園山ノ内ヘ一社ヲ建立シ与次郎社ト号ス、天保八年（一八三七）右社ヲ三ノ丸山ノ手ニ遷ス、嘉永二年（一八四九）山ノ手ヨリ保戸野金砂ノ地ニ遷ス、明治三二年秋田神社ノ末社ニ移転改築ス、明治四二年与次郎稲荷神社と改称ス。

（注）北丸の茶園（山）が前名、花園畑が後名とも云うが不定。

これに対して「与次郎稲荷神社由緒略記」（同社務所発行）によれば、「明治維新廃藩の折、稲荷神社も取り払われ神霊は一時市内保戸野金砂町東泉《ママ》寺へ合祀されていた」「明治二十五年篤志信仰家の伊藤吉五郎らは現境地に堂宇を建立し神霊を奉遷した」と記し、金砂町東清寺への移転年代、久保田城本丸跡の八幡秋田神社境内への移転年代[注b]ならびに与次郎稲荷神社名の成立年代に関して相違する。これらは先行研究で考察されているので立ち入らないが、諸説あることに注意を要する。現在、与次郎稲荷神社は秋田市千秋公園のほか山形県東根市六田、秋田市楢山登町に各一社存する。委細は[注c]の先行研究が詳しい。

ちなみに与次郎稲荷伝説で必ず取り上げられる「与次郎稲荷願文」であるが、伊藤吉五郎が墨書した軸一本（県立図書館蔵）によれば次のとおり（原漢文、本文十行）。ここでは右「一廉ノ用務」には言及がない。なお伊藤は「此の書、本紙ハ旧藩公ニ御貯蔵ナリシヲ模写シタルモノニテ云々」と軸中に追い書きしている。

憚り乍ら願い上げ奉り候、私事、数百年来、当地住居罷り有り候処、此の度御城地取り立てニ付、住居の地処之れ無く候、何卒御慈悲を以て、住居地拝領仰せ付けられ下され度く存じ奉り候

（年不詳）八月八日　講中総代　伊藤吉五郎

（注a）長山盛晃『耳の垢』一八一八～四五。石井忠行『伊豆園茶話』巻十八、二十、二十八、二十九、一八六三～九三。近藤源八『羽陰温故誌』一八八三～一九〇二。橋本宗彦『秋田沿革史大成』一八六九～一九二六。安達真砂『山形県地理名勝史蹟集成』一九二六。以上、注c①による。

（注b）八幡秋田神社の由来は次のとおり（『秋田県神社明細帳』）。

明治十年／秋田城址陸軍省用地となる。八幡神社が東根小屋町に移転。同境内に義宣を祀る秋田神社を創建。

同十八年／秋田神社、義尭を祭神に加う。

同三十三年／佐竹家、秋田神社社地として久保田城本丸跡を寄贈、同地に移転。

同四十年／両社合併、八幡秋田神社と改称、久保田城本丸跡にて現在に至る。

（注c）①菊地和博「与次郎稲荷をめぐる伝説と史実」同著『庶民信仰と伝統芸能』岩田書院、二〇〇二（初出『山形県立博物館研究報告』第十七号、一九九五）。②高橋信一『飛脚与次郎稲荷伝説』東北史論第一集、東北電力秋田電友会、年不詳。

研究九　今後の研究に向けた素描

以上のとおり名族佐竹氏の神祇信仰を縷々考察してきたが、その信仰は領国における宗教政策とりわけ神仏習合の時代であれば、その社寺政策と密接に関係する。逆に佐竹氏の神祇信仰の内実を正しく理解するには佐竹氏が各年代に展開した宗教政策の視点が欠かせない。今後はこれら実際に執られた宗教政策が研究課題となる。

そこで秋田藩の社寺政策に枠組みを与えた幕府の社寺政策から見てみよう。幕藩体制と称される江戸時代の幕府と諸藩からなる政治体制の主要かつ重要な課題の一つは中世に力量をつけた社寺勢力の実力をいかに削《そ》ぎ落とし、自らの支配管理下に置くかということであったと言ってよい。これを証するかのように江戸幕府は元和元年（一六一五）四月大坂夏の陣に勝利して全国支配を確実にするや、間髪を置かず同年六月武家諸法度《ぶけしょはっと》、禁中並公家諸法度《きんちゅうならびにくげしょはっと》と並んで諸宗諸本山法度を下し、それまで個別に下されていた寺院法度の仕上げとも言うべき法制度の整備を断行した[注a]。さらに寛永九年（一六三二）幕府は各宗本山に本末帳の作成を命じて以降、数度にわたって本末帳の提出を命じ本末関係の強化による寺院の支配統制を図った[注b]。さらに寛文五年（一六六五）幕府は寺社奉行連署をもって諸社禰宜《しょしゃねぎ》神主法度《かんぬしはっと》を下した。

こうした時代情勢にあって秋田藩では佐竹氏が常陸から移封入国したことから当初は慎重にならざるを得なかったのであろう、委細は今後の研究によるが、社寺の差配は山常陸以来の山方氏が引き続き独占し、あからさまな社寺支配を控えたようである。これには常陸から宝鏡院、一乗院などの真言宗寺院、天徳寺などの曹洞宗寺院、それに大八幡、正（小）八幡の諸社が陸続と秋田に移転を果たし、それぞれが藩内の有力社寺に成り上がったのであるが、これら移転および新築には支配者である佐竹氏とその一族に依存せざるを得ず、期せずして藩政の支配に組み込まれていったという事情があったに違いない。

これに対して、在来の社寺も佐竹氏入国までは宗教豪族を誇った雄勝の杉宮《すぎのみや》吉祥院に典型的に観察されるように、生き残りと存続のために武装（寺内の徒弟僧兵、寺外の二十七騎）の解除、末寺網の放棄など藩主佐竹氏の意をむかえるに汲々とした事情があったとする指摘がある[注c]。

このような初期の緩やかな寺社政策も寛文十一年（一六七一）藩寺社奉行が設置されるに及んで徐々に支配統制が強まっていったのであるが、そうした一例として享保四年（一七一九）勧進奉加《かんじんほうが》等の当分停止および神職住職の衣服制限等、とくに安永三年（一七七四）藩庁が杉宮吉祥院六十四世の快英（僧名バンミョウとも、晩妙は当て字）を関所破りの廉《かど》で磔刑《たくけい》をもって処断した事件は注目に価する。これはそれまで直弟子相続であった吉祥院の慣例を無視して藩政が住職を任命したことに抵抗して、快英が法流書をもち出して上洛し御所（仁和寺）に訴えた事件であった。それにしても不可解なことは快英が命懸けで預けたはずの法流書を、藩の任命によって快英の後住となった快春（快元とも）が同年八月上洛すると、仁和寺はやすやすと快春に戻したことである。ここには門跡寺（皇族の子が仏法の系統を継ぐ寺院）の誇りも権威も窺えないが、この頃の寺院は仁和寺と一藩政との関係においてさえ既にこのような力関係であったことを示すものと解するほかない。快英は吉祥院の世代書から削除され闇に葬られていることは痛ましいかぎりである[注d]。

（注a）『日本史年表』岩波書店、一九九五。
（注b）圭室文雄「寺院本末帳の性格と問題点」『寺院本末帳集成下』一九八一。
（注c）三輪神社重要文化財保存会（佐々木義一郎）『三輪神社と吉祥院』一九五六。
（注d）小著『玄応坊屋敷由緒私記』私家版、二〇〇二。国立国会図書館、他架蔵。

（付）筆者参拝略記

かねて筆者は所々の神社参拝を意図的に進めてきた。本書で取り上げた神社のうち印象に残る参拝は次のとおりである。このような事情は純粋な研究書であれば通常記さないが、ここでは敢えて要点だけは書き留めておこうと思う。

平成十五年度（十五年四月〜十六年三月）の一年間を、六十歳を越えて同学ではダントツの年齢であったが、伊勢の皇學館大学神道学専攻科に修学した筆者は、これによってなぜか伊勢の風物と所縁が結ばれた気持ちになった注a。以降、年々の神宮参拝と伊勢旅行を人生の楽しみの一つとしている（ただし実行不可の年も少なくない）。平成十九年の御木曳《オキヒキ》行事は第六十二回式年遷宮に向けた大事な行事であったが、「一日神領民」として家妻と共に参加し、また平成二十五年十月の式年遷宮祭では一般参観が許される行事を全て参観した。また、これらの機会に皇學館大学図書館、伊勢神宮が所管する神宮図書館、伊勢市立図書館で資料を探索するなど、ささやかながら研究の推進に努めている注b。

平成二十二年九月園城寺（三井寺）と同境内の新羅善神堂を参拝した折、偶然にも同寺境内に「新羅三郎源義光之墓」（大津市）が所在することに気付いた。小雨の中であったが、恐る恐る丘陵斜面の下り小道を往来し、漸く鳥居から参道を経て、義光公墓を参拝できた。公墓は大きくもない円丘墳で、上に一本の小木が生えていた。墓前の右側に立つ立派な石碑（高さ一・八四メートル）の表面は篆額《テンガク》（石碑表面の上部に篆字で書いた題字）が「新羅公墓碑」、明治十二年佐竹義尭撰并篆額、小笠原長守書と読める。裏面には佐竹、小笠原、柳澤、南部など十八氏の名が見える。この碑は俸禄を返上して華族となった、義光の系譜と伝える旧大名小名らの諸氏が先祖の顕彰碑として建てたものであった注c。墳墓前の灯篭は明治十五年の建立であった。

同年同月鶴岡八幡宮（鎌倉市）を参拝、ここは筆者が鎌倉に隣接する葉山町と横浜市南部の戸塚区に長く居住し、三人の子の七五三、年賀、随時の参拝それに付設の鶴岡文庫の文化講座などで度々訪ねていたが、この時は当年三月倒潰した大銀杏《オオイチョウ》の倒木跡に植え付けた若木群（石段左半ば）も、少し西の下檀に移植した倒木根幹の上部から生え出たひこばえ群も、暑い夏を経て順調に成長し、それぞれ約二メートルほどの高さとなり若々しい青葉を付けていたことに感銘した。

平成二十九年九月石清水八幡宮（京都府八幡市）を参拝した。ここは京都から西流する木津川、宇治川、桂川の合流地にのぞむ小丘陵で、王城（平安京）守護の恰好の地である。この時は三度目の参拝であったが、初めて深夜から早朝に行なわれる石清水祭（賀茂祭、春日祭と共に日本三大勅祭）を参観した。三基の御鳳輦《ゴホウレン》に各装束を付けた約五百名のお供が付き添って山麓にある絹屋殿《キヌヤデン》まで下る神幸《ジンコウ》の儀は壮観そのものであった。翌朝の放生会《ホウジョウエ》は八幡信仰と密接すると聞いてはいたが、多数の神職が大音声をもって大祓詞《オオハライノコトバ》を読経するかの如くに奏上する中で、次々に放魚放鳥される様相は初見の祭儀で大いに感激した。

（追記）

伊勢での修学中に於ける神社実習（即神宮実習）は参拝とは別だが、筆者には格別の記憶なので記しておこうと思う。

○平成十五年十二月三十日～翌年一月七日　十日間（事前研修一日を含む）

主として外宮、最終日内宮。仮眠、交代で神楽殿の神札授与所で授与の研修。この間、研修の一員として外宮で御賽銭を袋（俵だったか）に集め、台車で運搬するという得がたい体験をした。

他方、この間、前年春から病気療養中であった母が一月三日逝去するという悲しい出来事があった。九十二歳であった。実習を放棄して帰省するか（そうであれば一年のやり直し）伊勢の住まいで懊悩《オウノウ》したが、前年暮れ十二月二十七日最後となること予感した覚悟の見舞いをしていたので、伊勢に留まることを決意、担任にのみご相談の上、冷水による自祓《ジハラ》いを繰り返して清浄の保持に努め、実習を果たした。実習後に直ちに帰省、祭主として密葬を行い、本葬は伊勢修学終了後の四月二十五日に行なった。この間身内には大変な難儀を懸けてしまった。当日はほぼ満開の桜に前日からの雪が積もるという青空の天気であった。伊勢での修学を経て、筆者は自信をもって母に相応《フサワ》しい神名を付け（当家では仏教の戒名に当る神名は当主が付ける）、由緒ある神社の神主、巫《ミコ》のご助力をいただいて、神葬祭の祭主を勤め、亡母を送ることができた。

○平成十六年一月十一日～十二日　二日間　外宮

○平成十六年一月十八日、二十五日　二日間　内宮

○平成十六年二月十八日～二十四日
七日間　内宮　研修所

この間、前日の大風で散乱した老杉木の小枝枯葉を除くため、通常では決して立ち入れない内宮御正殿前庭に入ることができ、研修の一員として清掃奉仕。

さらにこの間、二月二十四日未明、五十鈴川に入って寒中みそぎ（禊）の修練を行い、その奥義の一端を感得した。

このほか実習ではないが、修学中、時々催された皇學館大学長引率の神宮早朝参拝に参加した。とくに平成十五年十二月十六日深夜から未明に挙行され、通常はなかなか参観できない神宮月次祭《ツキナミサイ》由起《ユウキノ》夕《ユウベ》大御饌《オオミケ》奉拝《ホウハイ》に、専攻科同学の志望者の一人として神道学担任の力量ある若い教授に引率された参拝は、神宮祭祀の奥深さを実感させられとても感動的であった。その他の神社実習は次のとおりであった。これら得がたい実習を体験して、筆者は神祇に対する信仰を深めることになった。

○平成十五年八月十三日～十九日
七日間　京都　八坂神社

この間、夕刻境内を白衣着用、箒《ホウキ》で清掃中、若い男女二人連れの参拝者からこの風景にとても似合うと強く所望され、写真撮影に応じたことがあった。

○平成十六年三月一日～三日　三日間　明治神宮

（注a）伊勢の風物に親しんだ例として小論「傍国《カタクニ》の美《ウマ》し重浪帰《シキナミヨ》する伊勢を歩く」『北方風土』48、二〇〇四に、伊勢内外の歩行をあれこれ記してある。

（注ｂ）他方、皇學館大学図書館には当家の曾祖父祖父が明治、大正、昭和初期に閲読した神道関係の書籍五十点以上を寄贈でき、よい先祖供養となった。

（注ｃ）委細は研究一。小論「新羅三郎義光公墓の所在」『北方風土』63、二〇一二。

なお大正六年（一九一七）七月深澤多市は新羅善神堂、長等山前陵（弘文天皇陵カ）を、そのご新羅公墓碑を参拝し、秋田魁新報に同八年一月中「新羅明神と義光公」と題する記事を六回連載した。

資料編

付図1　佐竹氏略系図

a　源家略系図

清和天皇―貞純親王（第六皇子）―経基（六孫王　賜源朝臣？）―満仲（鎮守府将軍）―

b　常陸佐竹氏略系図（山入氏を含む）

昌義①―忠義②（常陸大掾）

昌義①―隆義③（昌義四男　常陸介）―秀義④（常陸介）〜略〜貞義⑨（常陸守護）―義篤⑩（常陸介）〜略

貞義⑨―師義《もろよし》①（刑部大輔　山入氏祖）―

c　秋田佐竹氏略系図

義宣《よしのぶ》①―義隆《よしたか》②（義宣甥）―義処《よしすみ》③―義格《よしただ》④―義峯《よしみね》⑤（義格従兄）―義眞《よしまさ》⑥（義峯孫）―

頼信
鎮守府将軍
──頼義
陸奥守
鎮守府将軍
──義家
号八幡太郎
鎮守府将軍
義綱
号賀茂二郎
義光
号新羅三郎
──義業──昌義
佐竹氏祖
義清
武田氏等祖
覚義
金光院開山

〜義盛⑫──女
═義人⑬〜略〜義舜《よしきよ》⑯
太田復城
──義篤《よしあつ》⑰〜略〜義重《よししげ》⑲──義宣《よしのぶ》⑳

言義②
刑部大輔
與義③
上総介
(常陸守護)
禅秀内応
自刃
──義郷④
祐義⑤
刑部大輔
(常陸守護)
──義知⑥
父と共に自刃
義真⑦
(義顕)
──義藤⑧──氏義
義舜に破れ斬殺

義明《よしはる》⑦
壱岐守家経由
──義敦《よしあつ》⑧──義和《よしまさ》⑨──義厚《よしひろ》⑩──義睦《よしちか》⑪──義尭《よしたか》⑫
相馬家、
壱岐守家経由

左出典により筆者作成
『佐竹系譜』、『新編佐竹氏系図』、ならびに佐竹大系纂、寛政重修諸家譜「佐竹」、源姓佐竹氏系図、佐竹系図(正宗寺本)、他(委細は本文および注)。

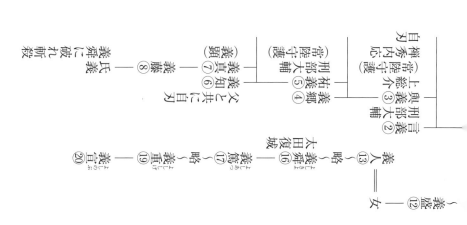

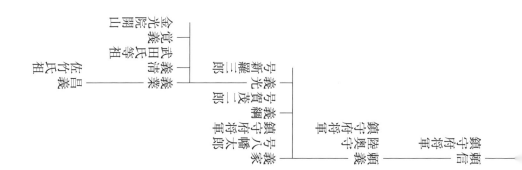

付図２－ａ　馬場八幡宮 拝殿遠景（筆者撮影）

付図２－ａ　馬場八幡宮 本殿（筆者撮影）

付図２－ｂ　若宮八幡宮 拝殿（筆者撮影）

付図２－ｂ　若宮八幡宮 本殿（筆者撮影）

北

西

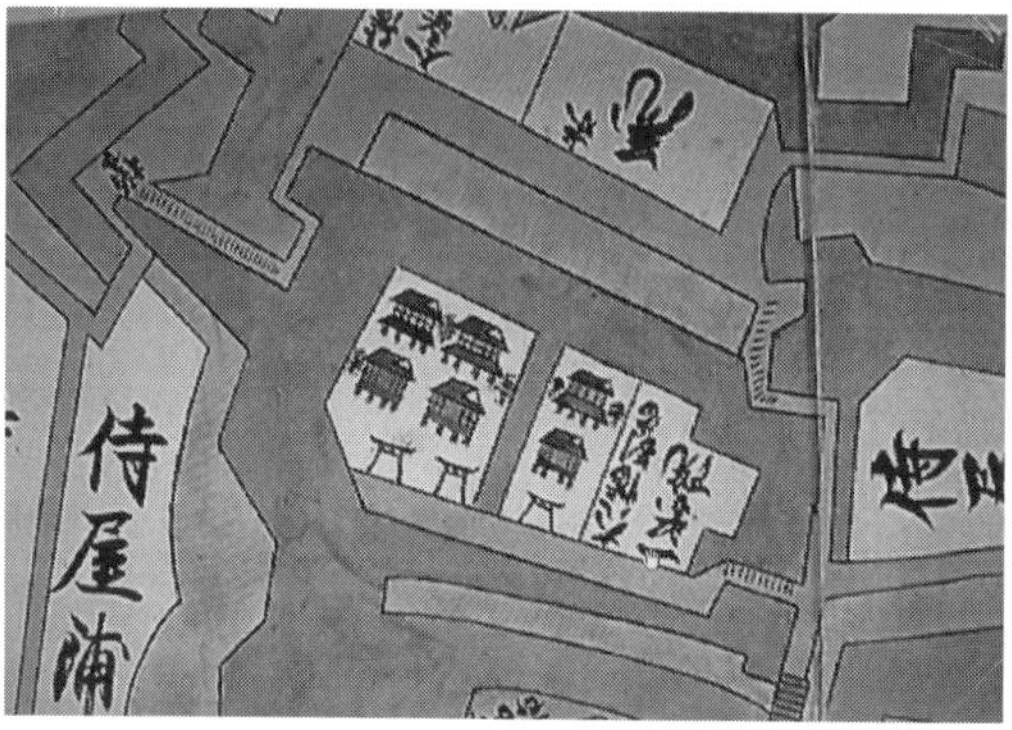

東

南

付図４－ａ　久保田城絵図(部分)および御城三社
（出所）文政４年（1821）久保田城絵図（部分）
秋田県公文書館所蔵
注１：鎮座地は三の丸別廓。東から「大八幡別当一乗院」「土手」「大八幡」「土手」「小八幡」「稲荷」。
２：八幡宮後堀、長東西61間、幅８間。
３：三社は鳥居から各一棟描かれ、拝殿・本殿の構成のようであるが不定。
４：絵図北に「八幡別当金乗院」が見える。

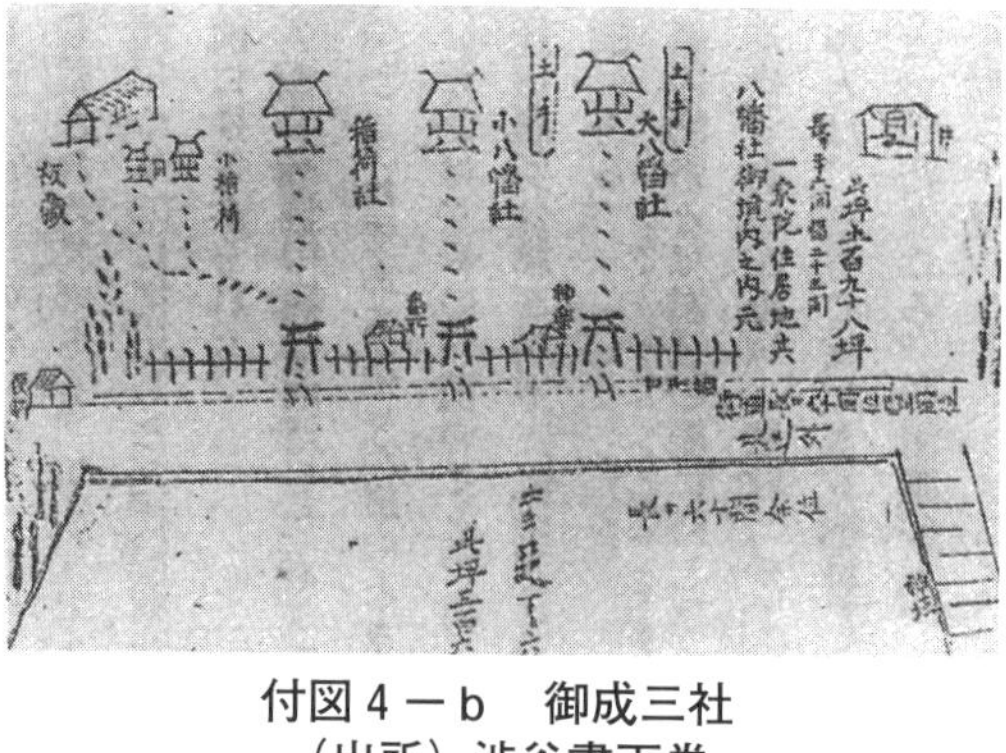

付図４－ｂ　御成三社
（出所）渋谷書下巻
注：原出所は不明。年代は図中に「元一乗院住居地」とあるので明治初期か。

付図３　若宮八幡宮僧形八幡画像
（出所）『常陸太田市史』通史編上　昭和59年

付図５　（正八幡宮）古来画像並に写画像、他（千秋文庫所蔵）

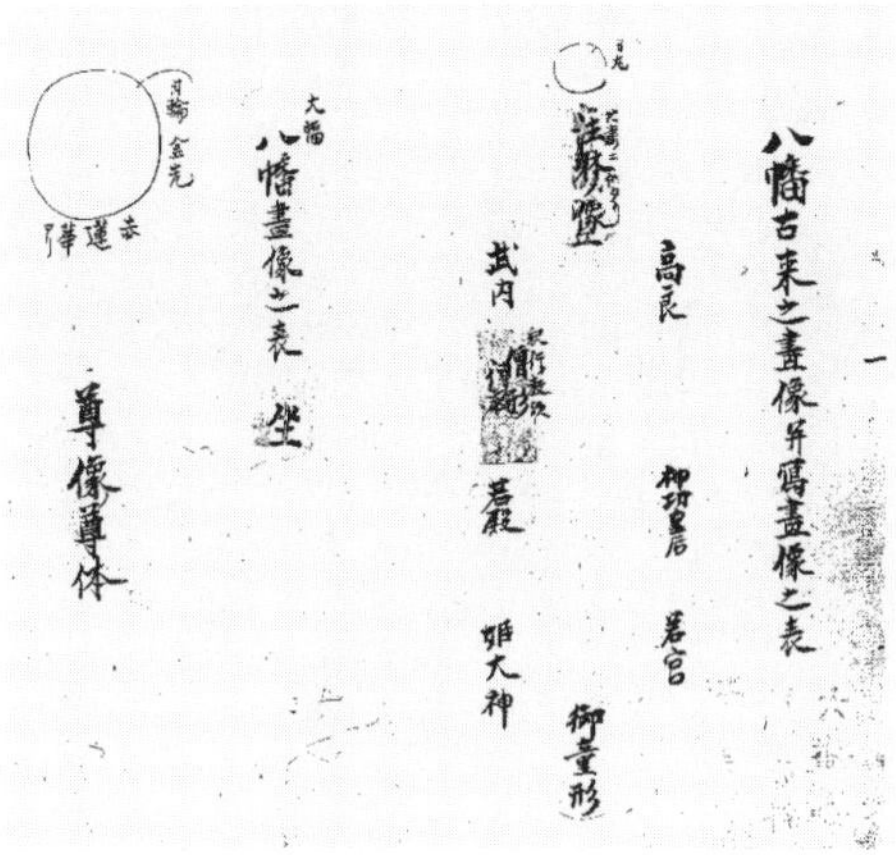

八幡古来之畫像并寫畫像之表
高良　御功皇后　若宮　御童形
武内　若殿　姫大神
八幡畫像之表　坐
尊像尊体

５－１

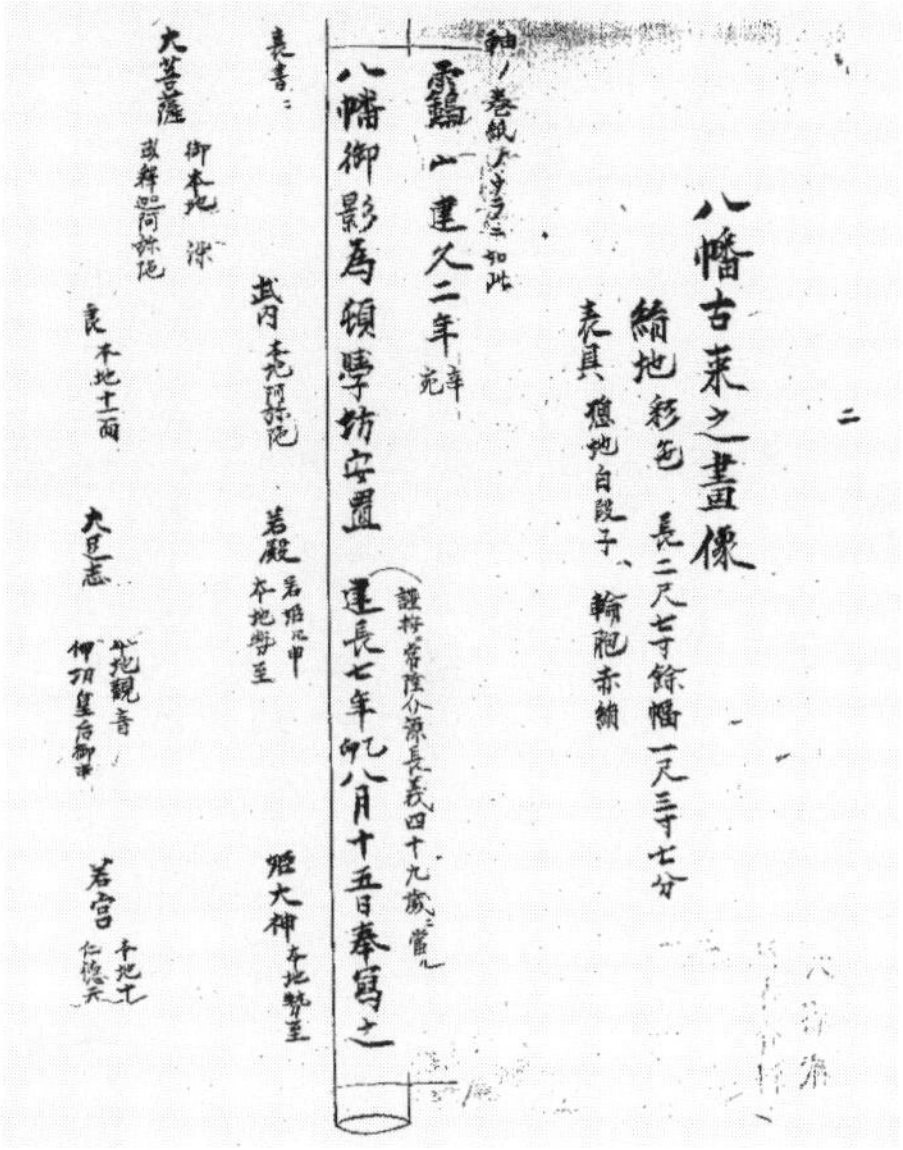

八幡古来之畫像
綺地彩色　長二尺七寸餘幅一尺三寸七分
霊鷲山　建久二年
八幡御影為領學坊安置
建長七年卯八月十五日奉寫之

５－２

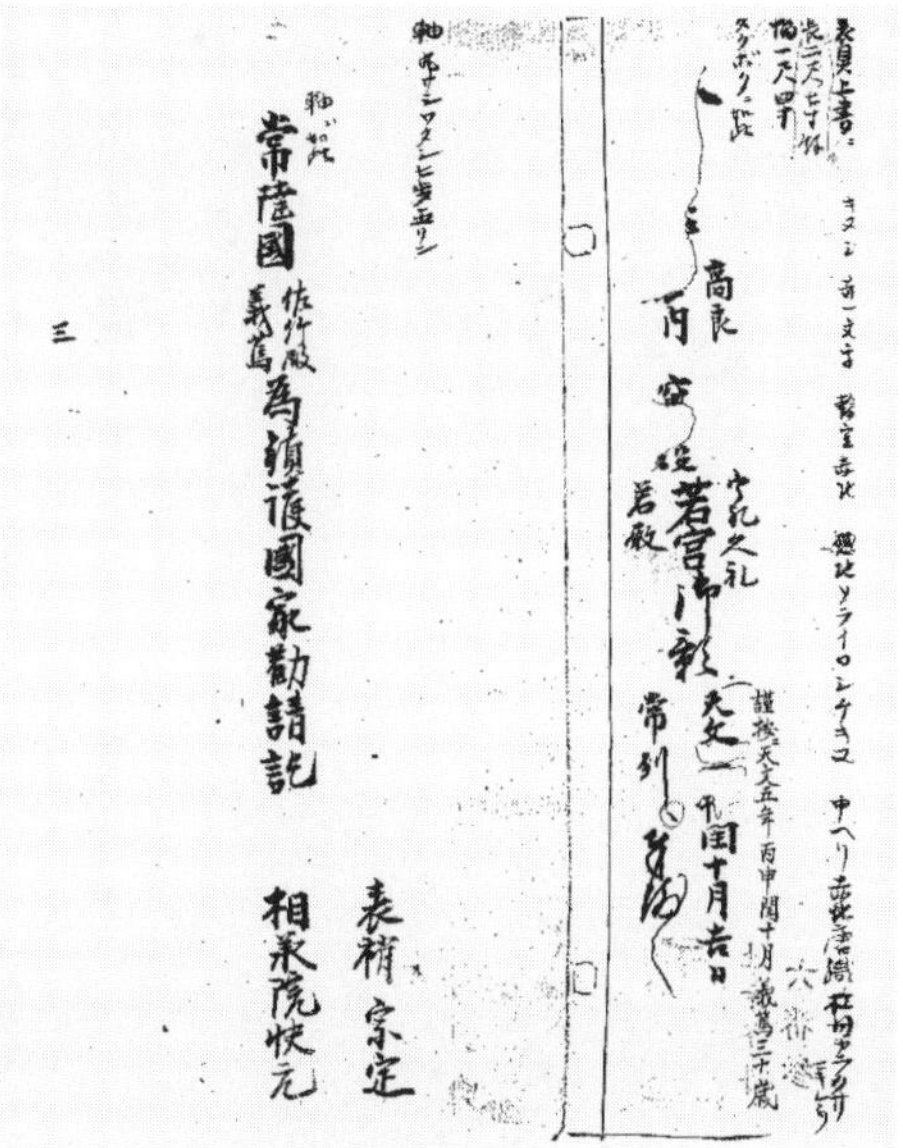

常陸國
為鎮護國家勧請記
表補　宗定
相承院快元

５－３

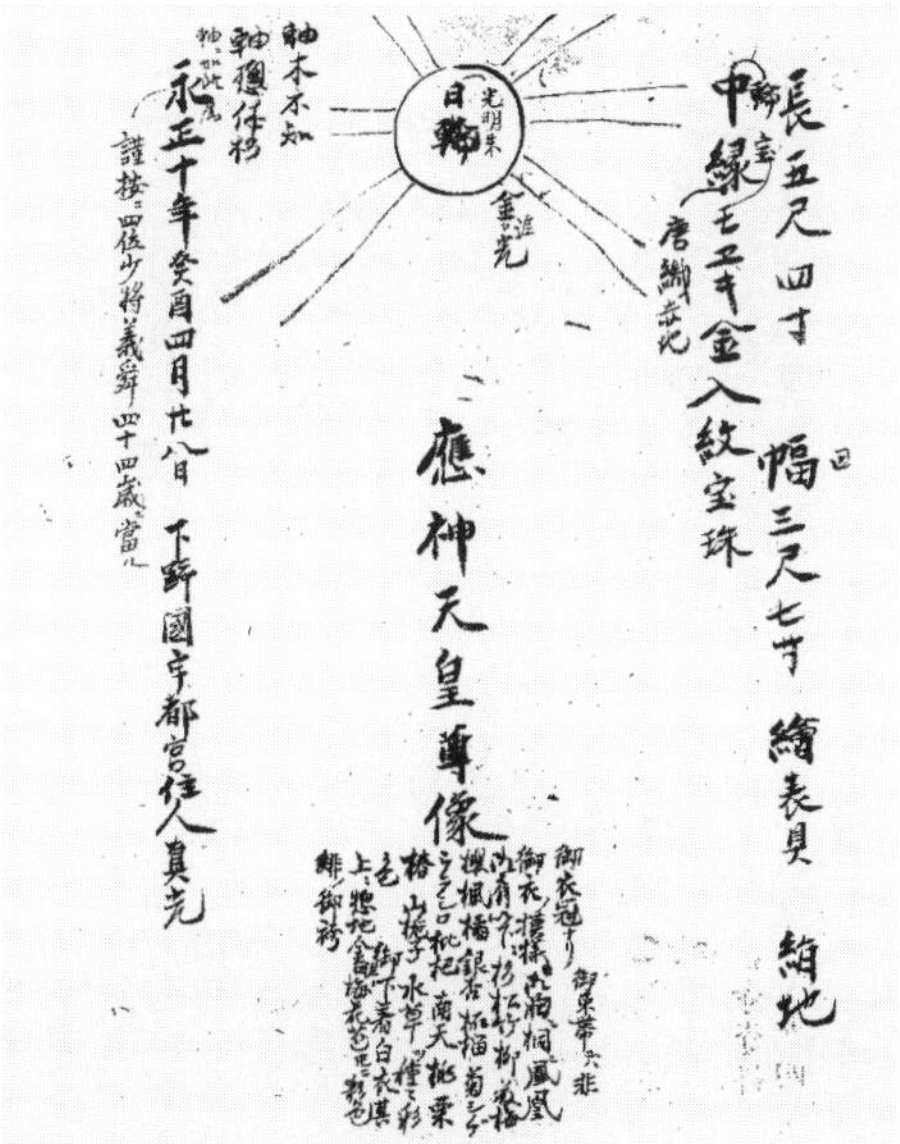

長五尺四寸
幅三尺七寸
應神天皇尊像
永正十年癸酉四月廿八日　下野國宇都宮住人真光

５－４

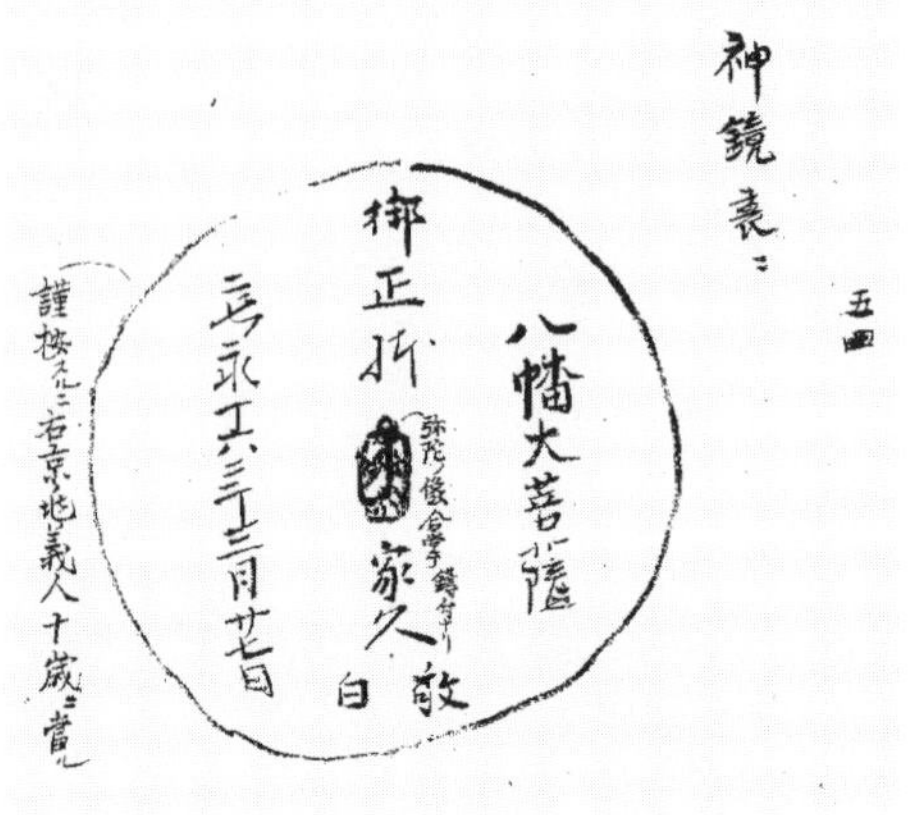

神鏡表ニ　五四

八幡大菩薩

御正躰 （弥陀ノ種子合字 鋳付ナリ） 家久 敬白

[illegible]永[illegible]年十二月廿七日

謹按スルニ右京兆義人十歳ニ當ル

5－5

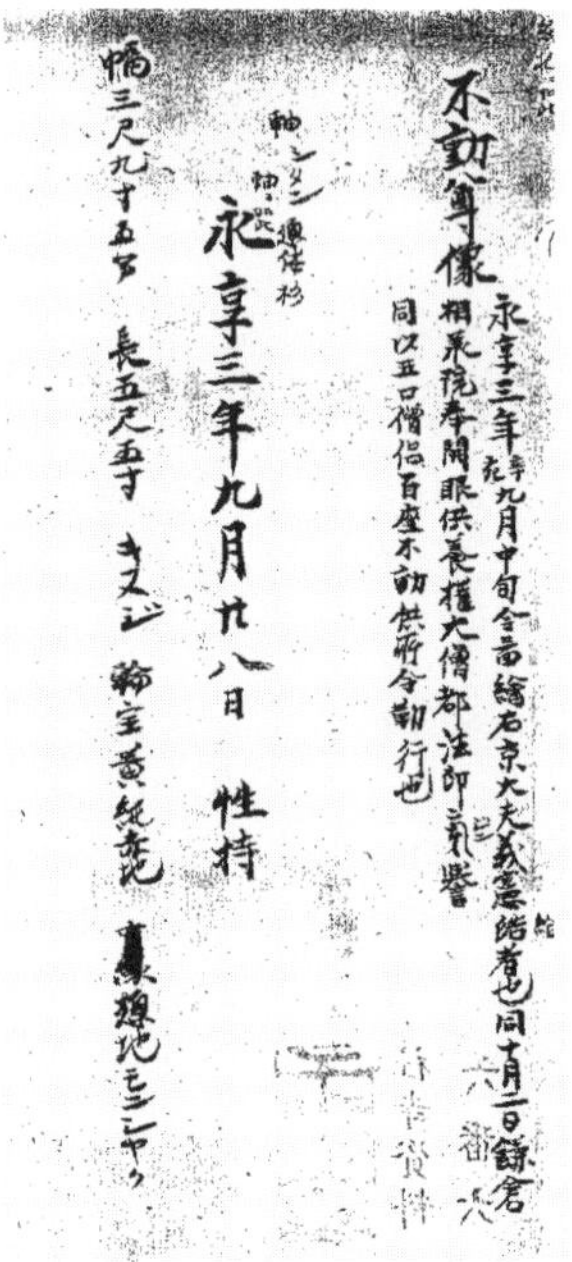

不動尊像 永享三年辛亥九月中旬令画縮右京大夫義[illegible]者也 同十月二日鎌倉

相承院本開眼供養権大僧都法印尊誉

同以五口僧侶百座不動供所令勤行也

軸シタン

永享三年九月廿八日 性持

幅三尺九寸五分 長五尺五寸 [illegible]

5－6

付図６　鶴岡八幡宮八幡廻御影
（出所）源頼朝公展（平成11年６月）資料

付図７－ａ　旧正八幡宮本殿（現弥高神社本殿）
（出所）『秋田市史』第15巻、2000
注：文政２年（1819）建立（上記『秋田市史』）。

付図７－ｂ　旧大八幡宮本殿（前八幡秋田神社本殿）
（出所）渡部景一『久保田城物語』無明舎出版、1989
注：天保３年（1832）建立（付図７－ａ『秋田市史』）。ただし平成17年（2005）１月放火で焼失、同20年（2008）12月新社殿竣工。

後記

本書は年来筆者が取り組んできた佐竹氏の神祇信仰に関する個別の研究を再編、総合した独立の一書である。歴史研究は客観性、実証性、論理性を必須とする。ささやかな歴史研究でも筆者はこれらにこだわるが、怨《うら》むらくは客観性も実証性も科学的な定量をもってその必要量と十分量が示し得ないことである。そうであれば客観性も実証性も程度の差はあれ主観を免れ得ない。さらに研究の主体には出自、個性、環境などさまざまな諸条件があるが、仮にもそれらを克服できたとしても、時代の制約は如何ともし難い[01]。

江戸時代人や明治時代人が当時にあって今日の視点で歴史研究を行なうことは不可能である。逆に現代に生きるわれわれが百年後や二百年後に通用する視点をもって歴史研究を進めることは至難である。遺物や遺跡を研究対象とし、一般には科学的と見られる考古学においてさえ、二〇〇〇年に発覚した捏造旧石器は十五年以上もの間、学術世界を闊歩《かっぽ》したことを忘れてはならない[02]。してみればよく聞く、中立公正の立場で客観的に歴史研究に取り組むとする主張は自ずと限界があることを知らねばならない。こうした立場からすれば、本書は歴史研究書ではあるが、佐竹氏の神祇信仰を主題として、筆者が先祖から受け継いだ神祇に対する信仰を深めるべく模索した書であることを否定しない。

そもそも本書研究の始点となった「八幡神像絵」一件は神職身分を有し、長年地元の秋田県大仙市神宮寺（当時仙北郡神岡町神宮寺）の歴史研究に携わった明治四十三年生れの父から、当時横浜在住であった筆者宛に昭和六十一年（一九八六）七月送付された、「千秋文庫に神宮寺八幡宮に関係する文書があるらしい」

と伝える手紙に始まる。当時筆者は旧秋田藩主佐竹氏の由緒ある文物を所有展示する東京九段の千秋文庫が主催する古文書研究会（講師、東大史料編纂所長新田英治氏）に参加し、古文書解読の習得に苦心していた。これによって筆者は同文庫から許可を得て当該文書を筆写し、同年八月初に父宛てに送付した。当文書は表に「神宮寺八幡棟札並由来書一冊合四点」、裏に「大同二年田村丸　建久元年頼朝　観應元年戸沢上惣助」と墨書された紙袋に入っていた。この写が後日どのように利用されたのか尋ねることなく時日が経過したが、平成九年（一九九七）早春、両親が住まう神宮寺に帰省した折り、十年以上振りに書棚でこの写に再会した。閲読すると急ぎの筆写であったため不明な点が幾つかあった。そこで同年四月再度千秋文庫へ願い出て、全文の複写を得ることができた。こうして筆者は「神宮寺八幡宮の由緒並びに宝物」の題名で当文書の全文翻刻と解説を『北方風土』35（一九九七年十一月）に発表した。

　ところが右紙袋には半紙六枚からなる不思議な文書が同封されていた。一枚目の冒頭に「八幡古来之畫像並寫画像之表」と記されていた。この文書は何ものか解しかねていたが、平成十一年（一九九九）発刊間もない澁谷鐵五郎の労作『正八幡母系神女鶴女』上下巻に接して、八幡神像絵論争にからむ新史料であることが了解された。当文書によって筆者は第一報として「佐竹正八幡神像絵論争に新史料」を『叢園』一六六（二〇〇〇年六月）に寄稿し、そのご所要の研究を経て、「あらためて佐竹正八幡神像絵の真相を逐う―新資料によって総合的にアプローチ」を秋田県文化財保護協会の会誌『出羽路』一三三（二〇〇三年七月）に発表できた。明らかになった八幡神像絵は神仏習合の図絵そのものであった。右素稿は筆者が六十歳を越えて神道修学のため皇學館大学専攻科に在学中に、伊勢の寓居《ぐうきょ》で作成したことを思い出す。

　これを契機に筆者は、当初は領内有力社寺に関する横断的な文書の収集と読解に取り組み、「六郡総諸寺院由緒」などの関係文書を『北方風土』に全五回シリーズ（二〇〇五年七月～二〇一〇年七月）をもって発表した。次に「佐竹氏の伊勢参拝」など佐竹氏の諸社参拝を仔細に事例研究し、その成果を同じく『北方風土』に全五回シリーズ（二〇一〇年七月～二〇一九年一月）をもって発表した。

この間の煩瑣な研究作業は父祖以来の神祇信仰に対する信念を深めることを以て取り組んだ。みそぎ（禊）とはらい（祓）を旨とする神道は修行を強調しないが、これらの作業は筆者には修行の一つであったことを白状しておきたい。しかしながら他方、本書で用いた煩瑣で多数の情報を取捨選択し、それらを整理し体系化する帰納法（個別の特殊な事柄から一般的な原理や法則を導き出す）は、前述の歴史研究において大なり小なり免れ得ない主観による偏差を抑制できるし、できたものと信じたい。

以上、凡そ三十年以上前に遡る八幡神像絵との邂逅《かいこう》から、それを契機とする佐竹氏の神祇信仰に関する個別の研究を経て、このたび図らずも本書を刊行するに至った。その間多数の方々から沢山のご教導とご支援をたまわった。澁谷鐵五郎氏には残念ながら生前お目にかかることがなかったが、その学恩に深く感謝しなければならない。また論文発表の機会を与えられた、秋田県文化財保護協会『出羽路』、北方風土社『北方風土』、今は休刊中の『叢園』の関係者に厚く御礼を申し上げたい。ふるさとの地域史研究の先学伊藤忠温氏（大仙市北楢岡）からは本書の基本史料となった『国典類抄』全十九巻が筆者に恵贈され、執筆に役立てられた。記して御礼を申し上げたい。また有益なご教示を賜わった若宮八幡宮（常陸太田市）、茨城県立歴史館、さらに貴重な所蔵文書の掲載を許可された一般財団法人千秋文庫、秋田県立図書館、秋田県公文書館、大館市立栗盛記念図書館に感謝を申し上げたい。最後に小著の出版にかさねてご尽力を賜わった無明舎出版に心から御礼を申し述べたい。

注

（01）筆者は当「後記」の執筆と並行して、新進気鋭の歴史学者として注目中の呉座勇一の好評の著『応仁の乱』二〇一六と、その前著『戦争の日本中世史』二〇一四を閲読しているが、所々に「階級史観」に妨げられて真っ当に見るべきものが見えなかったという論法が多用され、斬新な所見が展開されている。その通りであろうが、階級史観にも歴史的な意義があったことを閑却してはならないし、何よりも仔細に観察すれば「史観」のみならず、「史観」をも包摂する時代の制約または風潮が根底にあったのだと思い至る。

(02) 筆者は小論「旧石器ねつ造事件と秋田考古—その爪痕浅からず—」『北方風土譜』77、二〇一九において研究者の研究方法の自省の必要性に論及している。

初出論文および参考基本文献

○初出論文

本書に収めた諸論文の初出は次のとおり。論文名は煩雑を避けるため掲出にあたり適宜略してある。本書所収に当たっては発表以降の研究成果を取り込んだ外、論文間の調整、重複の削除など抜本的な修文をほどこした。

序　新稿
開章　新稿
第一章　新稿
第二章　新稿
第三章　「佐竹正八幡神像絵論争に新史料」『叢園』166、二〇〇〇年六月
第四章　「佐竹正八幡神像絵の真相を逐う」『出羽路』133、二〇〇三年七月
第五章　「起請文から見る佐竹氏の神祇信仰」『北方風土』74、二〇一七年六月
「敬白大願文事」『北方風土』61、二〇一一年一月
第六章　「付 敬白大願文事」『北方風土』63、二〇一二年一月
第七章　「佐竹氏の伊勢参拝」『北方風土』60、二〇一〇年七月
「佐竹氏の祖神参拝事例」『北方風土』61、二〇一一年一月

第八章　「佐竹氏の江戸市中諸社参拝」『北方風土』65、二〇一三年一月
第九章　「佐竹氏の諸社参拝」『北方風土』68、二〇一四年六月
第十章　「佐竹氏の諸社参拝」『北方風土』68、二〇一四年六月
第十一章　「佐竹氏の領内社参拝」『北方風土』77、二〇一九年一月
結章　新稿

（特定研究）

研究一　「新羅三郎義光墓の所在」『北方風土』63、二〇一二年一月
研究二　「佐竹氏の伊勢参拝」『北方風土』60、二〇一〇年七月
　「佐竹氏の祖神参拝事例」『北方風土』61、二〇一一年一月
研究三　「佐竹氏の諸社参拝」『北方風土』68、二〇一四年六月
研究四　新稿
研究五　新稿
研究六　「佐竹氏の江戸市中諸社参拝」『北方風土』65、二〇一三年一月
研究七　「六郡総諸寺院由緒」『北方風土』50、二〇〇五年七月
　「六郡諸寺院覚記」『北方風土』51、二〇〇六年一月
　「佐竹藩神社寺院領」『北方風土』56、二〇〇八年七月
研究八　新稿
研究九　新稿
（付）　新稿

後記　新稿

○参考基本文献

秋田県立図書館編集『国典類抄』全十九巻、委細は序に記す。
原武男編『新編佐竹氏系図』加賀谷書店、一九七三
原武男校訂『佐竹家譜』全三巻、東洋書院、一九八九
（江原忠昭）『佐竹系譜』　常陸太田市史編さん史料（九）、一九七八
中山信名『新編常陸国誌』宮崎報恩会版復刊、崙書房、一九七九（初版明治中期）
「秋田県神社明細帳」『現行法規類集』（一九一五年以降）
鶴文書（秋田県公文書館所蔵、他）
大小八幡文書（大館市立栗盛記念図書館所蔵、他）
『常陸太田市史』通史編上、一九八四
『茨城県史』中世編、一九八六
澁谷鐵五郎『正八幡母系神女鶴女』上下、各一九九九
堤禎子「佐竹氏と八幡信仰」『茨城県立歴史館報』28、二〇〇一

その他の参考文献はその都度記す。

著者略歴

神宮 滋（かみや しげる）

昭和16年（1941）秋田県大仙市神宮寺（当時、仙北郡神宮寺町）生。
神宮寺神宮家当代（神道宮司位、仏門大律師位兼帯）。
慶応大学卒業。皇學館大学専攻科修了。
東京都千代田区現住。
「首都圏秋田歴史と文化の会」共同代表兼事務局。
北国の歴史民俗考古研究「北方風土社」同人。
（近年主要著作）
『秋田領民漂流物語』無明舎出版、2006年
『戊辰戦争出羽戦線記』無明舎出版、2008年
『鳥海山縁起の世界』無明舎出版、2011年
『仁和寺尊寿院阿證』イズミヤ出版、2017年
「皇居お濠の積石に「無阿尓」の刻字」『北方風土』73、2017年１月
「鳥海山大物忌神の創祀と神名」『山形県地域史研究』43、2018年２月
「旧石器ねつ造事件と秋田考古」『北方風土』77、2019年１月
「大仙市神宮寺 八幡神社棟札考」『出羽路』159、2019年３月
「出羽三山の比定と本地仏」『日本山岳修験学会 山寺大会資料集』2019年８月

名族佐竹氏の神祇と信仰
—常陸・秋田時代に奉じた神々—

発行日　2019年11月10日　初版
定　価　本体2000円＋税
著　者　神宮　滋
発行者　安倍　甲
発行所　㈲無明舎出版
秋田市広面字川崎112－1
電　話（018）832－5680
ＦＡＸ（018）832－5137
製　版　㈲三浦印刷
印刷・製本　㈱シナノ

※万一落丁、乱丁の場合はお取り替えいたします。

ISBN978-4-89544-657-0

秋田領民漂流物語

鎖国下に異国を見た男たち

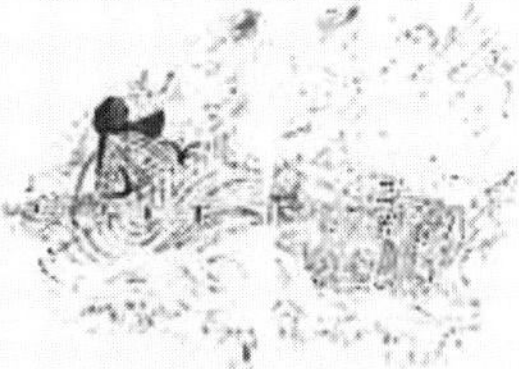

神宮 滋

Kamiya Shigeru

断片しか伝えられることのなかった江戸時代の秋田人の漂流記を初めて体系的に編む。九死に一生を得て帰国した者たちの、異国異境での感動の記録。

無明舎出版 定価（本体1700円＋税）